职业教育"互联网+"新形态教材

新编会计信息化应用实训

（畅捷通T3版）

（第2版）

宁进伟　王新玲　钟　伟　主　编
王海燕　戚　真　梁　霄　副主编

扫码申请更多资源

南京大学出版社

图书在版编目(CIP)数据

新编会计信息化应用实训：畅捷通 T3 版/宁进伟，王新玲，钟伟主编. —2 版. —南京：南京大学出版社，2021.4

ISBN 978-7-305-24354-7

Ⅰ.①新… Ⅱ.①宁… ②王… ③钟… Ⅲ.①会计信息-财务管理系统-高等职业教育-教材 Ⅳ.①F232

中国版本图书馆 CIP 数据核字(2021)第 060505 号

出版发行	南京大学出版社
社　　址	南京市汉口路 22 号　　邮　编　210093
出 版 人	金鑫荣
书　　名	新编会计信息化应用实训(畅捷通 T3 版)
主　　编	宁进伟　王新玲　钟　伟
责任编辑	武　坦　　　　　编辑热线　025-83592315
照　　排	南京开卷文化传媒有限公司
印　　刷	丹阳兴华印务有限公司
开　　本	787×1092　1/16　印张 16.75　字数 429 千
版　　次	2021 年 4 月第 2 版　2021 年 4 月第 1 次印刷
ISBN	978-7-305-24354-7
定　　价	49.80 元

网　　址：http://www.njupco.com
官方微博：http://weibo.com/njupco
微信服务号：njuyuexue
销售咨询热线：(025)83594756

* 版权所有，侵权必究
* 凡购买南大版图书，如有印装质量问题，请与所购图书销售部门联系调换

内容简介

本书以畅捷通T3软件为蓝本,以工作项目与工作任务为中心组织内容,以企业会计信息化工作活动为主线,按照突出职业能力培养,体现基于职业岗位分析和具体工作过程的课程设计理念,让学生在完成具体项目与任务的过程中提高会计信息化职业能力,融"教、学、做"为一体。

本书充分体现项目导向、任务驱动的教学模式,由系统应用基础、系统管理、基础信息设置、总账管理——初始化与日常业务处理、工资管理、固定资产管理、购销存管理、总账管理——期末处理和报表管理九大项目组成。

本书体例新颖,配套资源丰富,既可以作为《新编会计信息化应用(畅捷通T3新税制版)》的配套实训教材,也可以单独使用,适合作为职业院校会计、财务管理、会计信息化、信息管理等专业的会计信息化课程教材,也可以作为相关的岗位培训、社会培训及自学人员的参考书,还可以作为财会专业1+X证书之财务数字化应用职业技能等级证书、业财一体化信息化应用职业技能等级证书考试教材,以及畅捷通T3认证考试教材。

前言

会计信息化是会计与现代信息技术的高度结合，是新时代对会计专业学生要求同时具有会计专业和信息技术能力的必然趋势。成功培养这种复合型会计信息化人才，首先要解决好培养什么人、怎样培养人、为谁培养人这个根本问题。本教材依据中央办公厅、国务院办公厅印发的《关于深化新时代学校思想政治理论课改革创新的若干意见》，深入贯彻落实习近平新时代中国特色社会主义思想和党的十九大精神，贯彻落实习近平总书记关于教育的重要论述，全面贯彻党的教育方针，创新学校思政育人的新方法，重点突出思政育人的重要性，通过音频和视频的方式将新时代"不忘初心，牢记使命"的思政育人主题呈现给学生，使得思想政治教育在学生心里生根发芽，如春雨般润物细无声。

加强会计信息化建设是《会计改革与发展"十三五"规划纲要》（以下简称《纲要》）所确立的"十三五"时期会计改革与发展的总体要求之一，而国家大数据战略和"互联网+"行动计划的实施，为现代信息技术在会计领域的深入应用奠定了坚实的基础。为适应这一要求，编者以"突出实战能力"为主导思想，以"项目任务驱动"为编写体例，按照"突出职业能力培养，体现基于职业岗位分析和具体工作过程，学以致用"的课程设计理念，让学生在完成具体项目与任务的过程中提高会计信息化职业能力，融"教、学、做"为一体。内容上所依托的会计信息化软件为用友畅捷通T3-企业管理信息化软件教育专版（"营改增"版）（以下简称畅捷通T3软件），是最新版的企业会计信息化应用平台。

本教材打破了传统的教材编写模式，不仅遵循了"营改增"和最新会计准则的变化，而且依据企业实际经济业务和信息化工作流程进行案例设计和内容编排，优化业务流程和管理过程，为学生创造一个真实的企业环境。业务模式上，从月初开始进行企业总账的日常业务处理，以及工资、固定资产、购销存模块的日常业务处理，所有数据全部分流到总账系统，最后环节形成财务报表，确保了数据链完整和会计信息的可靠性。本教材依托企业实际工作模式，有效地解决会计电算化存在的数据"孤岛"现象，数据在各业务系统之间高度共享，所有源数据只需在系统中输入一次即可确保数据一致性，将总账管理、工资管理、固定资产管理、购销存管理、期末处理和报表数据转化成企业的人力、财力、物力、信息、时间和空间等综合资源。这有助于学生从整体上掌握会计信息化不仅是由各个子模块组成，它更是一个非常重要的管理系统，整合数据、挖掘数据的价值，能提高会计管理决策能力和企业管理水平。

本教材各项目设置了工作提示、工作注意事项、工作思考、工作易错典型案例、工作误操作举例等特色段落，帮助读者更好地掌握工作重点、难点；配有畅捷通T3教学软件、实训操作演示、实训账套等教学资源，让读者学习更轻松。

前言

本教材由武汉船舶职业技术学院宁进伟、天津财经大学王新玲、湘西民族职业技术学院钟伟担任主编,黑龙江贸易经济学校王海燕、衡水科技工程学校戚真、广西纺织工业学校梁霄担任副主编。具体分工为:宁进伟编写了项目4、6,王新玲编写了项目2,钟伟编写了项目5,王海燕编写了项目1、3,戚真编写了项目7,梁霄编写了项目8、9。

本教材在编写过程中,得到了南京大学出版社、畅捷通信息技术股份有限公司的指导与帮助,在此表示感谢。

由于编者水平有限,书中难免有不足之处,敬请读者批评指正。

编　者

2021 年 3 月

目 录

工作项目1 系统应用基础 ··· 1
   1.1 知识准备 ·· 1
   1.2 系统基本操作流程 ·· 3
   1.3 系统安装 ·· 5

工作项目2 系统管理 ·· 10
   2.1 知识准备 ··· 10
   2.2 实训1 企业建账 ··· 16

工作项目3 基础信息设置 ·· 28
   3.1 知识准备 ··· 28
   3.2 实训2 基础信息设置 ··· 34

工作项目4 总账管理——初始化与日常业务处理 ································ 57
   4.1 知识准备 ··· 58
   4.2 总账管理系统初始化 ·· 60
   4.3 实训3 总账初始化 ·· 63
   4.4 总账管理系统日常业务处理 ··· 71
   4.5 实训4 企业日常业务处理 ·· 74
   4.6 总账管理系统的辅助管理 ·· 86
   4.7 实训5 账簿管理 ··· 89

工作项目5 工资管理 ·· 101
   5.1 知识准备 ·· 101
   5.2 实训6 企业工资管理 ·· 105

工作项目6 固定资产管理 ·· 134
   6.1 知识准备 ·· 134
   6.2 实训7 固定资产管理 ·· 141

目录

工作项目 7　购销存管理 …………………………………………………… 160
　7.1　知识准备 ……………………………………………………………… 160
　7.2　实训 8　购销存初始化 ……………………………………………… 174
　7.3　实训 9　采购与应付管理 …………………………………………… 187
　7.4　实训 10　销售与应收管理 ………………………………………… 201
　7.5　实训 11　库存管理 ………………………………………………… 214
　7.6　实训 12　存货核算 ………………………………………………… 220

工作项目 8　总账管理——期末处理 …………………………………… 225
　8.1　总账管理系统期末处理 ……………………………………………… 226
　8.2　实训 13　月末结账 ………………………………………………… 227

工作项目 9　报表管理 …………………………………………………… 237
　9.1　知识准备 ……………………………………………………………… 237
　9.2　实训 14　报表管理 ………………………………………………… 244

工作项目 1 系统应用基础

知识目标
- 了解畅捷通 T3 的功能及总体结构。
- 了解畅捷通 T3 各模块之间的数据关系。
- 了解安装畅捷通 T3 软件所需的系统配置。

技能目标
- 学会检查会计信息化软件的基础运行环境。
- 掌握安装数据库和畅捷通 T3 的操作。

思政育人
财会学生的使命与担当

1.1 知识准备

当今时代,大数据、人工智能、移动互联网、云计算、物联网等新技术在财务行业的具体应用越来越广泛,将产生巨大的创新影响,引发会计工作方式的根本变革,催生智能财务新业态,诸如财务机器人、代理记账公司、集团财务共享中心、社会财务共享中心等新业态,为会计人员未来的发展带来新的机遇和挑战。总体来说,新业态体现在智慧会计和管理会计两个发展方向。而会计信息系统则是采用现代信息技术对企业生产经营过程中的业务数据进行采集、加工、整理和传输,以便连续地、系统地、综合地反映企业经营活动的全过程,从而达到客观地反映过去、实时地控制现在、准确地预测未来的目的。因此,了解会计信息系统的基本概念、工作原理、功能结构和各主要子系统的使用方法是会计人员应该具备的基本素质和技能。

本书选用了用友集团旗下畅捷通信息技术股份有限公司出品的畅捷通 T3 会计信息化软件(以下简称畅捷通 T3)作为实验平台,并提供了一套先进、完整和操作性强的实验体系。畅捷通 T3 可以作为 1+X 证书业财一体化应用职业技能等级考核的基本模拟训练系统。

1.1.1 本书使用导航

使用本书之前,最好掌握会计信息化基本工作原理,或者在每一个实训开始之前,先简要了解相关背景知识、企业业务内容及系统实现原理,然后开始实训,以有效巩固所学理论,熟练掌握财务业务一体化管理软件的基本操作,进一步理解企业管理软件的整体结构和运行特征,理解计算机环境下的信息处理方式。

1.1.2 本书特色

1. 独具匠心的实训设计

实训以一个核算主体的业务活动贯穿始终,每个实训反映企业核算的不同方面,尤其是企业购销存业务部分的实训设计,摒弃了一般实验指导书中按子系统功能展开的思路——以企业实际业务流程为主线,便于对系统的整体把握。

2. 贴心备至的周密考虑

每个实训结果都保留了一个标准账套以供用户使用,这样既可通过它对照自己的实训结果,也可以在实训数据不完备的情况下,按照实训中"实训准备"内容的要求,把基础数据引入系统,以开始下一内容的实训,从而有效地利用时间。

3. 无师自通的指导方式

考虑到在一定的教学条件下,很多实训在规定的教学学时内无法安排,需要由用户自行完成,因此对每个实训的方方面面都做了周密考虑。尤其是"实训指导"部分,针对不同业务给予非常详尽的工作过程,以此为对照,用户便可以按部就班地完成全部实训,掌握管理软件的精要。

1.1.3 畅捷通T3功能概述

畅捷通T3是一种面向供应管理,集企业的销售、采购、制造、成本、财务、人事等管理于一体的会计信息系统。

畅捷通T3关注企业会计信息管理的现状和需求,以"精细管理,卓越理财"为产品核心理念,以财务核算为主轴,以业务管理为导向,是面向成长型企业开发设计,以提高管理水平、优化运营流程为目标,实现全面、精细化财务管理与业务控制的一体化管控信息平台。它能够帮助企业快速、准确地应对市场变化,并支持稳定、安全和成熟的长期可持续性发展;同时满足企业决策者和管理者对内部信息的需求,提供方便快捷、高效率的实时动态信息交互,实现企业实时管理。

1.1.4 畅捷通T3的总体结构

软件通常由若干个子系统(也称为功能模块)组成,每个子系统具有特定的功能,各个子系统之间又存在紧密的数据联系,它们相互作用、相互依存,形成一个整体。功能结构就是指系统由哪些子系统组成,每个子系统完成怎样的功能,以及各子系统之间的相互关系。

畅捷通T3由总账管理(往来管理、现金银行管理、项目管理)、财务报表、工资管理、固定资产管理、财务分析、购销存管理(采购管理、库存管理、销售管理)和核算管理等主要部分组成。此外,它还集成了老板通、票据通和出纳通这几个方便的管理工具。

1.1.5 各系统数据的关联

畅捷通T3是财务业务一体化管理系统,包含众多功能模块,模块之间存在复杂的数据联系。为了使学习者对财务业务一体化运行模式有一个总体的认识和了解,现以图1.1来描述这些模块之间的数据关系。

本书选择了畅捷通T3中的总账管理、财务报表、工资管理、固定资产管理、采购管理、销售管理、库存管理和核算管理作为学习内容,并以公司整体正常运作作为场景,带领用户进行实际操作,以便用户从中了解管理软件的功能与作用,实现理论连接业务案例,实操驱动知识内化。

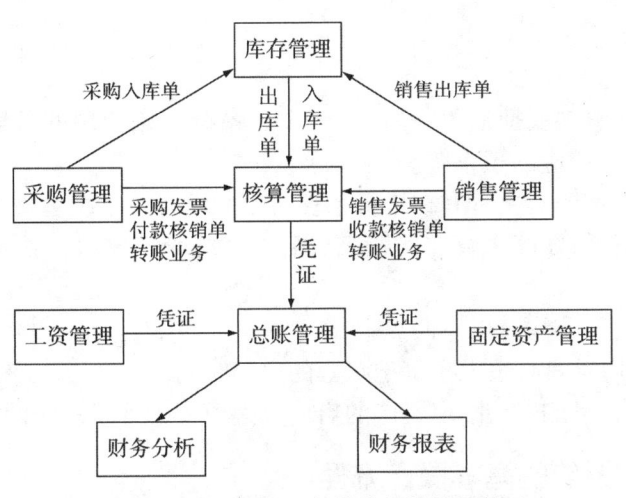

图 1.1　畅捷通 T3 各模块间的数据关系

现在就让我们开始身临其境地体验"实战"吧!

1.2　系统基本操作流程

1.2.1　企业建账的工作流程

每一个独立核算的企业都有一套完整的账簿体系,把这样一套完整的账簿体系建立在畅捷通 T3 系统中就称为一个账套。在畅捷通 T3 系统中,可以为多个企业(或企业内多个独立核算的部门)分别建账,且各账套数据之间相互独立,互不影响,使资源得以最大限度的利用。

企业建账的工作流程如图 1.2 所示。为了方便操作,会计信息系统中大都设置了建账向导,用来引导用户的建账过程。

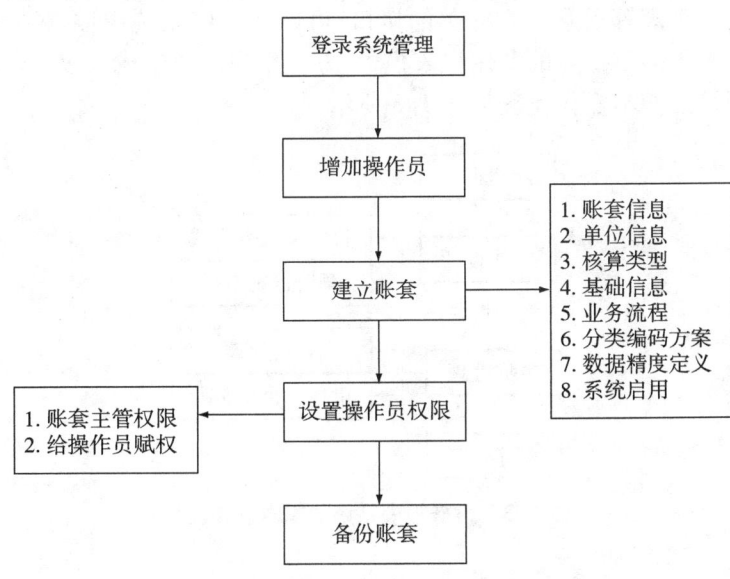

图 1.2　企业建账的工作流程

1.2.2 系统启用

系统启用是指设置在畅捷通 T3 系统中各个子系统开始使用的日期。只有设置系统启用后,才能登录并使用相应的子系统。

只有系统管理员和账套主管有权进行系统启用的设置。系统管理员在建账的最后一个环节可以设置系统启用;账套主管在建账完成后在系统管理窗口中选择"账套"|"启用"命令可以设置系统启用。

设置系统启用时需要注意以下两点:
① 各系统的启用时间必须大于等于账套的启用时间。
② 如果总账先启用,工资、固定资产的启用月必须大于等于总账的未结账月。

1.2.3 总账管理系统的基本操作流程

总账管理系统是畅捷通 T3 财务系统的核心子系统,适用于各行各业进行财务核算和管理工作。总账管理系统既可独立运行,也可同其他系统协同运作。业务数据在生成凭证以后,全部归集到总账管理系统进行处理。

总账管理系统的主要功能包括总账管理系统初始化、凭证管理、现金管理、往来管理、项目管理、账簿管理,以及月末处理几个部分。

总账管理系统的基本操作流程指示了正确使用总账管理系统的操作顺序,有助于帮助企业实现快速应用。一般来讲,各子系统的应用大都可划分为 3 个阶段:系统初始化、日常业务处理和月末处理。总账管理系统也遵循这一规律。

1.2.4 财务报表系统的基本操作流程

畅捷通 T3 中的财务报表系统主要是按用户需求设计报表的格式、编制并输出报表,并对报表进行审核、汇总、挖掘数据的价值,生成各种分析图表。财务报表系统与总账管理、工资管理和固定资产管理等子系统有完善的接口,可以从这些系统中取得数据生成报表。财务报表系统还内置了多个行业的常用报表模板,方便用户快速生成报表。

财务报表系统的基本操作流程如图 1.3 所示。

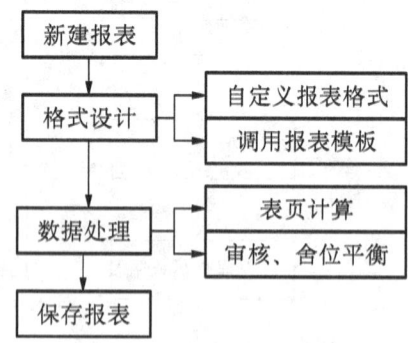

图 1.3 财务报表系统的基本操作流程

1.2.5 工资管理系统的基本操作流程

工资核算的任务是以职工个人的工资原始数据为基础,计算应发工资、扣款和实发工资等,编制工资结算单;按部门和人员类别进行汇总,进行个人所得税计算;提供对工资相关数据的多种方式的查询和分析,进行工资费用分配与计提,并实现自动转账处理。工资管理系统的主要功能包括工资类别管理、人员档案管理和工资数据管理等。

采用单类别工资核算与采用多类别工资核算的流程稍有不同。多类别工资核算比单类别工资核算复杂一些。

1.2.6 固定资产管理系统的基本操作流程

畅捷通T3可以帮助企业进行固定资产日常业务的核算和管理,生成固定资产卡片,按月反映固定资产的增加、减少、原值变化及其他变动,并输出相应的增减变动明细账,按月自动计提折旧,生成折旧分配凭证,同时输出一些同设备管理相关的报表和账簿。

固定资产管理系统中资产的增加或减少、原值和累计折旧的调整、折旧计提都要将有关数据通过记账凭证的形式传输到总账管理系统,同时通过对账保持固定资产账目与总账的平衡。财务报表系统也可以通过相应的取数函数从固定资产管理系统中提取分析数据。

对于企业单位和行政事业单位来说,固定资产管理系统的操作流程稍有不同。

1.2.7 购销存、核算管理系统的基本操作流程

购销存管理系统的每个模块既可以单独应用,也可以与相关模块联合应用。

在企业的日常工作中,采购供应部门、仓库、销售部门和财务部门等都涉及购销存业务及其核算的处理,各个部门的管理内容是不同的,工作间的延续性通过单据在不同部门间的传递来完成。那么,这些工作在软件中是如何体现的?计算机环境下的业务处理流程与手工环境下的业务处理流程肯定会存在差异,如果缺乏对购销存管理系统业务流程的了解,那么就无法实现部门间的协调配合,进而影响系统的效率。

1.3 系统安装

1.3.1 系统技术架构

畅捷通T3采用3层架构体系,即逻辑上分为数据服务器、应用服务器和客户端。采用3层架构设计,可以提高系统的效率与安全性,降低硬件的投资成本。

物理上,既可以将数据服务器、应用服务器和客户端安装在一台计算机上(即单机应用模式),也可以将数据服务器和应用服务器安装在一台计算机上,而将客户端安装在另一台计算机上(网络应用模式,但只有一台服务器)。当然,还可以将数据服务器、应用服务器和客户端分别安装在不同的3台计算机上(网络应用模式,且有两台服务器)。如果是C/S网络应用模式,在服务器和客户端分别安装了不同的内容,需要进行3层结构的互相连接。在系统运行过程中,可根据实际需要随意切换远程服务器,即通过在登录时改变服务器名称来访问不同服务器上的业务数据,从而实现单机到网络应用模式的转换。

1.3.2 系统运行环境

畅捷通 T3 属于应用软件,安装前,需要按要求配置硬件环境,并准备系统软件,如表 1.1 所示。

表 1.1 畅捷通 T3 需要的软、硬件环境

分类对象	硬件环境		系统软件
	最低配置	推荐配置	
客户端	内存 128 MB 或以上 CPU 550 MHz 或以上 硬盘空间 10 GB 或以上	内存 512 MB 以上 CPU 1.6 GHz 以上 硬盘空间 40 GB 以上	Windows Vista Home Premium Windows 2000 Server+SP4 Windows 2003 Server+SP1 Windows XP+SP2 Windows 2000 Professional+SP4 IIS
服务器	内存 256 MB 或以上 CPU 800 MHz 或以上 硬盘空间 20 GB 或以上	内存 1 GB 或以上 CPU 2 GHz 或以上; 多 CPU 硬盘空间 80 GB 以上	Windows Vista Business Windows 2000 Server+SP4 Windows 2003 Server+SP1 Windows XP+SP2 Windows 2000 Professional+SP4 IIS
数据库	MS SQL Server 2000+SP4、MSDE 2000+SP4 或 MS SQL Server 2005+SP2		
浏览器与网络协议	Internet Explorer 6.0+SP1、TCP/IP、Named Pipe		

工作提示

- 如果是单机安装,即把数据服务器、应用服务器和客户端安装在一台机器上,需要满足以上 3 项最低配置要求。
- 安装前,使用系统管理员(或具有同等权限的人员,用户 ID 属于 Administrators 组)身份登录,并进行安装。
- 安装产品的计算机名称中不能含"-",不能用数字开头,不能有汉字。名称中可以带有" "(空格)。如需对计算机名称进行修改,可在系统属性中更改计算机名称(见图 1.4),然后重新启动计算机,计算机新名称才能生效。

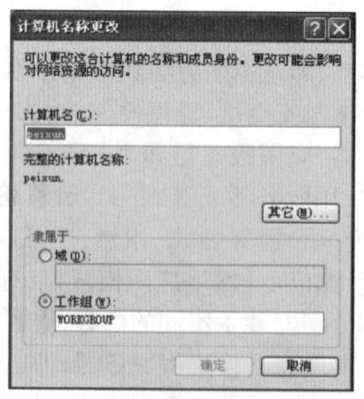

图 1.4 更改计算机名称

1.3.3 安装 IIS

工作过程

① 打开操作系统的"控制面板"窗口,双击"添加或删除程序"图标,打开"添加或删除程序"窗口,如图 1.5 所示。

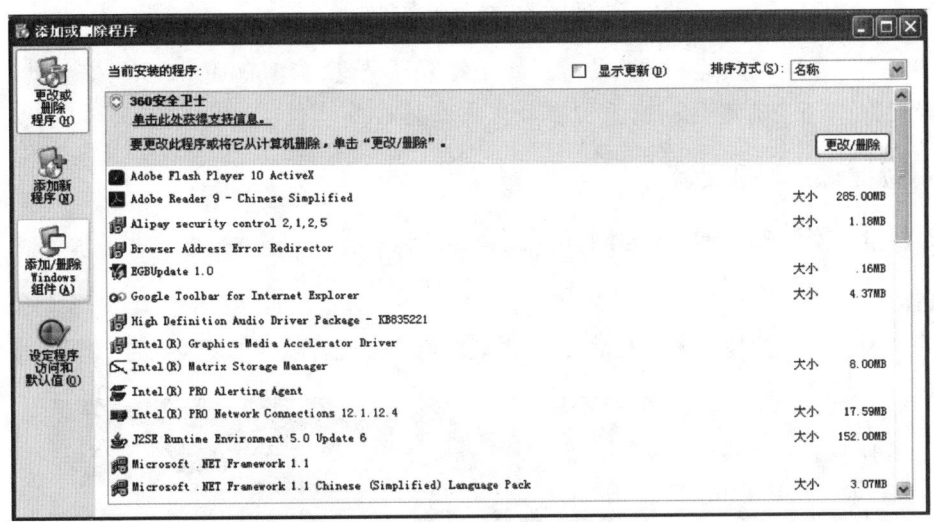

图 1.5 打开"添加或删除程序"窗口

② 单击左侧列表框中的"添加/删除 Windows 组件"按钮,打开"Windows 组件向导"对话框,选中"Internet 信息服务(IIS)"复选框,如图 1.6 所示。

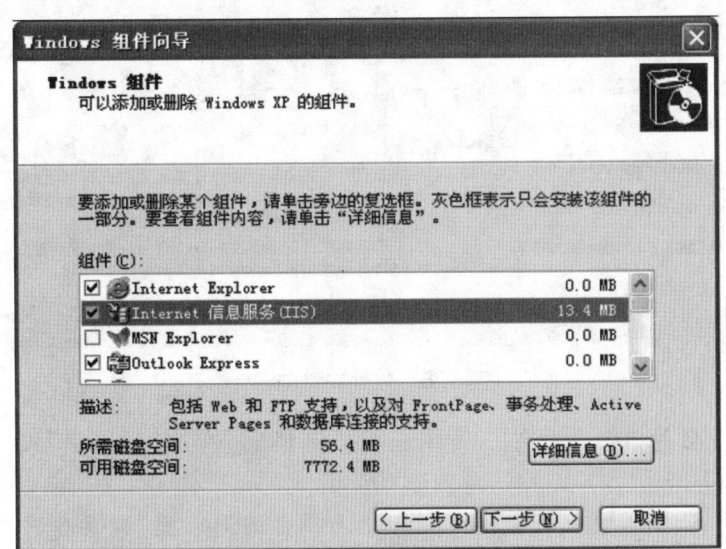

图 1.6 选择 IIS 组件

③ 单击"下一步"按钮,若安装文件齐全,系统将自动安装;若安装文件不全,系统会提示需要 Windows 系统的安装文件,如图 1.7 所示。

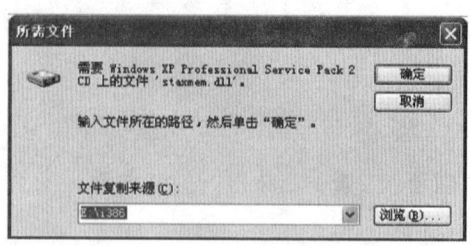

图 1.7 提示所需文件

④ 单击"浏览"按钮，在硬盘（或插入的操作系统光盘，如 Windows XP 安装盘）中找到系统所需文件，单击"确定"按钮，系统自动完成安装。

1.3.4 畅捷通 T3 的安装

下面以单机安装畅捷通 T3 为例，进行系统的安装。

工作过程

① 将软件安装光盘插入光盘驱动器中，系统即会自动运行软件的安装向导，如图1.8所示。

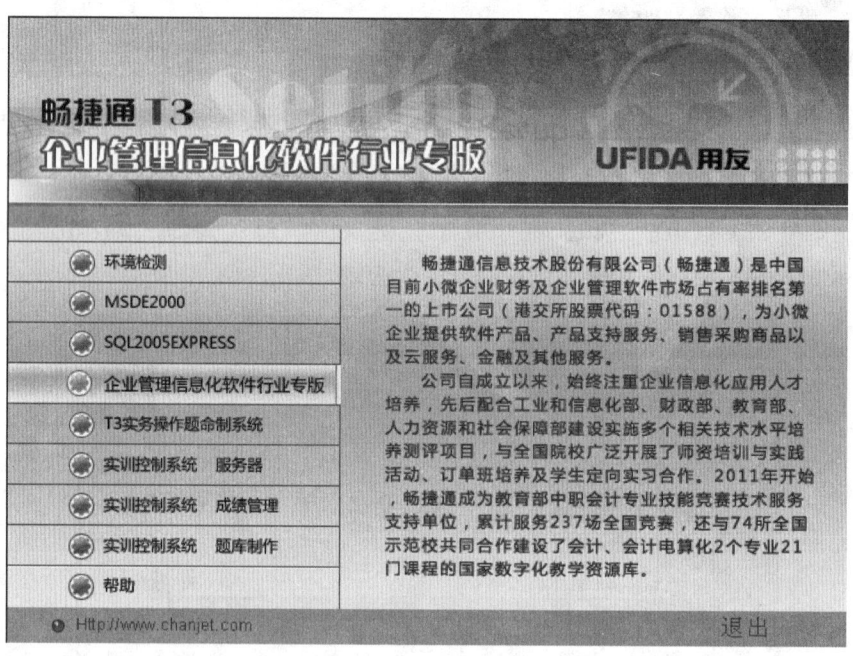

图 1.8 软件安装向导

② 单击"T3-会计信息化软件"，系统进入安装准备。单击"下一步"按钮，打开"许可证协议"对话框。

③ 单击"是"按钮，接受许可证协议，打开"选择目的地位置"对话框。默认系统安装路径或单击"浏览"按钮选择安装路径后，单击"下一步"按钮，打开"选择组件"对话框。

④ 默认系统选择或按需要进行选择后，单击"下一步"按钮，系统进入安装状态。

⑤ 系统安装完成，选中"是，立即重新启动计算机"单选按钮，然后单击"完成"按钮。

⑥ 计算机重新启动后，系统自动创建移动商务数据库、系统数据库和演示账套等。

工作项目 1　系统应用基础

工作提示

- 在安装软件前，可以先进行环境检测，以确保安装条件充分满足，检测完全正常后进行安装。检测完成，如图1.9所示。

图1.9　系统环境检测

- 系统安装完成后预装了"999工业企业演示账套"，可以使用用户名demo（密码demo）登录查看，其中包含2013年5月和6月的数据。

工作项目小结

在完成本项目工作后，了解了畅捷通T3的功能和总体结构，并完成了数据库及畅捷通T3系统的安装，为企业实施会计信息化奠定了扎实的基础。

工作项目 2 系统管理

知识目标
- ◆ 了解系统管理的作用。
- ◆ 理解系统管理的基本功能。
- ◆ 熟悉建立企业核算账套的完整工作流程。
- ◆ 理解操作员及其权限的作用和设置方法。
- ◆ 理解账套备份的重要性。

技能目标
- ◆ 掌握注册系统管理、增加操作员、建立企业账套、设置权限和设置系统启用等操作。
- ◆ 掌握账套备份及账套恢复等操作。
- ◆ 了解有关年度账的基本操作。

思政育人
"吃亏"书记李连成

富康电子科技有限公司 2020 年 1 月购买了畅捷通 T3 的总账管理、财务报表、工资管理、固定资产管理和购销存管理系统,并准备在 1 月份就开始使用畅捷通 T3 管理企业各项业务,因而成立了信息化项目实施小组,财务主管白兵任该组组长。

实施的过程就是将软件中的功能与软件蕴含的管理模式与企业现有业务相结合的过程,因此,项目实施小组成员向畅捷通实施顾问提议,先分模块对小组成员进行系统功能的培训,在全体成员对系统功能深入理解的基础上,再按照实施的工作流程进行项目实施,以达成预期效果。

企业选购畅捷通 T3 作为会计信息化应用平台之后,首先需要在系统中建立企业的基本信息、核算方法和编码规则等,称为建账。这里的"账"在畅捷通 T3 中称为"账套"。现在本工作项目中为富康电子科技有限公司在畅捷通 T3 中建立一个账套。

2.1 知识准备

2.1.1 系统管理功能概述

系统管理的主要功能是对畅捷通 T3 的各个产品进行统一的操作管理和数据维护,具体包括以下几个方面的管理功能。

1. 账套管理

账套是一组相互关联的数据。每一个独立核算的企业都有一套完整的账簿体系,把这样一套完整的账簿体系建立在计算机系统中就称为一个账套。每一个企业都可以为其每一个独立核算的下级单位建立一个核算账套。换句话说,在企业管理系统中,可以为多个企业(或企业内多个独立核算的部门)分别建账,且各账套数据之间相互独立,互不影响,使资源得以最大限度的利用。

账套管理功能包括建立账套、修改账套、删除账套、备份/恢复账套和启用账套。

2. 年度账管理

年度账与账套是两个不同的概念,一个账套中包含了企业所有的数据,把企业数据按年度进行划分,称为年度账。年度账可以作为系统操作的基本单位,因此设置年度账主要是考虑到管理上的方便性。

年度账管理包括年度账的建立、备份、恢复、清空年度数据和结转上年数据。

3. 操作员及操作权限的集中管理

为了保证系统及数据的安全与保密,系统管理提供了操作员及操作权限的集中管理功能。通过对系统操作分工和权限的管理,一方面可以避免与业务无关的人员进入系统,另一方面可以对系统所包含的各个子产品的操作进行协调,以保证各负其责,流程顺畅。

操作权限的集中管理包括设置操作员和为操作员分配权限。

4. 设立统一的安全机制

对企业来说,系统运行安全、数据存储安全是必需的,为此,每个应用系统都无一例外地提供了强有力的安全保障机制,如设置对整个系统运行过程的监控机制,清除系统运行过程中的异常任务和设置系统自动备份计划等。

鉴于系统管理模块在整个畅捷通 T3 中的地位和重要性,必须对登录系统管理的人员做严格界定。系统只允许以两种身份注册进入系统管理:一是以系统管理员的身份,二是以账套主管的身份。

系统管理员负责整个系统的安全运行和数据维护。以系统管理员身份注册进入,可以进行账套的建立、备份和恢复,设置操作员和权限,监控系统运行过程,清除异常任务等。具体来说,系统管理员主要负责以下几项工作:

① 按岗位分工要求设置系统操作员,分配其对应权限。
② 按已确定的企业核算特点及管理要求进行企业建账。
③ 随时监控系统运行过程中出现的问题,清除异常任务,排除运行故障。
④ 保障网络系统的安全,预防计算机病毒侵犯。
⑤ 定期进行数据备份,保障数据安全、完整。

账套主管负责所辖账套的管理,其工作任务为确定企业会计核算的规则,对企业年度账进行管理,为该账套内操作员分配权限,组织企业业务处理按既定流程运行。对所管辖的账套来说,账套主管是级别最高的,拥有所有系统的操作权限。

由于账套主管是由系统管理员指定的,因此第一次必须以系统管理员的身份注册系统管理。建立账套和指定相应的账套主管之后,才能以账套主管的身份注册系统管理。

2.1.2 账套管理

账套管理功能一般包括账套的建立、修改、备份、删除、恢复和启用等。

1. 账套的建立

为了方便操作,会计信息系统中大都设置了建账向导,用来引导用户的建账过程。在畅捷通T3中,可以为多个企业(或企业内多个独立核算的部门)分别建账,各账套间相互独立,互不影响,系统最多允许建立999套企业账套。

建立企业账套时,需要向系统提供以下表明企业特征的信息。

1)账套信息

账套信息包括账套号、账套名称、账套路径及账套启用日期。账套号是区分不同账套数据的唯一标志。

① 账套名称。可以输入核算单位简称或用该账套的用途命名。账套号与账套名称是一一对应的关系,共同来代表特定的核算账套。

② 账套路径。用来指明账套在计算机系统中的存放位置,应用系统中一般预设一个默认路径,但允许用户更改。

③ 账套启用日期。用于规定该企业用计算机进行业务处理的起点,一般要指定年、月。启用日期在第一次初始设置时设置,一旦启用便不可更改。在确定账套启用日期的同时,一般还要设置企业的会计期间,即确认会计月份的起始日期和结账日期。

2)核算单位基本信息

核算单位基本信息包括企业名称、简称、地址、邮政编码、法人和通信方式等。在以上各项信息中,单位全称是必需项,因为发票在打印时要使用企业全称,其余情况全部使用企业的简称。

3)账套核算信息

账套核算信息包括记账本位币、企业类型、行业性质、账套主管、编码方案和数据精度等。

① 记账本位币。它是企业必须明确指定的,通常系统默认为人民币。为了满足多币种核算的要求,系统还提供设置外币及汇率的功能。

② 企业类型。它是区分不同企业业务类型的必要信息。选择不同的企业类型,系统在业务处理范围上会有所不同。

③ 行业性质。它表明企业所执行的会计制度。系统一般内置不同行业的一级科目供用户选择使用,在此基础上,用户可以根据本单位的实际需要增设或修改必要的明细核算科目。

④ 账套主管。它拥有对账套的所有操作权限,是该账套中权限最高的人员。一个账套可以有多个账套主管。

⑤ 编码方案。它是对企业关键核算对象进行分类级次及各级编码长度的指定,以便于用户进行分级核算、统计和管理。可分级设置的内容一般包括科目编码、存货分类编码、地区分类编码、客户分类编码、供应商分类编码、部门编码和结算方式编码等。

⑥ 数据精度。它是指定义数据的保留小数位数。在会计核算过程中,由于各企业对数

量、单价的核算精度要求不一致,有必要明确定义主要数量、金额的小数保留位数,以保证数据处理的一致性。

以上账套参数确定后,系统会自动建立一套符合用户特征要求的账簿体系。

2. 账套的修改

账套建立完成后,在未使用相关信息的基础上,可以根据业务需要,对某些已设置的内容进行调整。如果需要修改账套,应由账套主管登录系统管理,选择"账套"|"修改"命令,就可对部分账套参数进行调整。

3. 账套的备份、删除与恢复

1)账套的备份

账套的备份是将系统产生的数据备份到硬盘或其他存储介质,其作用如下:

① 保证数据安全。

② 解决集团公司数据合并问题。

2)账套的删除

如果企业初始建账时数据错误很多或某些情况无须再保留企业账套,就可以将机内账套删除。账套删除会一次将该账套下的所有数据彻底清除,因此执行此操作时应格外慎重。为数据安全起见,系统一般提供账套删除前的强制备份,并且该操作只授权于系统管理员。

3)账套的恢复

通过备份账套输出的账套数据必须通过恢复账套引入系统才能使用,因此恢复账套是备份账套的对应操作。

 工作注意事项

> 只有系统管理员(admin)才能进行账套备份。
> 若要删除选中账套数据,则在输出账套时,选中"删除当前输出账套"即可。
> 正在使用的账套是不允许删除的。
> 在实际工作中,因各种原因为防止系统数据丢失,需定期对账套数据做备份,备份好的账套数据文件最好存放于移动硬盘中,存放在更为安全的地方。

4. 账套的启用

账套的启用是指设置在畅捷通T3中各个子系统开始使用的日期,只有启用后的子系统才能进行登录。

2.1.3 年度账管理

年度账管理包括年度账的建立、清空、引入、输出和结转上年数据等。

1. 年度账的概念

在畅捷通T3中,用户不仅可以建立多个账套,而且每个账套中可以存放不同年度的会计数据,不同年度的数据存放在不同的数据库中,称为年度账。

2. 建立年度账

新年度到来时，应首先建立新年度核算体系（即建立年度账），再进行与年度账相关的其他操作。

3. 备份和恢复年度账

年度账操作中的备份和恢复与账套操作中的备份和恢复的含义基本一致，作用都是对数据的备份与恢复。但二者的数据范围不同，年度账操作中备份和恢复的不是整个账套的全部数据，而是针对账套中的某一年度的数据。为了区分这两种不同类型的备份文件，系统会用特定的文件名称或扩展名来进行标志。

4. 结转上年数据

一般情况下，企业是持续经营的，所以企业的会计工作是一个连续性的工作。每到年末，启用新年度账时，就需要将上年度中的相关账户的余额及其他信息结转到新年度账中。

5. 清空年度数据

如果年度账中错误太多，以及不希望将上年度的余额或其他信息全部转到下一年度，这时候，就可以使用清空年度数据的功能。"清空"并不是指将年度账的数据全部删除，系统还是会保留一些信息的，如账套基础信息、系统预置的科目等。

2.1.4 操作员及其权限管理

1. 操作员管理

操作员是指有权登录系统，并对系统进行操作的人员。每次注册登录系统，都要进行操作员身份的合法性检查。对不同的操作员分配不同的权限，可以有效地维护系统安全。

1）增加操作员

只有系统管理员有权设置操作员。增加操作员时，必须明确操作员的特征信息：编号、姓名、口令和所属部门。

① 编号。它是系统区分不同操作人员的唯一标志，必须输入。

② 姓名。一般会出现在其处理的票据、凭证上。因此应记录其真实姓名，以便对其操作行为进行监督。

③ 口令。操作员进行系统注册时的密码。口令可由多个数字、字母及特殊符号构成。可以说，口令是操作员身份的识别标志，第一次，可以由系统管理员为每个操作员赋予一个空密码，当操作员登录系统时，建议立即设置新密码，并严格保密。此后，每隔一定时间，需要更换新密码，以确保密码的安全性。

④ 确认口令。二次输入口令以验证正确性，必须与前面输入的口令完全一致。在输入过程中为确保不被他人注意，往往采用屏幕屏蔽的方式，如用屏幕显示"＊"代表输入的口令字，口令字可以为空。

⑤ 所属部门。该项为可选项。

**工作提示**

- 操作员编号在系统中必须唯一,即使是不同的账套,操作员编号也不能重复。
- 所设置的操作员一旦被引用,便不能被修改或删除。
- 如果存在两个名字完全一样的操作员,需要加特殊标志以示区别。

2)修改或删除操作员

操作员刚刚设置完成,可以对其姓名及口令进行更改。一旦以其身份进入系统,便不能被删除,只能注销。

2. 权限管理

根据企业内部控制的要求,系统操作员要有严格的岗位分工,不能越权操作。权限设置就是对允许登录系统的操作员规定操作权限,严禁越权操作行为发生。

2.1.5 设立统一的安全机制

对企业来说,系统运行安全是至关重要的。

1. 系统运行监控

以系统管理员身份注册进入系统管理后,可以查看到两部分内容:一部分列示的是已经登录的子系统;另一部分列示的是登录的操作员在子系统中正在执行的功能。这两部分的内容都是动态的,都根据系统的执行情况而自动变化。

2. 注销当前操作员

如果需要以一个新的操作员身份注册进入,以启用系统其他功能,就需要将当前的操作员从系统管理中注销;如果需要暂时离开,而不希望他人对系统管理进行操作,也应该注销当前操作员。

3. 清除系统运行异常

系统运行过程中,死机、网络阻断等都有可能造成系统异常。针对系统异常,应及时予以排除,以释放异常任务所占用的系统资源,使系统尽快恢复正常。

4. 上机日志

为了保证系统的安全运行,系统随时对各个产品或模块的每个操作员的上下机时间、操作的具体功能等情况进行登记,形成上机日志,以便使所有的操作都有所记录、有迹可循。

5. 设置备份计划

在畅捷通 T3 中除了可以人工进行数据的备份和恢复外,还提供了设置自动备份计划的功能,其作用是自动定时对设置的账套或年度账进行备份输出。利用该功能,可以实现定时、自动输出多个账套的目的,从而有效减轻系统管理员的工作量,保障系统数据安全。

6. 升级数据

任何一个应用系统的功能拓展和完善都是无止境的。随着信息技术的不断发展,应用系统的开发不断融入新的技术和更为先进的管理思想,这样就存在对老系统的数据进行更新的问题。为了保证客户数据的一致性和可追溯性,畅捷通T3在系统管理中提供了升级工具,可以使用此功能一次升级到新产品。

2.2 实训1 企业建账

1. 理解畅捷通T3中企业账的存在形式。
2. 掌握畅捷通T3中企业账的建立过程。
3. 掌握系统操作员及其权限的含义及设置方法。
4. 掌握账套的备份方法。

1. 增加系统操作人员,修改操作员密码。
2. 建立企业账套。
3. 启用系统。
4. 进行财务分工。
5. 备份账套数据。
6. 恢复账套数据。

一、企业相关信息

富康电子科技有限公司(简称富康电子)位于深圳市南山区科技路1号,法人代表为马华,联系电话及传真均为0755-86683211,企业纳税登记号为1244030045575199XQ,账套号为520。

该企业属于工业企业,从事智能卡片及相关产品的生产及销售,采用2007年新会计准则科目核算体系,记账本位币为人民币,于2020年1月采用畅捷通T3会计信息系统进行会计核算及企业日常业务处理。

存货、企业客户需分类管理,企业有外币业务,业务流程均使用标准流程。

编码规则:科目编码级次为4222;客户分类编码级次为122;地区分类编码级次为12;存

货分类编码级次为 122。

数据精度:采用系统默认设置。

二、财务部操作员档案及工作职责(见表 2.1)

表 2.1　财务部操作员档案及工作职责

姓　名	编　号	密　码	角色与工作职责
李兵	01	无	账套主管。负责系统日常运行管理,具有全部权限
肖龙	02	无	会计。负责总账、公用目录设置
王菲	03	无	出纳。对收、付款凭证进行出纳签字,管理现金日记
陈平	04	无	采购。负责原材料、半成品、辅料、包装材料及生产用低值消耗品的采购、验证和报验

初始操作员口令均为空。以后为了保证系统安全,将李兵口令更改为 8。

三、建立账套后,启用本企业所需要使用的总账管理系统

四、备份"实训 1　企业建账"账套至"D:\富康电子\系统管理"中

五、恢复"实训 1　企业建账"备份账套

实训指导

2.2.1　任务 1　以系统管理员身份增加系统操作员

企业在使用会计信息化软件前,需要确定可以进入系统的操作人员,并根据职责在系统中进行权限的划分。因此,首先应该增加相应的系统操作人员——李兵、肖龙和王菲。

工作过程

① 双击"系统管理"图标(或选择"开始"|"系统管理"命令),以 admin(系统管理员)的身份登录系统管理(密码为空),如图 2.1 所示。

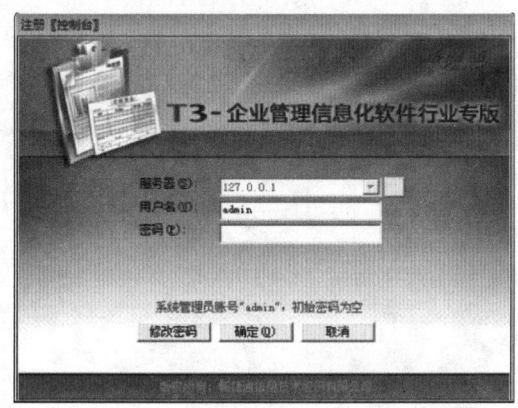

图 2.1　以系统管理员身份登录系统管理

② 选择"权限"|"操作员"命令，打开"操作员管理"对话框，如图 2.2 所示。图中所显示的几个操作员是系统预置的。

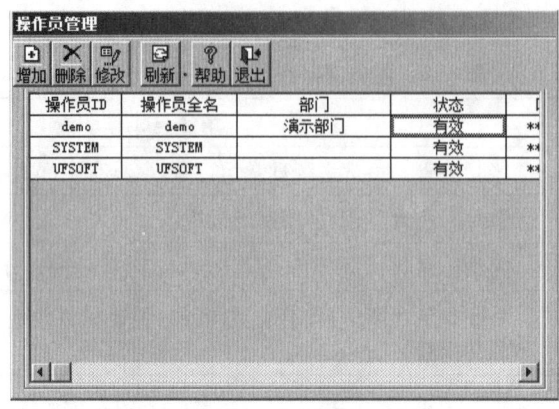

图 2.2 "操作员管理"对话框

③ 单击"增加"按钮，打开"增加操作员"对话框，输入编号 01、姓名"李兵"，口令默认为空，所属部门输入"财务部"，如图 2.3 所示。

图 2.3 增加操作员

④ 单击"增加"按钮，继续增加其他操作员。增加完毕后，单击"退出"按钮，退出本次操作。输入完成后，如图 2.4 所示。

⑤ 为了系统安全，修改李兵的密码：双击"李兵"，修改口令为 8，如图 2.5 所示。

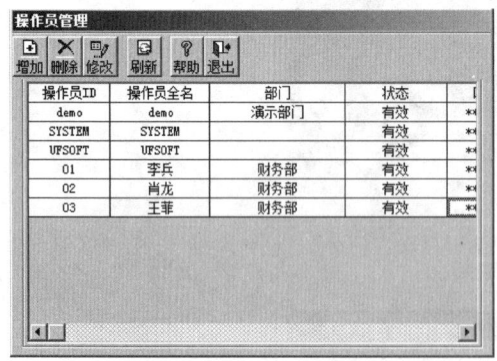

图 2.4 增加操作员完成

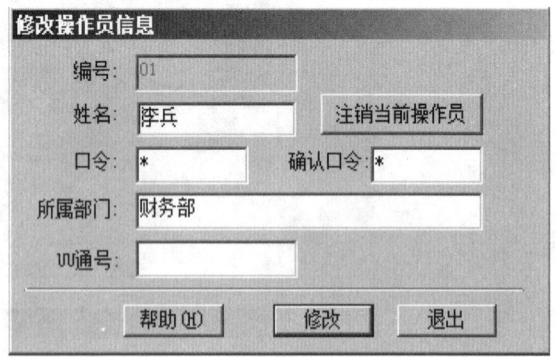

图 2.5 修改操作员口令

⑥ 单击"修改"按钮,完成修改。然后单击"退出"按钮,返回系统管理。

工作提示

- 口令可由多个数字、字母及特殊符号构成。第一次输入时,可以由系统管理员为每个操作员赋予密码,当操作员登录系统时,建议通过"修改密码"立即设置新密码。
- 操作员一旦登录系统进行业务操作,便不能再被删除。如果不再使用该操作员,则必须注销。
- 为保证系统安全,明确划分职责,建议为每个操作员设置不同的密码。

2.2.2 任务2 建立企业账套

工作过程

① 选择"账套"|"建立"命令,打开"创建账套——账套信息"对话框。在其中输入账套号、账套名称、账套路径和启用会计期等信息。输入完成后,如图2.6所示。

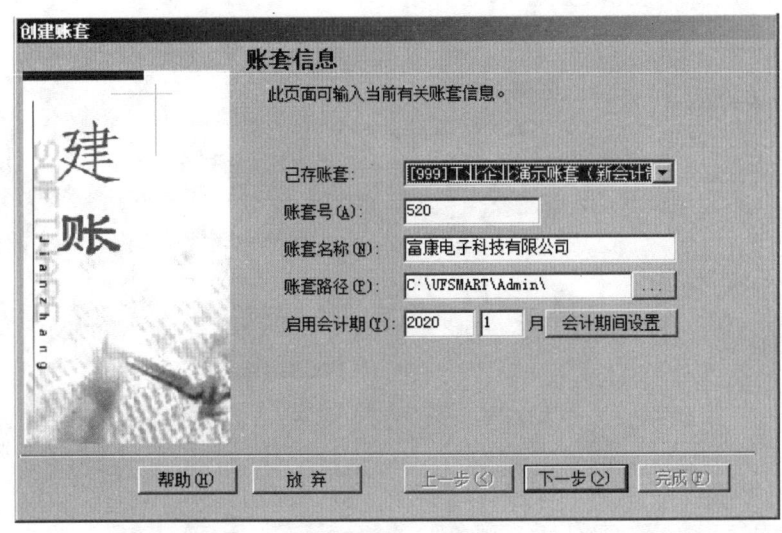

图2.6 账套信息

工作提示

已存账套:系统中已存在的账套以下拉列表的形式显示,操作员只能查看,不能输入或修改,目的是避免新建账套与已存在账套重复。

② 单击"下一步"按钮,打开"创建账套——单位信息"对话框。在其中输入公司的相关信息,如图2.7所示。

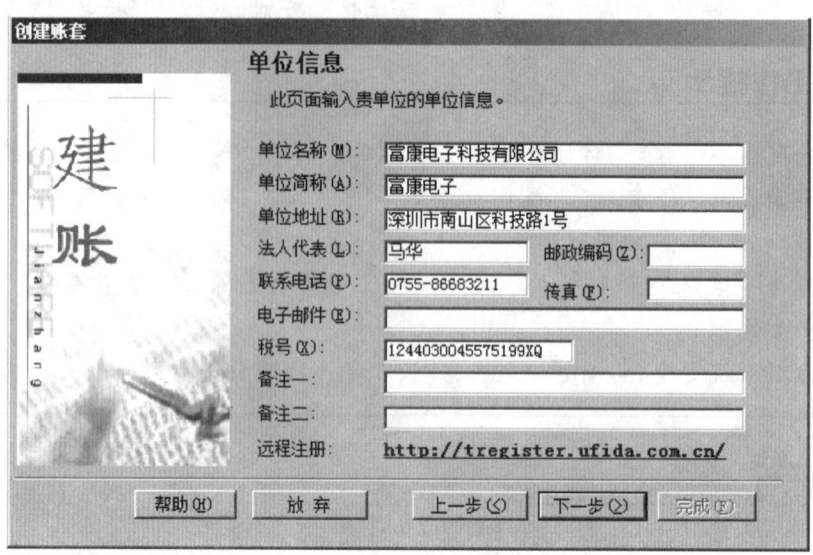

图 2.7　单位信息

③ 单击"下一步"按钮,打开"创建账套——核算类型"对话框。按企业相关信息进行输入,并设置"李兵"为账套主管,如图 2.8 所示。

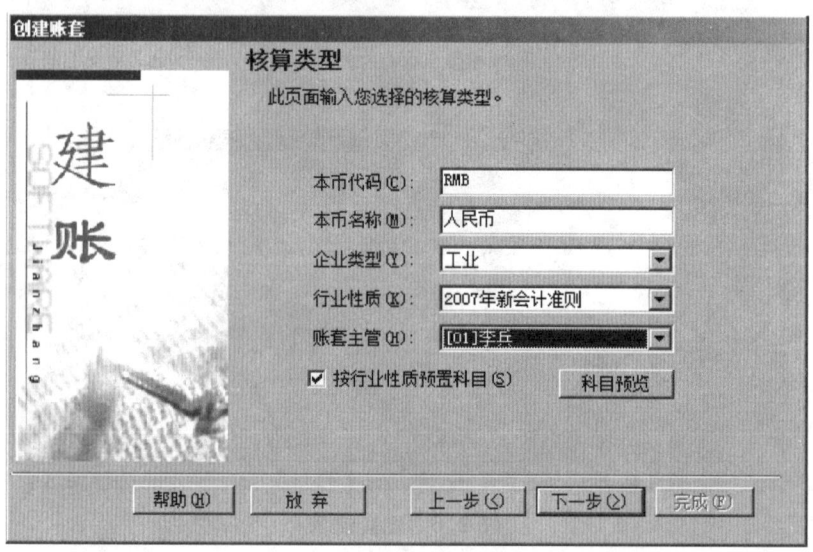

图 2.8　核算类型

 工作提示

- 账套主管:必须从下拉列表中选择输入。
- 按行业性质预置科目:如果操作员希望预置所属行业的标准一级科目,则应选中该复选框。

④ 单击"下一步"按钮,打开"创建账套——基础信息"对话框。在其中输入相关信息,如图2.9所示。

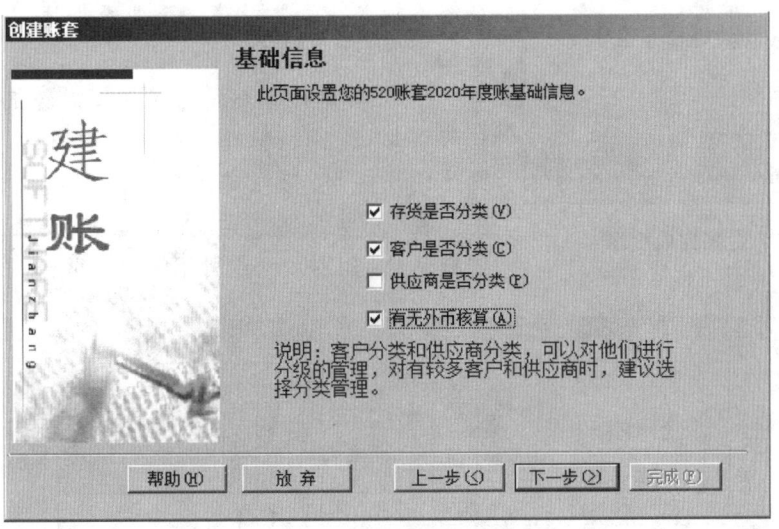

图 2.9 基础信息

工作提示

- 如果单位的存货、客户和供应商相对较多,可以对其进行分类核算。
- 如果此时不能确定是否进行分类核算,也可以建账完成后由账套主管在"修改账套"功能中设置分类核算。

⑤ 单击"下一步"按钮,打开"创建账套——业务流程"对话框。按照企业要求,采用系统默认的"标准流程",如图2.10所示。

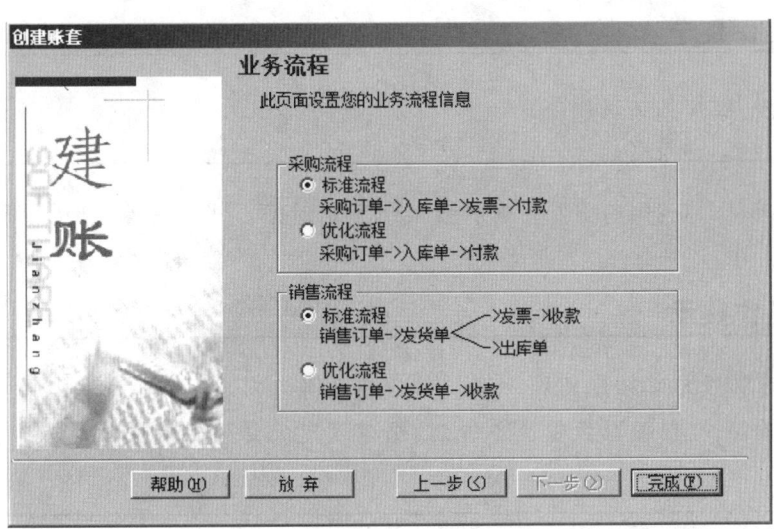

图 2.10 业务流程

工作项目 2　系统管理

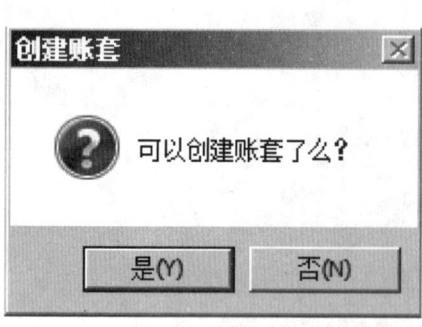

图 2.11　建账完成提示

⑥ 单击"完成"按钮，系统弹出"可以创建账套了么？"提示框，如图 2.11 所示。单击"是"按钮，稍候，系统按输入信息要求建立企业数据库，完成后打开"分类编码方案"对话框。

⑦ 分类编码方案是为了便于对经济业务数据进行分级核算、统计和管理。系统已预先设置某些基础档案的编码规则，即规定了各种编码的级次及各级的长度。在"分类编码方案"对话框中，按企业要求修改系统默认值，如图 2.12 所示。

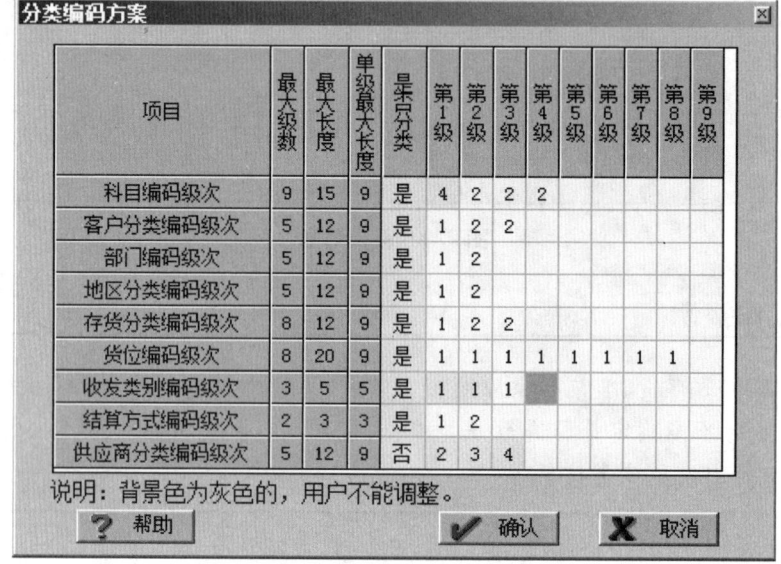

图 2.12　编码方案定义

项目	最大级数	最大长度	单级最大长度	是否分类	第1级	第2级	第3级	第4级	第5级	第6级	第7级	第8级	第9级
科目编码级次	9	15	9	是	4	2	2	2					
客户分类编码级次	5	12	9	是	1	2	2						
部门编码级次	5	12	9	是	1	2	2						
地区分类编码级次	5	12	9	是	1	2	2						
存货分类编码级次	8	12	9	是	1	2	2	2					
货位编码级次	8	20	9	是	1	1	1	1	1	1	1	1	
收发类别编码级次	3	5	5	是	1	1	1						
结算方式编码级次	2	3	3	是	1	2							
供应商分类编码级次	5	12	9	否	2	3	4						

说明：背景色为灰色的，用户不能调整。

工作提示

删除级次，需从最末级删除。

⑧ 单击"确认"按钮，打开"数据精度定义"对话框。采用系统默认设置，如图 2.13 所示。

工作提示

数据精度涉及核算精度问题。涉及购销存业务环节时，会输入一些原始单据，如发票、出/入库单等，需要填写数量及单价，数据精度定义是确定有关数量及单价的小数位数的。

⑨ 单击"确认"按钮，系统弹出"创建账套{富康电子科技有限公司:[520]}成功。"提

示框。单击"确定"按钮,系统弹出"是否立即启用账套"提示框,如图2.14所示。单击"是"按钮,打开"系统启用"窗口。

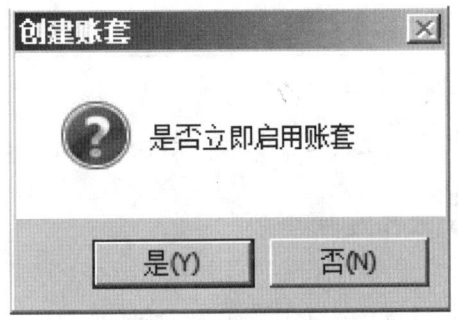

图2.13 数据精度定义　　图2.14 启用账套提示

⑩ 按企业要求进行系统启用:选中"GL总账"复选框,打开"日历"对话框,选择2020-01-01,如图2.15所示。单击"确定"按钮,系统弹出"……确实要启用当前系统吗?"提示框,单击"是"按钮返回。最后单击"退出"按钮,返回系统管理。

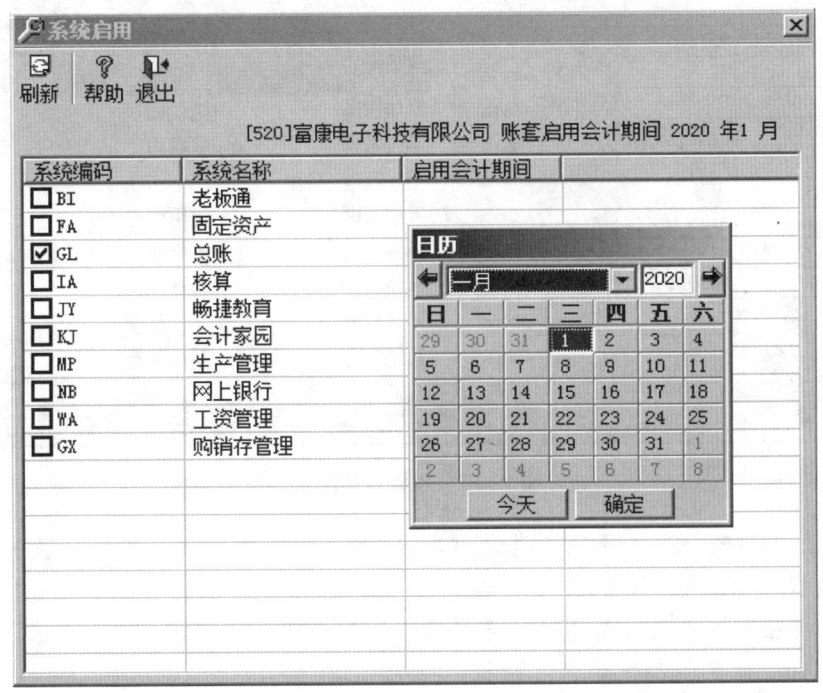

图2.15 启用系统

以上账套参数确定后,系统会自动建立一套符合用户特征要求的账簿体系。

工作注意事项

启用账套时,启用日期的选择十分重要,若日期选错,已经启用的账套一旦被引用,会影响到后续的业务不能正常处理,需要逆向清除所有操作数据后才能修改启用日期。因此,建议启用账套后,立即再次检查启用日期是否正确,在没有进行启用账套的任何业务数据操作之前,如果启用日期有误,还可以修改该启用日期。

2.2.3 任务3 设置操作员权限

工作过程

① 选择"权限"|"权限"命令,打开"操作员权限"窗口。从账套下拉列表中选择"[520]富康电子科技有限公司"选项。

② 在操作员列表框中选择"01 李兵",可以看到,李兵已成为账套主管,拥有所有权限,如图2.16所示。

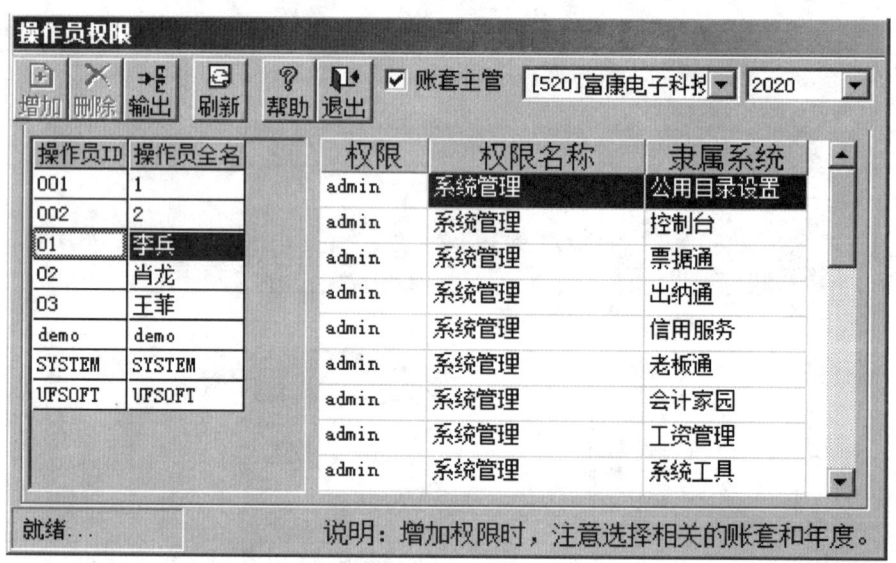

图2.16 查看账套主管

③ 在操作员列表框中选择"02 肖龙",单击"增加"按钮,打开"增加权限——[02]"对话框。在"授权"列处进行双击,左边为模块大类授权,右边为明细类授权;先通过左边大类选择双击后,再在明细权限进行选择。分别双击"AS 公用目录设置""GL 总账",如图2.17所示。然后单击"确定"按钮,为肖龙授权。

④ 在操作员列表框中选择"03 王菲",单击"增加"按钮,打开"增加权限——[03]"对话框。双击"CS 现金管理",再双击"GL 总账",双击选中右侧的"GL0203 出纳签字","GL0205 查询凭证"如图2.18所示。然后单击"确定"按钮,为王菲授权。

⑤ 权限列表框中增加了相应功能权限。单击"退出"按钮,返回系统管理。

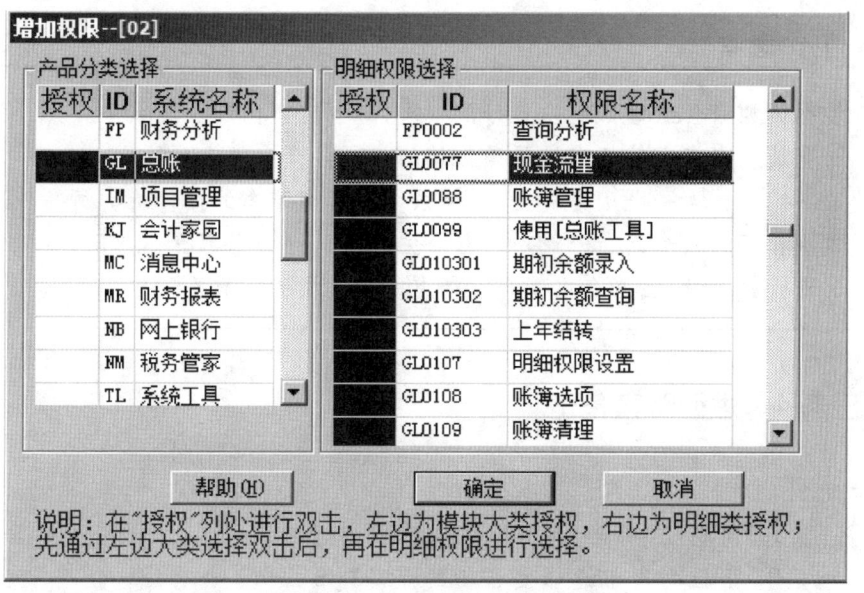

图 2.17 为肖龙授权

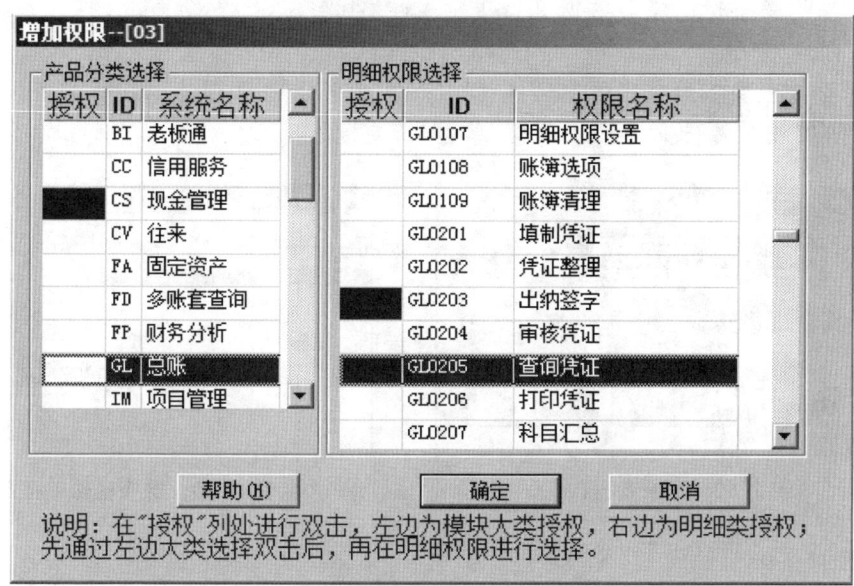

图 2.18 为王菲授权

工作注意事项

- 只有系统管理员才有权限设置操作员。
- 操作员编号在系统中必须唯一,即使是不同的账套,操作员编号也不能重复。
- 设置操作员口令时,为保密起见,输入的口令字以"﹡"号在屏幕上显示。
- 所设置的操作员用户一旦被引用,便不能被修改和删除。

 **工作思考**

系统管理员和账套主管都能设置分配权限,二者有何区别及其权限具体分配如何?

系统管理员和账套主管都有设置操作员的权限。二者的主要区别:系统管理员能指定或取消某一操作员为一个账套的主管;对系统内所有账套的操作员进行授权。账套主管局限于他所管辖的账套,在该账套内,账套主管默认拥有全部操作权限,可以针对本账套的操作员进行权限设置;账套主管自动拥有所在模块的所有操作权限。

2.2.4 任务4 进行账套备份

 工作过程

① 选择"账套"|"备份"命令,打开"账套输出"对话框。

② 在"账套号"下拉列表中选择要备份的账套"[520]富康电子科技有限公司",如图 2.19 所示。然后单击"确认"按钮。

③ 系统对所要备份的账套数据进行压缩处理,稍候,系统压缩完成,打开"选择备份目标:"对话框。

④ 选择存放账套备份数据的文件夹为"D:\富康电子",如图 2.20 所示。单击"确认"按钮,系统弹出"硬盘备份完毕!"提示框,单击"确定"按钮。

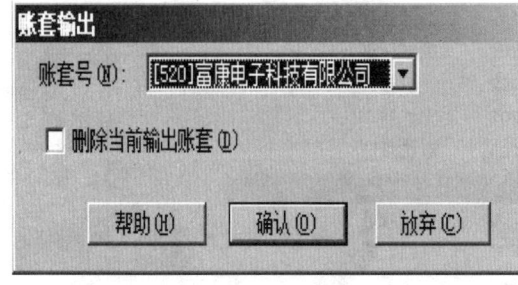

图 2.19 账套备份

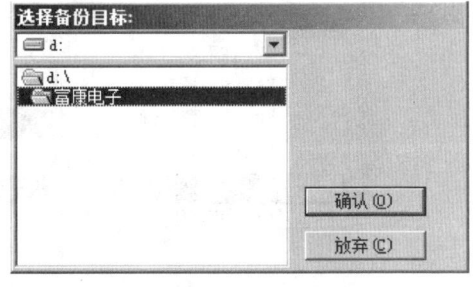

图 2.20 选择备份路径

⑤ 选择"系统"|"退出"命令,退出系统管理。

工作提示

- 只有系统管理员有权进行账套的备份和恢复。备份账套之前,最好关闭所有系统模块。
- 如果选中"删除当前输出账套"复选框,系统会先备份数据,然后进行删除确认提示,最后删除当前账套。
- 账套备份的结果形成 UFDATA.BA_ 和 UF2KAct.Lst 两个文件。

2.2.5 任务5 进行账套恢复

工作过程

① 以 admin 的身份进入系统管理,选择"账套"|"恢复"命令,打开"恢复账套数据"对话框。

② 打开存放账套备份数据的文件夹"D:\富康电子\系统管理",选择 UF2KAct.Lst 文件,如图 2.21 所示。然后单击"打开"按钮。

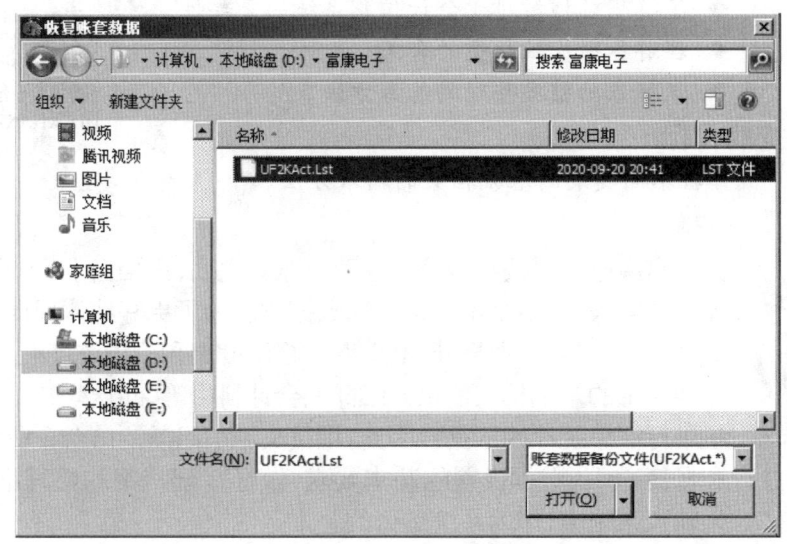

图 2.21 账套恢复

③ 系统弹出"此项操作将覆盖[520]账套当前的所有信息,继续吗?"提示框,如图 2.22 所示。

④ 单击"是"按钮,系统进行恢复。完成后,系统弹出"账套[520]恢复成功!"提示框。单击"确定"按钮,完成账套恢复。选择"系统"|"退出"命令,退出系统管理。

图 2.22 账套恢复提示

工作项目小结

在完成本项目工作后,项目实施小组了解了系统管理的作用,理解了系统管理的基本功能,以及账套备份的重要性。

项目实施小组在系统管理中增加了相关的操作员,建立了以企业需求为基础的公司账套,完成了账套启用、操作员赋权等操作。完成后,对账套进行了备份和恢复操作,保证了企业账套的安全性,为企业进一步实施会计信息化做好了准备。

工作项目 3 基础信息设置

知识目标
- 了解基础档案对于会计信息系统的重要性。
- 理解各项基础档案的含义。
- 掌握基础档案整理的基本方法。

技能目标
掌握不同类别的基础档案的输入方法。

思政育人
"本色英雄"张富清

富康电子科技有限公司在建立账套之后,只相当于形成了一套数据库文件空表,其中是不包括任何数据的。为了更好地体现计算机在信息处理时的优势,如数据处理速度快、精确度高和分析统计汇总方便等,还需要大量的基础档案信息,如部门、会计科目等,而这些基础档案是计算机进行汇总统计的依据。因此,项目实施小组需要结合企业的实际情况和畅捷通 T3 数据设置的基本要求,做好基础档案的整理准备,并正确地输入系统中,作为系统运行的基本条件。

为了逐步深入地理解和掌握畅捷通 T3 的功能,富康项目实施小组准备采用循序渐进的策略,先学习财务模块,再学习业务模块。在本项目中,我们就随同项目实施小组做好基础档案的整理,并输入畅捷通 T3。

3.1 知识准备

3.1.1 基础档案的整理

畅捷通 T3 安装完成之后,其中是不包括任何数据的。但用会计信息系统处理企业日常业务需要用到大量的基础信息,如部门、会计科目等,因此应根据企业的实际情况,结合会计信息系统数据设置的要求,做好基础数据的整理准备,并正确地输入系统中,作为系统运行的基本条件。

基础档案是会计信息系统运行必需的基础数据。计算机信息处理的优势主要表现在数据处理速度快,精确度高,分析统计汇总方便等,而基础档案是计算机进行汇总统计的依据。畅捷通 T3 需要的基础数据不仅涉及财务部门,还涉及大量业务部门,所以数据收集、整理的工作量很大。

按照畅捷通 T3 的要求,从实现财务业务一体化管理需求出发,需要准备的基础数据如表 3.1 所示。

表3.1 基础档案的整理

基础档案分类	基础档案目录	档案用途	前提条件
机构设置	部门档案	设置与企业财务核算、管理有关的部门	先设置部门编码方案
	人员档案	设置企业职工信息	先设置部门档案
往来单位	客户分类	便于进行业务数据的统计、分析	先确定对客户分类,然后确定编码方案
	客户档案	便于进行客户管理和业务数据的输入、统计和分析	先建立客户分类档案
	供应商分类	便于进行业务数据的统计、分析	先确定对供应商分类,然后确定编码方案
	供应商档案	便于进行供应商管理和业务数据的输入、统计和分析	先建立供应商分类档案
	地区分类	针对客户/供应商所属地区进行分类,便于进行业务数据的统计、分析	
存货	存货分类	便于进行企业存货的输入、统计和分析	先确定对存货分类,然后确定编码方案
	存货档案	便于存货核算、统计、分析和实物管理	先确定对存货分类,然后确定编码方案
财务	会计科目	设置企业核算的会计科目	先设置科目编码方案及外币种类
	凭证类别	设置企业核算的凭证类别	
	外币种类	设置企业用到的外币种类及汇率	
	项目目录	设置企业需要对其进行核算和管理的对象、目录	可将存货、成本对象和现金流量直接作为核算的项目目录
收付结算	结算方式	资金收付业务中用到的结算方式	
	付款条件	设置企业与往来单位协议规定的收付款折扣优惠方法	
	开户银行	设置企业在收付结算中对应的开户银行信息	
购销存	仓库档案	设置企业存放存货的仓库信息	
	收发类别	设置企业的入库、出库类别	
	采购类别	设置企业在采购存货时的各项业务类别	先设置好收发类别为收的收发类别
	销售类别	设置企业在销售存货时的各项业务类别	先设置好收发类别为发的收发类别
	产品结构	用于设置企业各种产品的组成内容,以利于配比出库、成本计算	先设置存货、仓库档案

3.1.2 基础档案的输入

畅捷通 T3 由多个子系统构成,如总账管理、固定资产管理和采购管理等,这些子系统有很多信息是公用的,如部门、职员和会计科目等,另外也有一些基础信息为部分模块所特有,如收发类别、仓库档案等为业务系统所特有。本工作项目先介绍一些公用基础档案的输入,而且侧重于与财务系统相关的基础档案设置,与购销存管理系统相关的基础档案将在介绍业务系统时集中介绍。

1. 机构设置

1)部门档案

这里的部门是指与企业财务核算或业务管理相关的职能单位,不一定与企业设置的现存部门一一对应。

2)职员档案

这里的职员是指参与业务活动的企业员工。在制作人员工资时可以将职员档案复制至工资人员档案中,并进行相关修改。工资人员档案的具体操作详见"工作项目5 工资管理"。

2. 往来单位设置

1)地区分类

若企业需要对客户或供应商按地区进行统计,就应该建立地区分类体系。

2)客户分类

当企业的往来客户较多时,可以按照某种分类标准对客户进行分类管理,以便分类汇总统计。客户档案必须建立在最末级客户分类之下。

3)客户档案

客户是企业的重要资源,在建立计算机管理系统时,需要全面整理客户资料,并输入系统,以便有效地管理客户、服务客户。

客户档案按客户信息类别分为"基本""联系""信用"和"其他"4个选项卡存放。

4)供应商分类

当企业的往来供应商较多时,可以按照某种分类标准对供应商进行分类管理,以便分类汇总统计。

5)供应商档案

与客户档案极为相似,供应商档案中也包含了与业务处理环节相关的大量信息,分为"基本""联系""信用"和"其他"4个选项卡存放。

3. 财务设置

1)外币种类

企业如果有外币核算业务,需要事先进行外币及汇率的设置。此后,在填制凭证时如果使用了外币核算科目,系统会自动调用在此处设置的汇率,避免了用户重复输入汇率的工作量,也可有效地避免差错的发生。

外币设置时需要定义以下项目:

① 币符及币名。定义外币的表示符号及中文名称。

② 汇率小数位。定义外币的汇率小数位数。

③ 折算方式。分为直接汇率与间接汇率两种。直接汇率即"外币×汇率=本位币",间接汇率即"外币÷汇率=本位币"。

④ 外币最大误差。在记账时,如果外币乘以(或除以)汇率减去本位币的差值大于外币最大误差,则系统给予提示。系统默认最大折算误差为0.000 01,即不相等时则会提示。

⑤ 固定汇率与浮动汇率。对于使用固定汇率(即使用月初或年初汇率)作为记账汇率的用户,在填制每月的凭证前,应预先在此输入该月的记账汇率,否则在填制该月外币凭证时,将会出现汇率为0的错误;对于使用浮动汇率(即使用当日汇率)作为记账汇率的用户,在填制凭证的当天,应预先在此输入该天的记账汇率。

工作提示

- 这里的汇率管理只提供输入汇率的功能,对于制单时使用固定汇率还是浮动汇率,仅取决于总账管理系统参数的定义。
- 如果使用固定汇率,则应在每月月初输入记账汇率(即期初汇率),月末计算汇兑损益时输入调整汇率(即期末汇率);如果使用浮动汇率,则应每天在此输入当天的汇率。

2) 会计科目

设置会计科目是会计核算方法之一。会计科目用于分门别类地反映企业经济业务,是登记账簿、编制会计报告的基础。畅捷通T3中预置了现行会计制度规定的一级会计科目和部分二级会计科目;企业可根据本单位实际情况修改科目属性并补充明细科目。

(1) 设置会计科目的原则

设置会计科目时,应该注意以下问题:

① 会计科目的设置必须满足会计报表编制的要求,凡是报表所用数据需从系统中取出的,必须设立相应的科目。

② 会计科目要保持相对稳定。

③ 设置会计科目要考虑各子系统的衔接。在总账管理系统中,只有末级会计科目才允许有发生额,才能接收各个子系统转入的数据,因此,要将各个子系统中的核算科目设置为末级科目。

(2) 增加会计科目

由于系统内已预置了行业的一级科目,因此企业需要增加的主要是明细科目。增加会计科目时需要输入以下内容:

① 科目编码。就是按科目编码方案对每一科目进行编码定义。对科目进行编码便于反映上下级会计科目间的逻辑关系;便于计算机识别和处理,将会计科目编码作为数据处理的关键字,便于检索、分类及汇总;减少输入工作量,提高输入速度;促进会计核算的规范化和标准化。

② 科目名称。分为科目中文名称和科目英文名称,二者不能同时为空。科目中文名称是证、账、表上显示和打印的标志,必须意义明确、用语规范,尽量避免重名。

③ 科目类型。按会计科目性质对会计科目进行划分。按照会计制度规定，科目类型分为六大类，即资产、负债、共同、所有者权益、成本和损益。

④ 账页格式。规定了查询和打印时该科目的会计账页形式。账页格式一般分为金额式、外币金额式、数量金额式和数量外币式几类。

⑤ 外币核算。该科目是否核算外币，如果是，需要选择外币种类。一个科目只能核算一种外币。

⑥ 数量核算。用于设置该科目是否有数量核算，以及数量计量单位。计量单位可以是任何汉字或字符，如千克、件和吨等。

⑦ 汇总打印。在同一张凭证中当某科目或有同一上级科目的末级科目有多笔同方向的分录时，如果希望将这些笔分录按科目汇总成一笔打印，则需要将该科目设置为"汇总打印"，汇总的科目设置成该科目的本身或其上级科目。

⑧ 封存。被封存的科目在制单时不可以使用。

⑨ 科目性质。增加登记在借方的科目，科目性质为借方；增加登记在贷方的科目，科目性质为贷方。

⑩ 辅助核算。也称辅助账类，用于说明本科目是否有其他核算要求，系统除完成一般的总账、明细账核算外，还提供部门核算、个人往来核算、客户往来核算、供应商往来核算和项目核算等几种专项核算功能。

辅助核算是畅捷通 T3 的优势特色之一。该功能采用了全新的设计思路，保留了一级科目和按费用项目设置的二级科目，将这些科目设置为"部门核算"；将部门提取出来设置为部门目录。待业务发生需填制凭证时，只要用到部门辅助核算的科目，系统自动提示输入部门信息，将业务发生数据记入部门。查账时，系统提供部门辅助账，以部门为对象归集相关费用，简单方便。可见，采用辅助核算方式可以简化科目设置，方便信息查询。

⑪ 日记账。手工核算下，只对现金和银行存款科目记日记账；计算机环境下，突破了记账速度这个瓶颈，企业可以根据管理需要设置对任意科目记日记账。

⑫ 银行账。对银行存款科目按需要设置银行账。填制凭证时如果使用设置了银行账的科目，则需要输入结算方式辅助核算信息，以方便今后进行银行对账，也可以进行支票登记。

 工作提示

- 银行存款科目要按存款账户设置，需进行数量、外币核算的科目要按不同的数量单位、外币单位建立科目。
- 只有会计科目为修改状态才能设置汇总打印和封存。只有末级科目才能设置汇总打印，且汇总到的科目必须为该科目本身或其上级科目。将科目设成汇总打印时，系统登记明细账仍按明细登记，而不是按汇总数登记。此设置仅供凭证打印输出。
- 增加会计科目时，应先建立上级科目，再增加下级科目。
- 如果某科目已经使用，又需要在该科目下增设下级科目，则系统自动将该科目中的数据转入在其下增设的第一个明细科目上。

（3）修改和删除会计科目

如果需要对已建立会计科目的某些属性进行修改，如账页格式、辅助核算、汇总打印和封存标志等，可以通过系统提供的"修改"功能来完成。

如果会计科目未经使用，也可通过"删除"功能来删除。删除会计科目时应遵循"自下而上"的原则。

> **工作提示**
> - 如果科目已输入期初余额或已制单，则不能删除。
> - 非末级会计科目不能删除。
> - 被指定为"现金科目""银行科目"的会计科目不能删除；如想删除，必须先取消指定。
> - 科目一经使用，即已输入凭证，就不允许修改或删除。

（4）指定会计科目

指定会计科目是指定出纳的专管科目，一般指现金科目和银行存款科目。指定科目后，才能执行出纳签字，才能查看现金、银行存款日记账，从而实现现金、银行管理的保密性。

3）凭证类别

在信息化环境下，如果有多种凭证分类，为了防止填制凭证时将凭证类别选错，系统一般都会提供限制类型及限制科目功能，如借方必有、贷方必有、凭证必有、凭证必无、借方必无或贷方必无等。收款凭证可以设置为"借方必有1001,1002"；付款凭证可以设置为"贷方必有1001,1002"；转账凭证可以设置为"凭证必无1001,1002"；现金凭证可以设置为"凭证必有1001"；银行凭证可以设置为"凭证必有1002"。

4）项目目录

项目可以是工程，可以是订单，还可以是产品，总之可以把需要单独计算成本或收入的对象都视为项目。在企业中通常存在多种不同的项目，对应在软件中可以定义多类项目核算，将具有相同特性的一类项目定义为一个项目大类。为了便于管理，对每个项目大类还可以进行细分类，在最末级明细分类下再建立具体的项目档案。为了在业务发生时将数据准确归入对应的项目，需要在项目和已设置为项目核算的科目间建立对应关系。这是不是有些复杂呢？其实，只要遵循这些提示就可以快速建立项目档案：定义项目大类、指定核算科目、定义项目分类和定义项目目录。

4. 收付结算设置

1）结算方式

设置结算方式的目的：一是提高银行对账的效率，二是根据业务自动生成凭证时可以识别相关的科目。计算机信息系统中同样提供票据管理的功能，如果某种结算方式需要进行票据管理，只需选中"是否票据管理"复选框即可。

2）付款条件

付款条件是指企业为了鼓励客户提前偿还货款而允诺在一定期限内给予的折扣优惠，

也称现金折扣。设置付款条件的作用是规定企业在经营过程中与往来单位协议的收付款折扣优惠方法。系统最多同时支持4个时间段的折扣。

3）开户银行

维护本单位的开户银行信息。支持多个开户行及账号的情况。

5. 常用摘要设置

企业在填制凭证时经常会用到一些经济业务说明,如提现金、付货款等,可以将这些常用的经济业务说明在系统中定义为企业凭证的常用摘要,以方便使用。

3.2　实训2　基础信息设置

实训目的

1. 理解基础档案的作用。
2. 掌握基础档案的输入方法。

练习重点

基础档案设置。

案例内容

一、企业内部基本资料

1. 本企业部门档案(见表3.2)

表3.2　部门档案

部门编码	部门名称	负责人
1	企管部	周迅
2	财务部	李兵
3	采购部	陈平
4	销售部	王磊
5	生产部	李玲
501	生产一部	李玲
502	生产二部	王艳

2. 职员档案(见表3.3)

表3.3 职员档案

编　号	姓　名	部　门
101	周迅	企管部
201	李兵	财务部
202	肖龙	财务部
203	王菲	财务部
301	陈平	采购部
401	王磊	销售部
501	李玲	生产部一部
502	王艳	生产部二部

3. 地区分类(见表3.4)

表3.4 地区分类

地区分类编码	地区分类名称
1	华南
2	华东

二、企业客户及供应商资料

1. 客户分类(见表3.5)

表3.5 客户分类

客户分类编码	客户分类名称
1	批发商
2	零售商

2. 客户档案(见表3.6)

表3.6 客户档案

编号	客户名称	简　称	所属分类码	所属地区码	税　号	开户银行	账　号	分管部门	专管业务员
001	深圳微电集团	深圳微电	2	1	1244030045577716AM	中行深圳分行	590222109968	销售部	王磊
002	上海中芯技术有限公司	上海中芯	1	2	4203889811667918FY	中行上海分行	875599162263	销售部	王磊

3. 供应商分类

本企业供应商较少,暂不做分类管理。

4. 供应商档案（见表 3.7）

表 3.7 供应商档案

编号	供应商名称	简称	所属分类码	所属地区码	税 号	开户银行	账 号	分管部门	分管业务员
001	中环电子有限公司	中环电子	00	1	1244030045990667PE	中行深圳分行	6609236599658	采购部	陈平
002	展讯科技有限公司	展讯科技	00	2	4203889877361109KT	中行上海分行	5589963600857	采购部	陈平

三、企业财务信息

1. 外币种类

本企业采用固定汇率核算外币，外币只涉及美元一种，美元币符假定为 $，2020 年 1 月初汇率为 6.910 9。

2. 常用会计科目及期初余额

本企业常用会计科目如表 3.8 所示。

表 3.8 会计科目

科目编号及名称	辅助核算	方　向	币别/计量
库存现金（1001）	日记账	借	
银行存款（1002）	银行账、日记账	借	
中行存款（100201）	银行账、日记账	借	
人民币户（10020101）	银行账、日记账	借	
美元户（10020102）	银行账、日记账	借	美元
应收账款（1122）	客户往来	借	
预付账款（1123）	供应商往来	借	
其他应收款（1221）		借	
备用金（122101）	部门核算	借	
应收个人款（122102）	个人往来	借	
原材料（1403）		借	
芯片（140301）	数量核算——个	借	
PVC 卡片（140302）	数量核算——个	借	
应付票据（2201）	供应商往来	贷	
存货跌价准备（1471）		贷	
应付账款（2202）		贷	
预收账款（2203）	客户往来	贷	
应交税费（2221）		贷	
应交增值税（222101）		贷	

续表

科目编号及名称	辅助核算	方　向	币别/计量
进项税额（22210101）		贷	
转出未交增值税（22210103）		贷	
销项税额（22210105）		贷	
利润分配（4104）		贷	
生产成本（5001）		借	
直接材料（500101）	项目核算	借	
直接人工（500102）	项目核算	借	
制造费用（500103）	项目核算	借	
其他（500104）	项目核算	借	
生产成本转出（500105）	项目核算	借	
制造费用（5101）		借	
工资（510101）		借	
折旧费（510102）		借	
其他（510103）		借	
主营业务收入（6001）	项目核算	贷	
主营业务成本（6401）	项目核算	借	
销售费用（6601）		借	
工资（660101）		借	
福利费（660102）		借	
办公费（660103）		借	
差旅费（660104）		借	
招待费（660105）		借	
折旧费（660106）		借	
其他（660107）		借	
管理费用（6602）		借	
工资（660201）	部门核算	借	
福利费（660202）	部门核算	借	
办公费（660203）	部门核算	借	
差旅费（660204）	部门核算	借	
招待费（660205）	部门核算	借	
折旧费（660206）	部门核算	借	
其他（660207）		借	

利用增加、修改或成批复制等功能完成对会计科目的编辑,最后指定现金、银行存款等会计科目。

3. 凭证类别(见表3.9)

表3.9 凭证类别

凭证分类	限制类型	限制科目
收款凭证	借方必有	1001,1002
付款凭证	贷方必有	1001,1002
转账凭证	凭证必无	1001,1002

4. 项目目录(见表3.10)

表3.10 项目目录

项目大类 项目分类 项目	产品	
	智能卡片	
	01 IC 智能卡片	02 ID 智能卡片
500101 直接材料	是	
500102 直接人工	是	
500103 制造费用	是	
500104 其他	是	
500105 生产成本转出	是	
6001 主营业务收入	是	
6401 主营业务成本	是	

四、企业收付结算方式

1. 结算方式(见表3.11)

表3.11 结算方式

结算方式编码	结算方式名称	票据管理
1	现金结算	否
2	支票结算	否
201	现金支票	是
202	转账支票	是

2. 付款条件(见表3.12)

表3.12 付款条件

编码	信用天数	优惠天数1	优惠率1	优惠天数2	优惠率2
01	30	5	2		
02	60	5	4	15	2

3. 企业银行信息

编码为01,名称为中国银行深圳分行南山分理处,账号为99571226966337019。

五、设置企业常用摘要

从中行提现金。

六、备份"实训2　基础信息设置"账套

实训指导

3.2.1　任务1　建立企业内部基本资料

1. 建立企业部门档案

工作过程

① 选择"开始"|"程序"|"畅捷通T3系列管理软件"|"畅捷通T3"|"畅捷通T3-标准版"命令或双击桌面的"畅捷通T3-标准版"图标,打开"注册[控制台]"对话框,如图3.1所示。

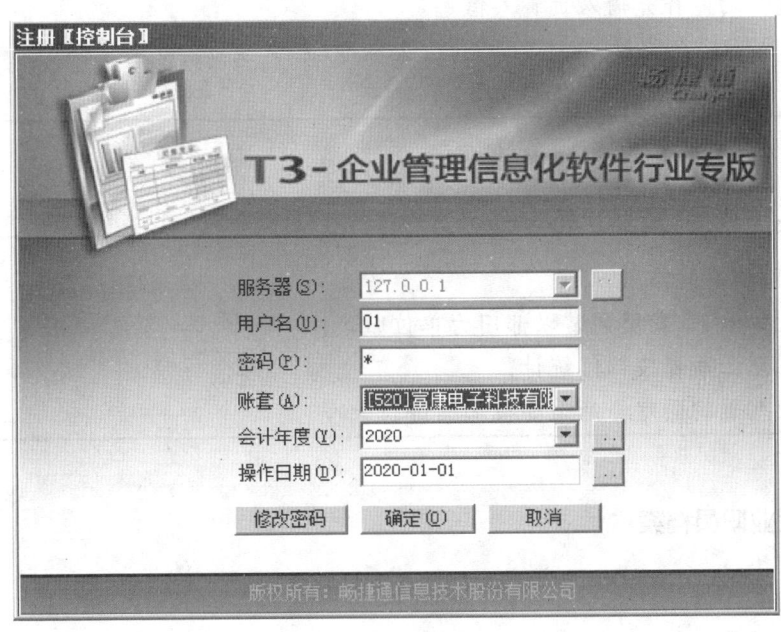

图3.1　登录畅捷通T3

② 以账套主管01的身份登录畅捷通T3。

③ 选择"基础设置"|"机构设置"|"部门档案"命令,打开"部门档案"窗口。

④ 输入部门编码、部门名称,单击"保存"按钮。全部资料输入完成后,如图3.2所示。

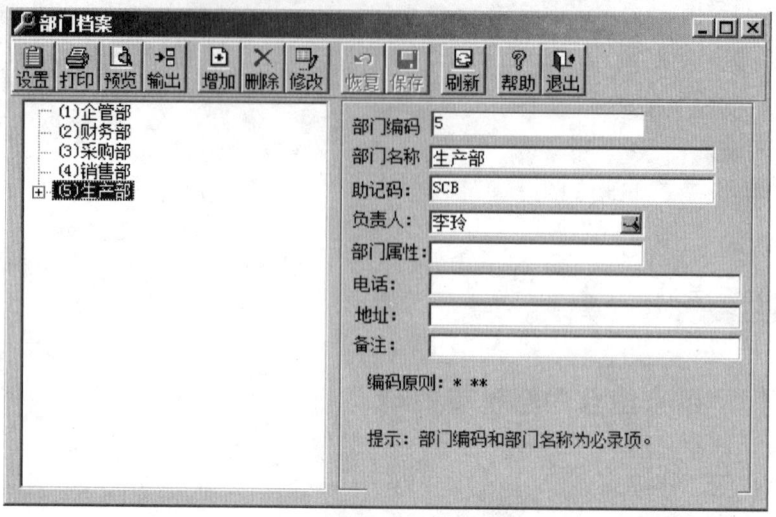

图 3.2 设置部门档案

工作提示

- 在未建立职员档案前,不能选择输入负责人信息。待职员档案建立完成后,通过"修改"功能补充输入负责人信息。
- 在输入部门名称后,单击"助记码"文本框,系统自动出现助记码。
- 部门编码和部门名称为必录项。

工作思考

设置部门档案的作用?
1. 企业的收入、费用通常以部门为单位归集;
2. 提供职工薪资按部门统计;
3. 企业购置的固定资产需要按部门进行管理。

2. 输入企业职员档案

工作过程

① 选择"基础设置"|"机构设置"|"职员档案"命令,打开"职员档案"窗口。
② 按资料输入职员信息,然后单击"增加"按钮。资料输入完成后,如图3.3所示。

工作提示

工资人员档案的具体操作详见"工作项目5 工资管理"。

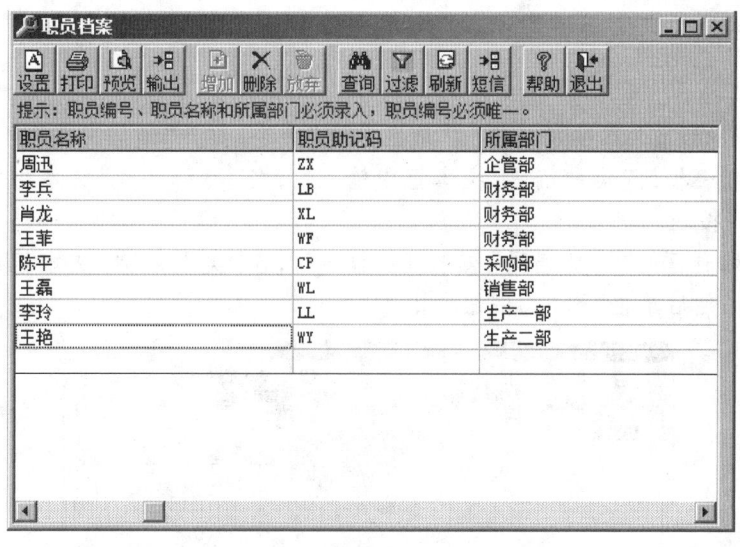

图 3.3 输入职员档案

工作规律总结：部门、客户、供应商的基础设置具有共同点，都是由整体到局部，即先建大的分类，再建具体的明细档案。

3. 设置部门负责人

工作过程

① 选择"基础设置"|"机构设置"|"部门档案"命令，打开"部门档案"窗口。

② 单击左侧列表框中的"企管部"，单击"修改"按钮。在右侧列表框的"负责人"文本框中选择"周迅"选项，如图 3.4 所示。

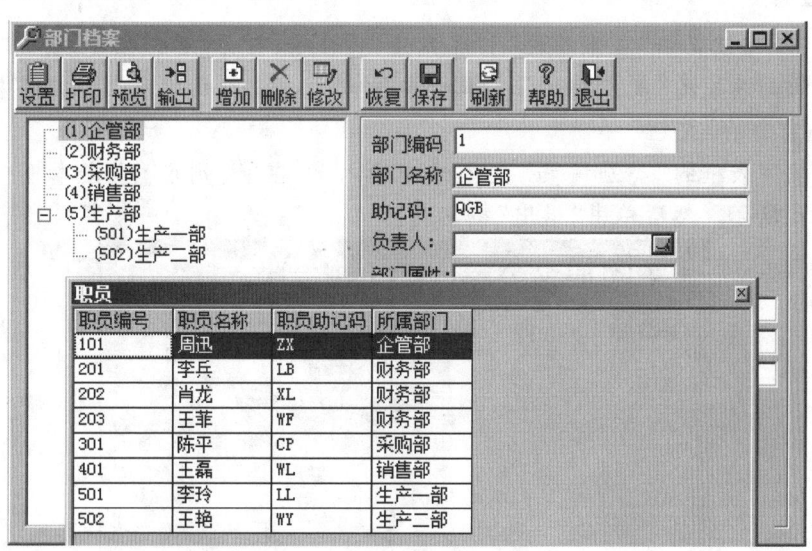

图 3.4 设置部门负责人

③ 单击"保存"按钮。然后按资料修改其他部门负责人。

4. 输入地区分类信息

① 选择"基础设置"|"往来单位"|"地区分类"命令,打开"地区分类"窗口。

② 在右侧列表框的"类别编码"文本框中输入1,在"类别名称"文本框中输入"华南",然后单击"保存"按钮。

③ 在右侧列表框的"类别编码"文本框中输入2,在"类别名称"文本框中输入"华东",如图3.5所示。然后单击"退出"按钮退出。

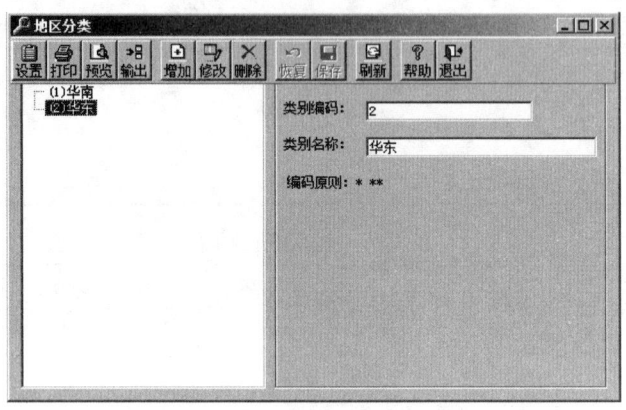

图3.5 输入地区档案

3.2.2 任务2 输入企业客户及供应商资料

1. 输入企业客户分类信息

① 选择"基础设置"|"往来单位"|"客户分类"命令,打开"客户分类"窗口。

② 在右侧列表框的"类别编码"文本框中输入1,在"类别名称"文本框中输入"批发商",然后单击"保存"按钮。

③ 在右侧列表框的"类别编码"文本框中输入2,在"类别名称"文本框中输入"零售商",如图3.6所示。然后单击"退出"按钮退出。

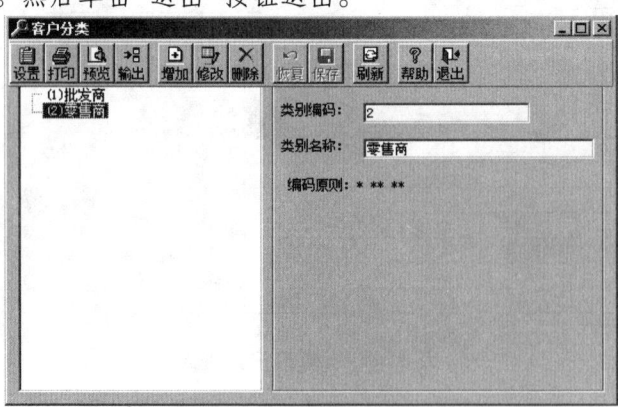

图3.6 设置客户分类

2. 输入企业客户档案信息

工作过程

① 选择"基础设置"|"往来单位"|"客户档案"命令,打开"客户档案"窗口。

② 在左侧列表框中选择"2 零售商"选项,单击"增加"按钮,打开"客户档案卡片"对话框。在"客户编号"文本框中输入001,在"客户名称"文本框中输入"深圳微电集团",在"客户简称"文本框中输入"深圳微电",选择所属地区码为1,按资料输入税号、开户银行和银行账号,如图3.7所示。

③ 单击"其他"标签,按资料要求选择分管部门与专营业务员,如图3.8所示。然后单击"保存"按钮。

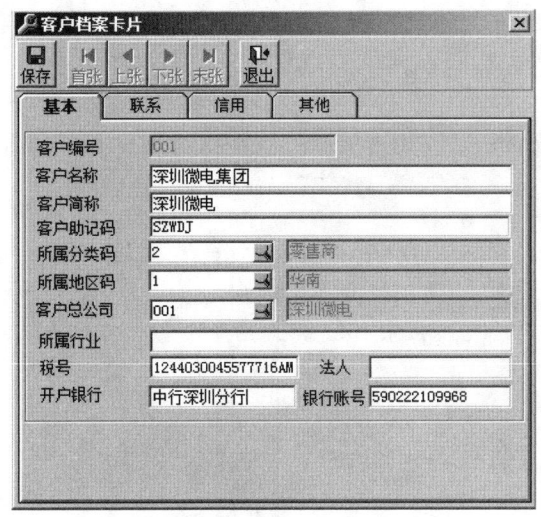

图3.7 增加客户档案

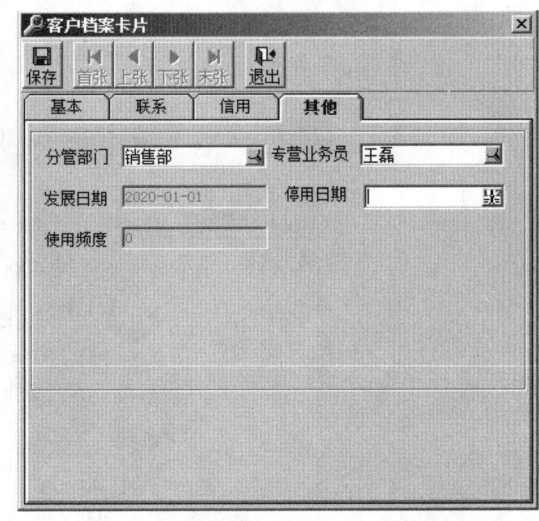

图3.8 设置客户档案"其他"选项卡

④ 单击"退出"按钮,按资料输入其他信息(略)。

3. 输入供应商档案

工作过程

① 选择"基础设置"|"往来单位"|"供应商档案"命令,打开"供应商档案"窗口。

② 在左侧列表框中选择"00 无分类",单击"增加"按钮,打开"供应商档案卡片"对话框。在"供应商编号"文本框中输入001,在"供应商名称"文本框中输入"中环电子有限公司",在"供应商简称"文本框中输入"中环电子",选择所属地区码为1,按资料输入税号、开户银行和银行账号,如图3.9所示。

③ 单击"其他"标签,按资料要求选择"分管部门"与"专营业务员",然后单击"保存"按钮。

图3.9 增加供应商档案

④ 按资料输入其他信息(略)。

3.2.3 任务3 设置企业财务信息

1. 设置外币种类及汇率

 工作过程

① 选择"基础设置"|"财务"|"外币种类"命令,打开"外币设置"窗口。

② 在相应的文本框中输入币符"$"、币名"美元",其他项目采用默认值,然后单击"确认"按钮。

③ 输入2020年01月初的记账汇率6.910 90,按回车键确认,如图3.10所示。然后单击"退出"按钮,完成外币设置。

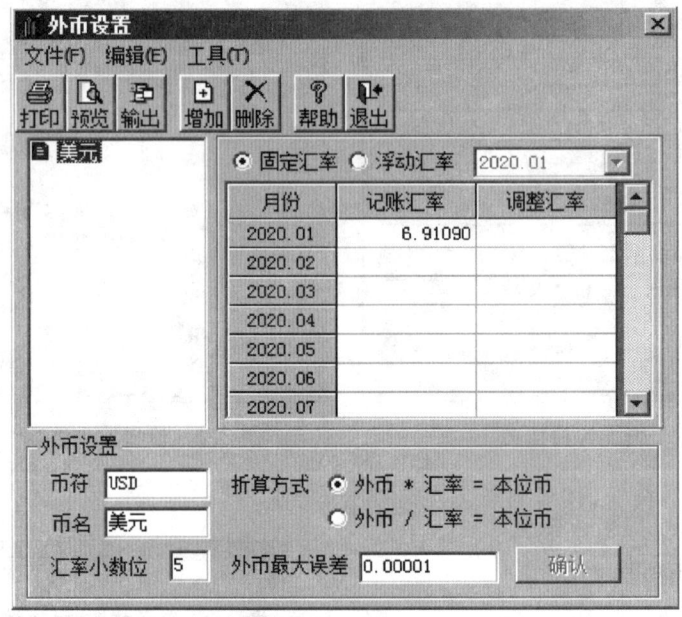

图 3.10 外币设置

 **工作提示**

在英文状态下,按 Shift+4 组合键,即可输入符号 $;在中文状态下,按 Shift+4 组合键,即可输入符号¥。

2. 增加一般会计科目

工作过程

① 选择"基础设置"|"财务"|"会计科目"命令,打开"会计科目"窗口。

② 单击"增加"按钮,打开"会计科目_新增"对话框。

③ 输入科目编码100201、科目中文名称"中行存款",选中"日记账"与"银行账"复选框,如图3.11所示。然后单击"确定"按钮保存。

图3.11 增加会计科目

3. 增加有辅助核算项目的科目

📖 工作过程

① 科目有外币核算时,需选中"外币核算"复选框,并选择币种。在"会计科目_新增"对话框中输入科目编码10020102、科目中文名称"美元户",选中"外币核算"复选框,币种选择"美元USD",如图3.12所示。然后单击"确定"按钮保存。

图3.12 外币核算科目

② 有辅助核算项目的科目,需进行相应选择或设置。例如,按资料输入"备用金"科目,选中"辅助核算"选项组中的"部门核算"复选框,如图3.13所示。然后单击"确定"按钮保存。

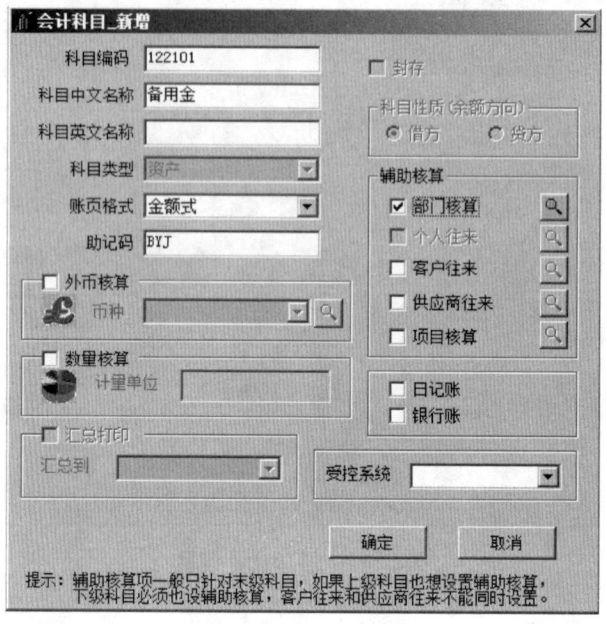

图3.13 辅助核算科目

③ 科目有数量核算时,需选中"数量核算"复选框,并输入计量单位。例如,按资料输入科目中文名称"芯片",选中"数量核算"复选框,在"计量单位"文本框中输入"个",如图3.14所示。然后单击"确定"按钮保存。

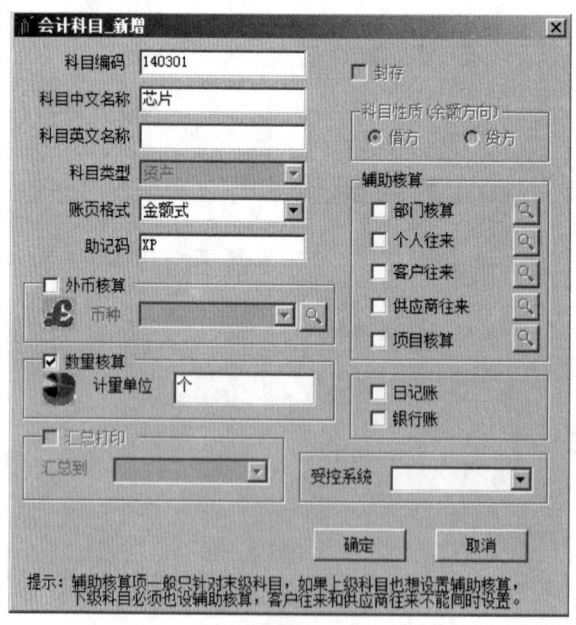

图3.14 数量核算科目

4. 成批复制科目

工作过程

① 按资料增加管理费用下明细科目。

② 在"会计科目"窗口中,选择"编辑"|"成批复制"命令,打开"成批复制"对话框。

③ 输入复制源科目编码 6602 和目标科目编码 6601,不选中"辅助核算"复选框,如图 3.15 所示。

④ 单击"确认"按钮,系统自动将 6602 科目的所有下级科目复制到 6601 科目的下级,如图 3.16 所示。

图 3.15 "成批复制"对话框

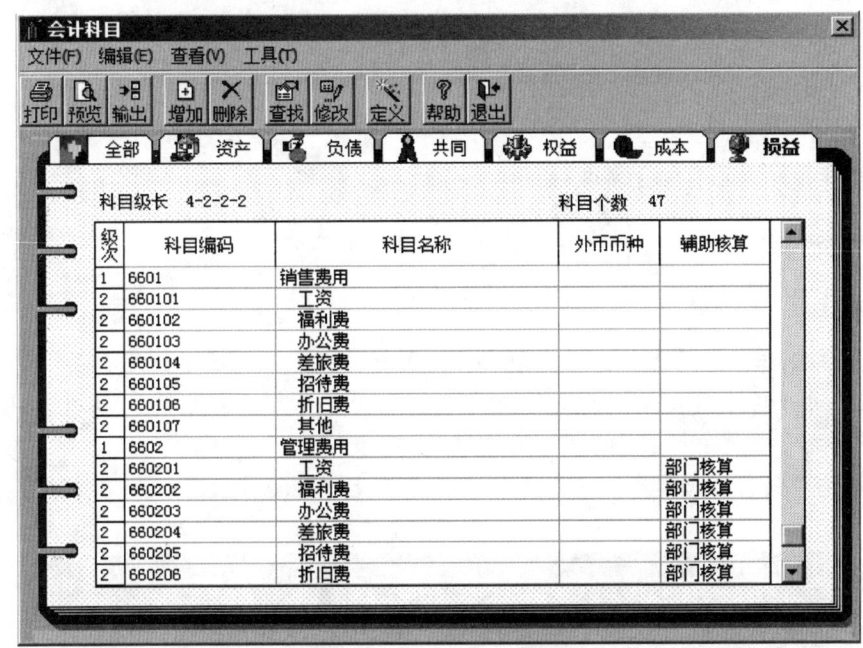

图 3.16 复制会计科目完成

⑤ 按资料输入需增加的会计科目(略)。

5. 修改会计科目

工作过程

如果需要对已建立会计科目的某些属性进行修改,如账页格式、辅助核算、汇总打印或封存标志等,可以通过系统提供的"修改"功能来完成。

① 选中需要修改的科目"1001 库存现金",单击"修改"按钮或直接双击,打开"会计科目_修改"对话框。

② 选中"日记账"复选框,如图 3.17 所示。单击"确定"按钮保存。

视频演示

图 3.17 修改会计科目

③ 完成企业所需会计科目的增加、修改(略)。

6. 指定会计科目

工作过程

① 在"会计科目"窗口中,选择"编辑"|"指定科目"命令,打开"指定科目"对话框。

② 选中"现金总账科目"单选按钮,在"待选科目"列表框中选择"1001 库存现金"科目,单击">"按钮,将现金科目添加到"已选科目"列表框中。

③ 同理,将"银行存款"科目设置为银行总账科目,如图 3.18 所示。单击"确认"按钮保存。

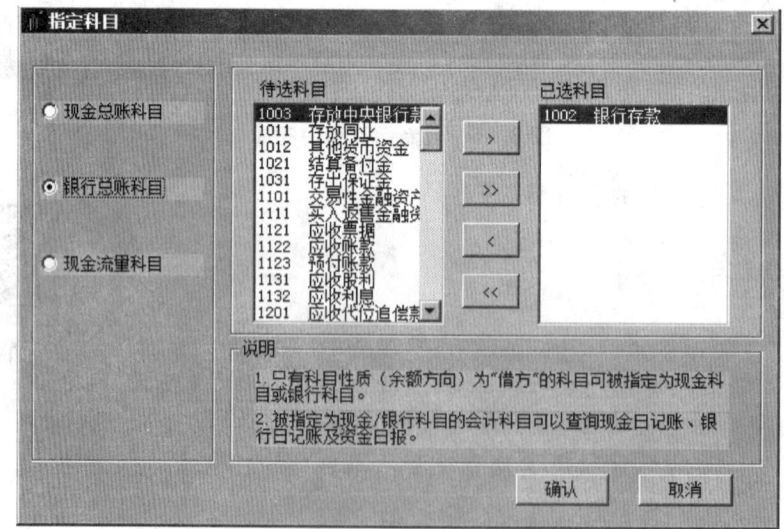

图 3.18 指定科目

 **工作提示**

如果会计科目未经使用,也可通过"删除"功能来删除。删除会计科目时应遵循"自下而上"的原则。

工作易错典型案例

特别容易出错的情形,是选定了"现金总账科目",直接将"1001 库存现金""1002 银行存款"两个科目同时选定,导致后续出纳签字时无法找到凭证的异常,如图 3.19 所示。

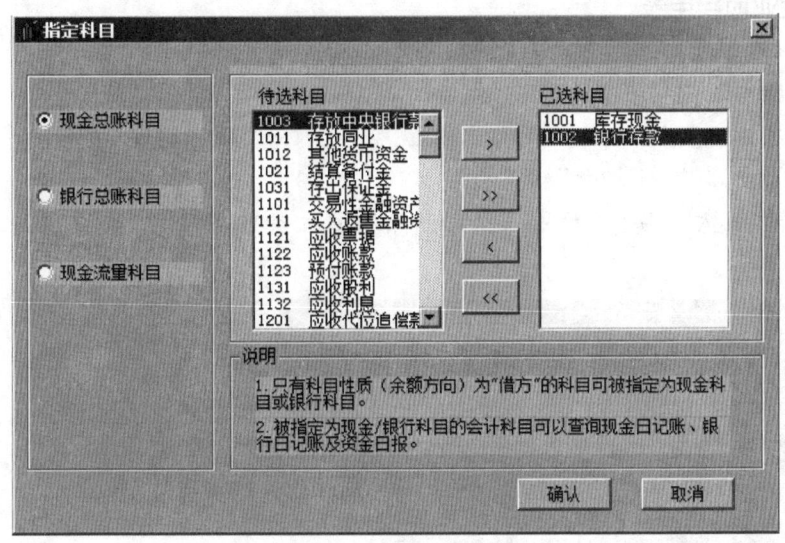

图 3.19

7. 设置凭证类别

 工作过程

① 选择"基础设置"|"财务"|"凭证类别"命令,打开"凭证类别预置"对话框。

② 选中"收款凭证 付款凭证 转账凭证"单选按钮,如图 3.20 所示。单击"确定"按钮,打开"凭证类别"窗口。

③ 双击"限制类型",出现下拉按钮,选择"借方必有"选项,选择或输入限制科目"1001,1002"。同理,设置其他限制类型和限制科目。完成后,效果如图 3.21 所示。单击"退出"按钮退出。

 **工作提示**

限制科目之间一定为半角符号。

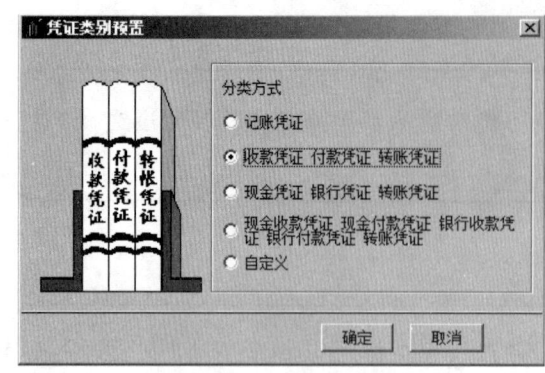
图 3.20　选择凭证类别

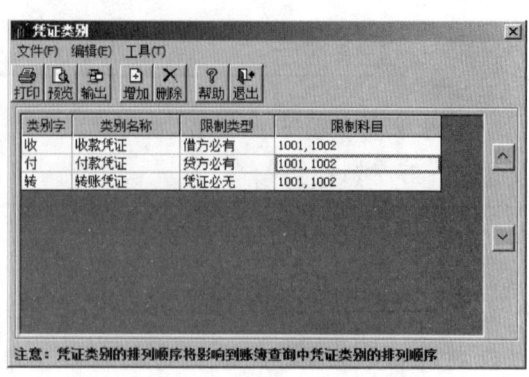
图 3.21　凭证限制类别设置

8. 设置企业项目目录

工作过程

① 选择"基础设置"|"财务"|"项目目录"命令,打开"项目档案"对话框。单击"增加"按钮,打开"项目大类定义_增加"对话框。

② 输入新项目大类名称"产品",选择新增项目大类的属性为"普通项目",如图 3.22 所示。

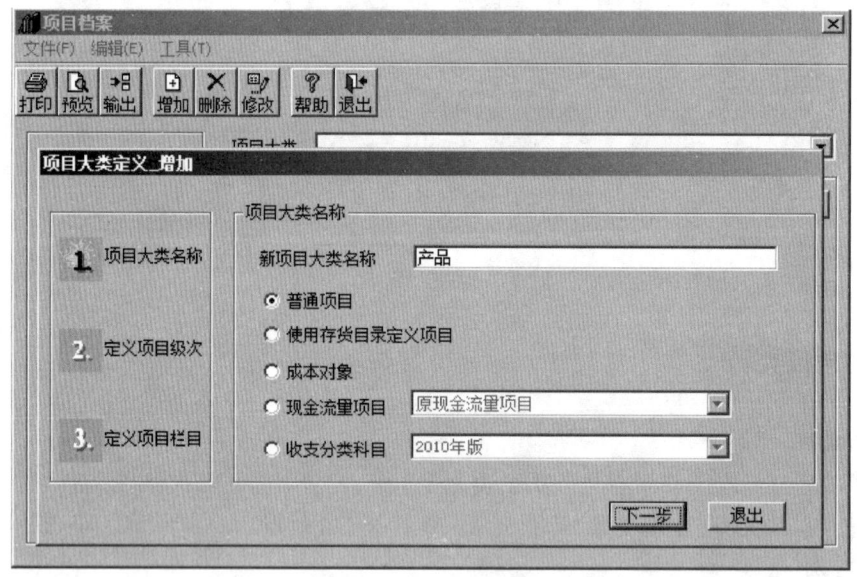
图 3.22　新增项目大类

③ 单击"下一步"按钮,打开"定义项目级次"对话框,设置项目级次为"一级 1 位",如图 3.23 所示。

④ 单击"下一步"按钮,打开"定义项目栏目"对话框,如图 3.24 所示。取系统默认设置,不做修改。然后单击"完成"按钮,返回"项目档案"窗口。

⑤ 在"项目大类"下拉列表中选择"产品"选项,选中"核算科目"单选按钮,如图 3.25 所示,单击按钮将全部待选科目移至已选科目。单击"确定"按钮保存。

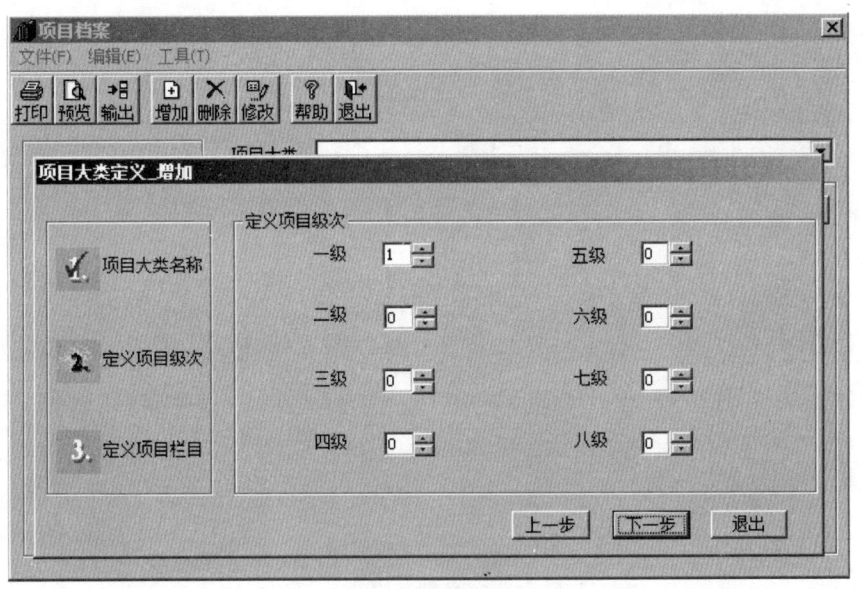

图 3.23 定义项目级次

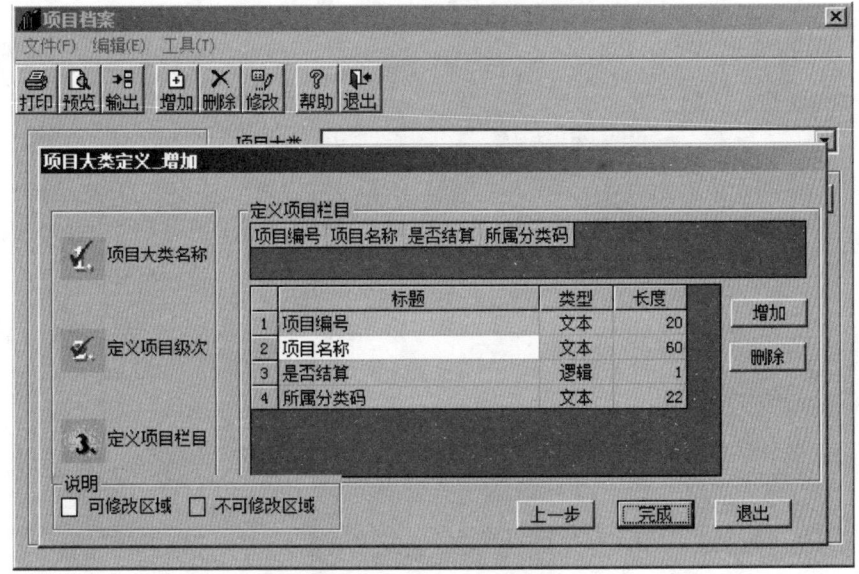

图 3.24 定义项目栏目

工作注意事项

　　如果此处没有科目可以选择,说明该科目在前面的基础设置环节没有设置"项目核算",请先返回到"实训 3.12　修改会计科目"之处,修改会计科目,勾选"项目核算",完成该任务即可。

　　⑥ 选中"项目分类定义"单选按钮,输入分类编码 1、分类名称"智能卡片",单击"确定"按钮,如图 3.26 所示。

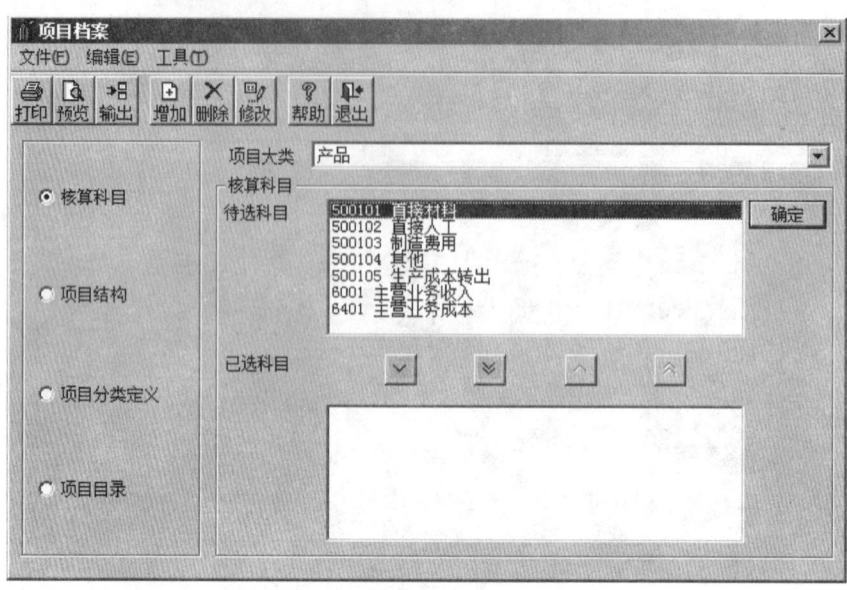

图 3.25 选择项目核算科目

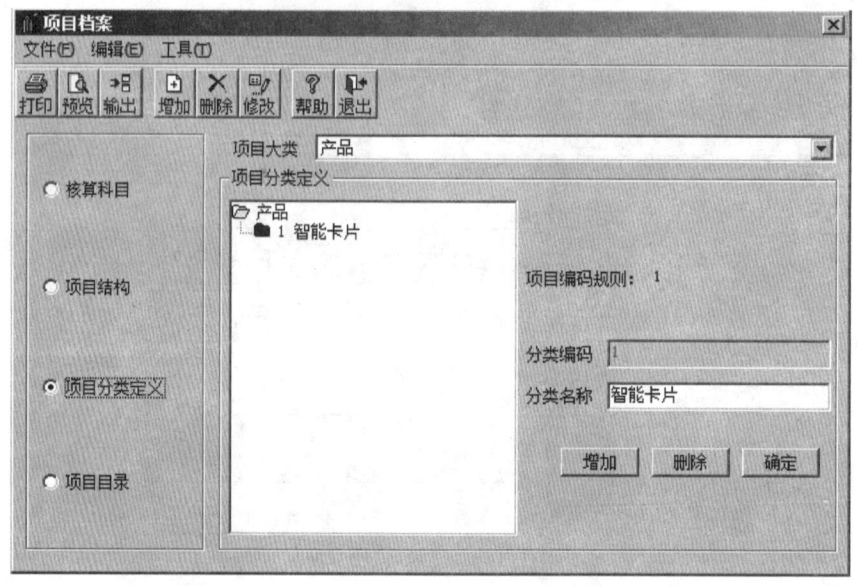

图 3.26 项目分类定义

⑦ 选中"项目目录"单选按钮,单击"维护"按钮,打开"项目目录维护"窗口。单击"增加"按钮,按资料输入项目目录。按回车键保存,如图 3.27 所示。单击"退出"按钮退出。

工作误操作举例

"是否结算"的含义是该项目是否已经结束,显然本实训案例才刚开始,没有结束。因此,此空白处千万不要双击鼠标,变成"Y"(见图 3.28),否则,会造成后续环节无法进行项目核算。

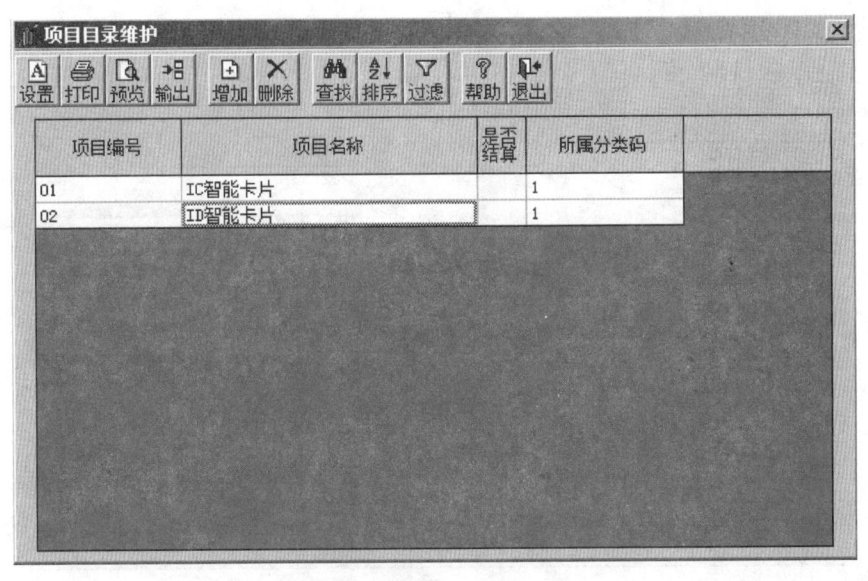

图 3.27 项目目录维护

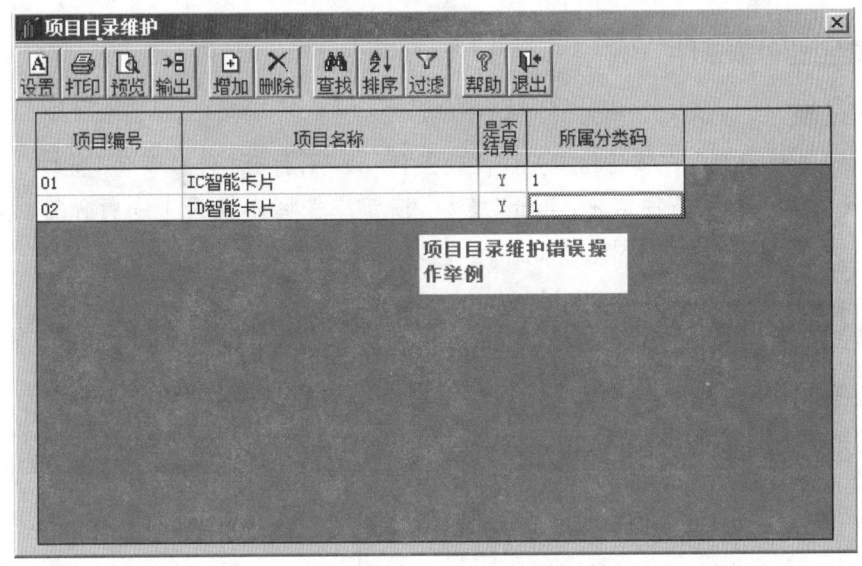

图 3.28 工作误操作案例

3.2.4 任务4 设置企业收付结算方式

1. 设置企业结算方式

① 选择"基础设置"|"收付结算"|"结算方式"命令,打开"结算方式"窗口。
② 按资料输入企业常用结算方式有需要票据管理的结算方式,需选中"票据管理方式"复选框。输入完毕后,如图 3.29 所示,单击"保存"按钮。单击"退出"按钮退出。

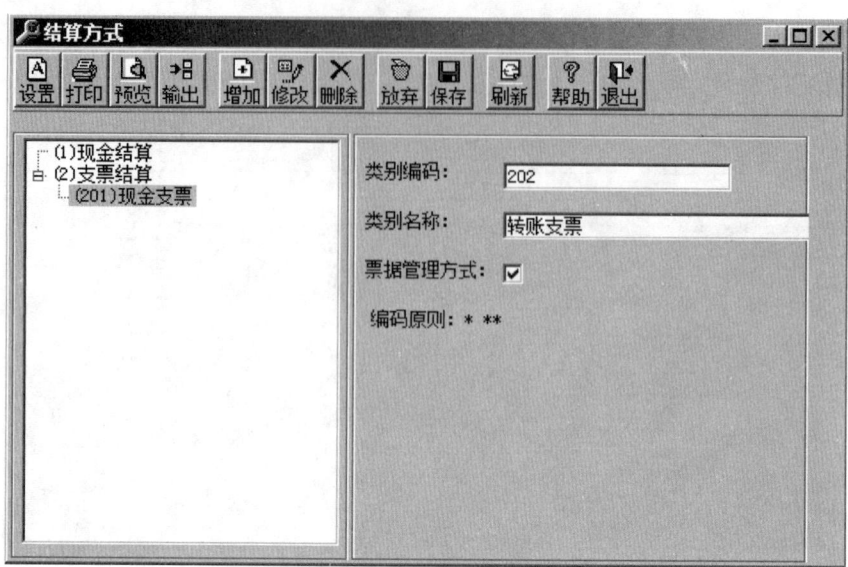

图 3.29　结算方式定义

2. 设置企业付款条件

① 选择"基础设置"|"收付结算"|"付款条件"命令,打开"付款条件"窗口。

② 按资料输入付款条件信息,单击"增加"按钮或按回车键至下一行保存。输入完毕,单击"刷新"按钮后,如图 3.30 所示。

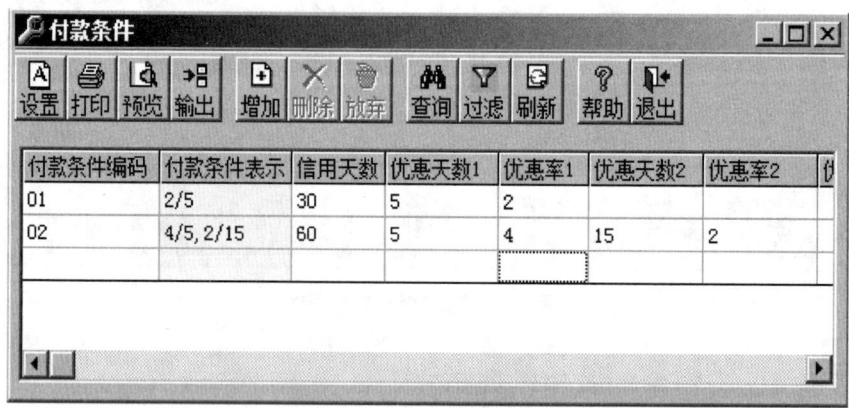

图 3.30　设置付款条件

3. 设置本企业开户银行

① 选择"基础设置"|"收付结算"|"开户银行"命令,打开"开户银行"窗口。

② 按资料输入开户银行信息,单击"增加"按钮保存,如图 3.31 所示。单击"退出"按钮退出。

图 3.31 设置开户银行

3.2.5 任务 5 设置企业常用摘要

工作过程

① 选择"基础设置"|"常用摘要"命令,打开"常用摘要"窗口。

② 输入常用摘要编码 1、常用摘要正文"从中行提现金"。本行输入完成后,按回车键保存。

③ 完毕后,如图 3.32 所示。单击"退出"按钮退出。

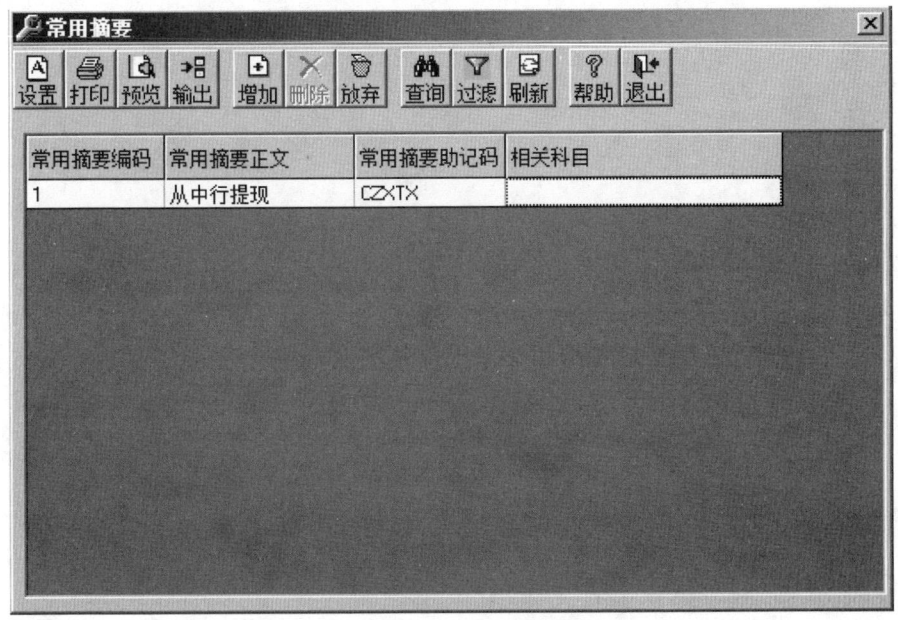

图 3.32 定义常用摘要

3.2.6 任务 6 备份"实训 2 基础信息设置"账套

实训及其工作过程略。

工作项目小结

在完成本项目工作后,项目实施小组了解了基础档案对于会计信息系统的重要性,理解了各项基础档案的含义,并对企业的各项基础档案进行了整理且输入了系统,为下一工作项目的进行打下了良好的根基。

工作项目 4

总账管理——初始化与日常业务处理

知识目标

思政育人
"扶贫之花"黄文秀

- ◆ 了解总账管理系统的主要功能。
- ◆ 熟悉总账管理系统的操作流程。
- ◆ 掌握总账管理系统初始化的工作内容。
- ◆ 理解总账管理系统中各参数的含义。
- ◆ 理解会计科目辅助核算的用途。
- ◆ 熟悉凭证填制、审核、记账等日常操作流程。
- ◆ 掌握凭证、账簿查询的基本方法。
- ◆ 了解期末自定义凭证的作用,掌握自定义凭证的方法。
- ◆ 掌握出纳管理的基本工作内容。

技能目标

- ◆ 学会设置总账参数。
- ◆ 学会为科目设置辅助核算及指定科目。
- ◆ 掌握不同科目期初余额输入的操作。
- ◆ 掌握凭证填制、修改、审核、记账和查询等基本操作。
- ◆ 掌握出纳签字、银行对账的基本操作。

会计信息系统作为企业管理系统中不可或缺的部分,本身也是由多个子系统组成,各个子系统服务于企业的不同层面,为不同的管理需要服务。子系统本身既具有相对独立的功能,彼此之间又具有紧密的联系,它们共用一个企业数据库,拥有公共的基础信息、相同的账套和年度账,为实现企业财务、业务的一体化管理提供了基础条件。

富康电子有限公司在畅捷通T3系统中输入基础档案后,系统中即含有企业账套所需的各项共享数据信息,可以开始进入系统的核心系统——总账管理系统进行操作了。

在进行日常业务处理之前,还需根据企业自身的需要,对总账管理系统进行初始化设置,设置其应用环境,使系统成为更适合企业实际需要的专用系统,主要工作包括总账参数、明细账权限的设置,以及期初余额的输入等。因此,项目实施小组需要结合企业的自身需求,整理企业各会计科目的期初余额,设置总账的各项参数,并准确地在系统中进行设置与输入,作为总账管理系统启动的先决条件。

总账管理系统成功启动后，就可以通过其处理企业的各项日常业务，开展账簿查询及总账期末处理等工作了。

在本项目中，项目实施小组已预先整理好了各项资料，可以开始进行总账的初始化设置，并对企业的日常业务进行处理了。

4.1 知识准备

4.1.1 总账管理系统的主要功能

总账管理系统的主要功能包括总账管理系统初始化、日常业务处理、辅助核算管理和期末处理。

1. 总账管理系统初始化

总账管理系统初始化是由企业用户根据自身的行业特性和管理需求，将通用的总账管理系统设置为适合企业自身特点的专用系统的过程。总账管理系统初始化主要包括系统参数设置和期初数据输入两项内容。

2. 总账日常业务处理

凭证是记录企业各项经济业务发生的载体，凭证管理是总账管理系统的核心功能，主要包括填制凭证、出纳签字、审核凭证、记账和查询打印凭证等。

总账管理系统提供了强大的账证查询功能，可以查询并打印总账、明细账、日记账、发生额余额表、多栏账和序时账等；不仅可以查询到已记账凭证的数据，而且可以查询到未记账凭证的数据；可以轻松实现总账、明细账、日记账和凭证的联查。

3. 总账辅助核算管理

1）现金管理

现金管理为出纳人员提供了一个集成办公环境，可完成现金日记账、银行存款日记账的查询和打印，随时输出最新资金日报表，进行银行对账并生成银行存款余额调节表。

2）往来管理

往来管理主要是管理企业与客户、供应商之间的业务往来，包括设置客户/供应商档案及客户/供应商往来业务查询。

3）项目管理

项目管理是总账管理系统提供的特别功能，以方便企业按特定项目对象进行收入、费用的归集。

4. 总账期末处理

总账管理系统月末处理主要包括自动转账凭证的定义、自动转账凭证的生成、对账和结账等内容。

4.1.2 总账管理系统与其他子系统的数据关系

总账管理系统既可以独立运行,也可以同其他子系统协同运转。总账管理系统与其他子系统之间的数据关系如图4.1所示。

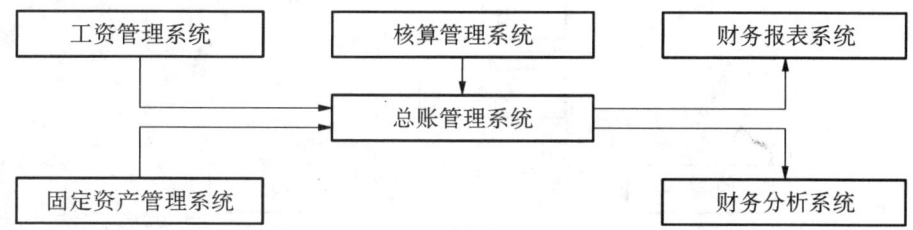

图 4.1 总账管理系统与其他子系统之间的数据关系

总账管理系统需要的基础数据应在畅捷通T3基础设置中统一设置。

4.1.3 总账管理系统的应用流程

总账管理系统的应用流程指示了正确使用该系统的操作顺序,有助于帮助企业实现快速应用。总账管理系统的应用流程如图4.2所示。

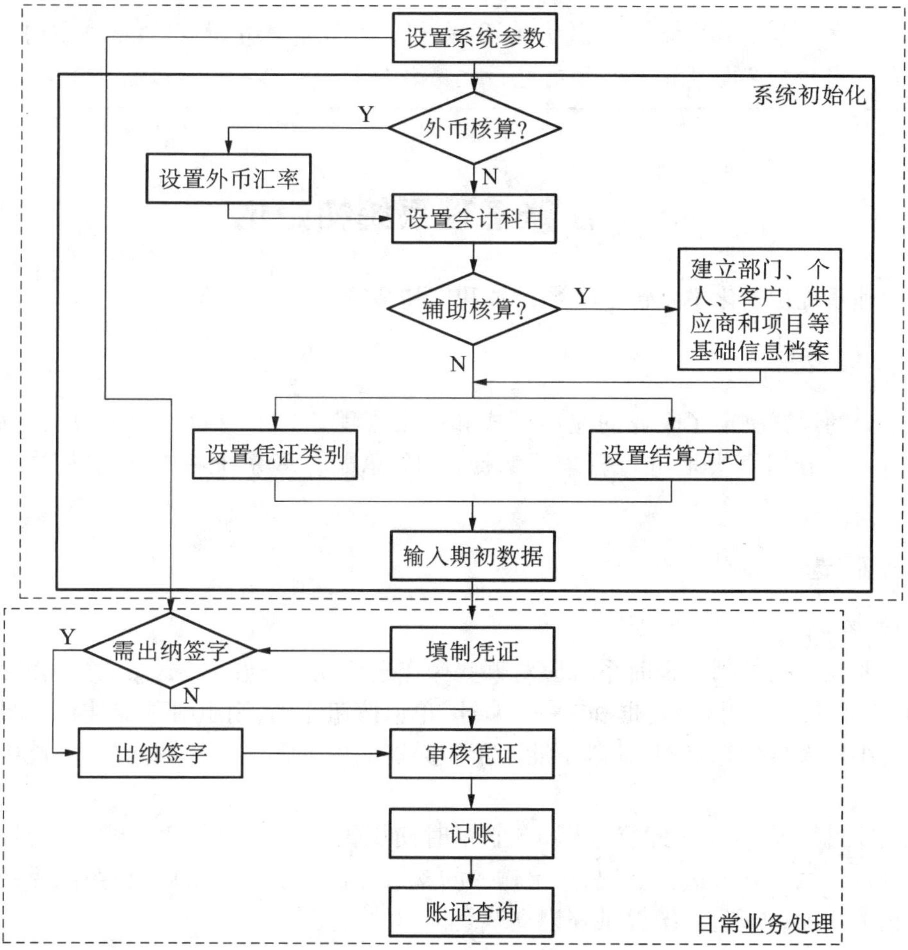

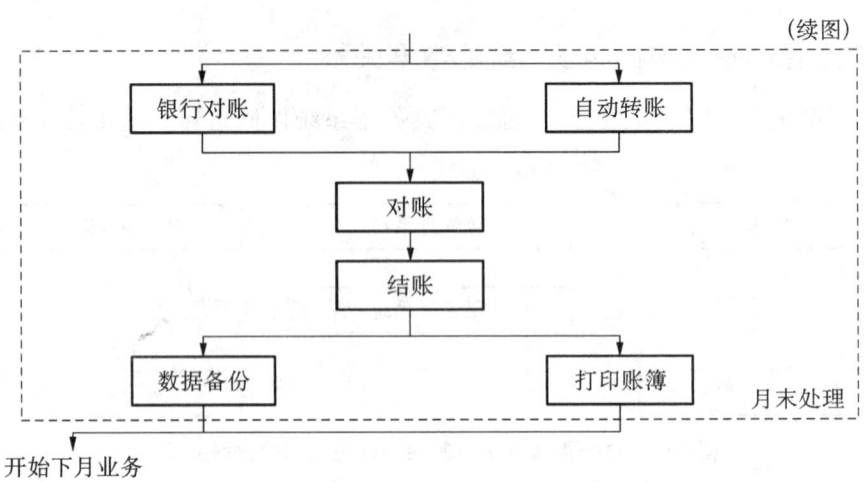

图 4.2 总账管理系统的应用流程

工作提示

- 在图 4.2 中的系统初始化阶段,与总账相关的基础档案(内框包含的部分)在畅捷通 T3 基础设置中进行设置,此处仅为列示,以保持体系的完整性。
- 如果在总账参数中设置了出纳凭证,在凭证处理流程中就必须经过出纳签字环节。出纳签字与凭证审核没有先后次序之分。

4.2 总账管理系统初始化

总账管理系统初始化主要包括参数设置和期初余额输入。

4.2.1 参数设置

系统参数的设置决定了企业的应用模式和应用流程。为了明确各项参数的适用对象,软件一般将参数分门别类地进行管理。畅捷通 T3 总账管理系统将参数分为以下 4 个选项卡。

1. "凭证"选项卡

1) 制单控制

这里主要设置在填制凭证时系统应对哪些操作进行控制,包括以下几个复选框:

① 制单序时控制。该复选框和"系统编号"单选按钮连用,制单时某类凭证编号必须按日期顺序自小到大排列,凭证日期既不能小于该类别最后一张凭证日期,但也不能大于系统日期。

② 支票控制。若选中了此复选框,在制单时使用银行科目编制凭证时,系统针对已设置了票据管理的结算方式进行登记,如果输入的支票号在支票登记簿中已存在,系统提供登记支票报销的功能;否则,系统提供登记支票登记簿的功能。

③ 资金及往来赤字控制。若选中了此复选框,在填制凭证时,当"资金及往来科目"的最新余额出现负数时,系统将予以提示。

④ 制单权限控制到科目。如果需要明确操作员只能使用特定科目填制凭证,则选中该复选框,然后在明细权限中为操作员指定制单时可以使用哪些科目。设置完成后,操作员制单时,科目参照中只显示操作员有权限的科目。

⑤ 允许修改、作废他人填制的凭证。该复选框决定了非凭证制单人发现凭证有误时是否允许修改或作废。

⑥ 允许查看他人填制的凭证。若选中了此复选框,则可以查询他人填制的凭证。

⑦ 可以使用其他系统的受控科目。若某科目为其他系统的受控科目(如设置为客户往来辅助核算的科目为应收系统的受控科目),一般来说,为了防止重复制单,应只允许其受控系统使用该科目进行制单,总账管理系统是不能使用该科目进行制单的。如果希望在总账管理系统中也能使用这些科目填制凭证,则应选中此复选框。

⑧ 现金流量项目必录。如果企业选择利用现金流量项目核算作为编制现金流量表的方法,就应选中此复选框。选中该复选框,在输入凭证时如果使用了现金流量科目,就必须输入现金流量项目及金额。

2) 凭证控制

凭证控制主要包括以下几个复选框:

① 打印凭证页脚姓名。决定在打印凭证时,是否自动打印制单人、出纳、审核人和记账人的姓名。

② 凭证审核控制到操作员。如果需要指定某具有凭证审核权限的操作员只能审核某些制单人填制的凭证,则应选中该复选框。

③ 出纳凭证必须经由出纳签字。出纳凭证是指凭证上包含现金或银行科目的凭证。涉及现金收付的业务是企业需要重点关注的业务,如果选中该复选框,凭证处理流程为填制凭证→出纳签字→审核凭证→记账。

④ 未审核的凭证允许记账。选中该复选框,凭证未经过审核也可以记账。

⑤ 打印项目核算凭证时,显示项目分类编码。

3) 凭证编号方式

系统提供系统编号和手工编号两种方式。如果选用系统编号,系统在填制凭证时按照设置的凭证类别按月自动编号。

4) 外币核算

有外币业务时,企业可以选择"固定汇率"或"浮动汇率"处理方式。

5) 预算控制

根据预算管理系统或财务分析系统设置的预算数对业务发生进行控制。

6) 合并凭证显示、打印

选中此复选框,在填制凭证、查询凭证、出纳签字和凭证审核时,凭证"按科目、摘要相同方式合并"或"按科目相同方式合并"显示,在明细账显示窗口提供是否"合并显示"的选项。

2. "账簿"选项卡

"账簿"选项卡用来设置各种账簿的输出方式和打印要求等。

3. "会计日历"选项卡

在"会计日历"选项卡中,可查看各会计期间的起始日期与结束日期,以及启用会计年度和启用日期。

4. "其他"选项卡

在"其他"选项卡中可以设置以下内容:

① 可查看建立账套时的这些信息:账套名称、单位名称、账套存放的路径、行业性质和定义的科目级长等。

② 可以修改数量小数位、单价小数位和本位币精度。

③ 排序方式:在参照部门目录、查询部门辅助账时,可以指定查询列表的内容是按编码顺序显示还是按名称顺序显示;对个人往来辅助核算和项目辅助核算也可以进行设置。

4.2.2 期初余额输入

企业账套建立之后,还需要在系统中建立基础档案和各账户的余额数据,才能接续手工业务处理进程。各账户余额数据的准备与总账启用的会计期间相关。

1. 准备期初数据

为了保持账簿资料的连续性,应该将原有系统下载至总账启用日的各账户年初余额、累计发生额和期末余额输入计算机系统中。

选择年初启用总账和选择年中启用总账需要准备的期初数据是不同的。

1) 年初建账

如果选择年初建账,只需准备各账户上年年末的余额作为新一年的期初余额,且年初余额和月初余额是相同的。

2) 年中建账

如果选择年中建账,不仅要准备各账户启用会计期间上一期的期末余额作为启用期的期初余额,而且还要整理自本年度开始截至启用期的各账户累计发生数据。

如果科目设置了某种辅助核算,那么还需要准备辅助项目的期初余额。例如,"应收账款"科目设置了客户往来辅助核算,除了要准备应收账款总账科目的期初数据外,还要详细记录这些应收账款是哪些客户的销售未收,因此要按客户整理详细的应收余额数据。

2. 输入期初数据

对于期初余额,输入时,根据科目性质不同,可分为以下几种情况:

① 末级科目的余额可以直接输入。

② 非末级科目的余额数据由系统根据末级科目数据逐级向上汇总而得。

③ 科目有数量、外币核算时,在输入完本位币金额后,还要输入相应的数量和外币信息。

④ 科目有辅助核算时,不能直接输入该账户的期初余额,而必须输入辅助账的期初余额。辅助账余额输入完毕后,自动带回总账。累计发生额可以直接输入。

3. 进行试算平衡

期初数据输入完毕,应进行试算平衡。如果期初余额试算不平衡,可以填制、审核凭证,但不能进行记账处理。因为企业信息化时,初始设置工作量大,占用时间比较长,为了不影响日常业务的正常进行,系统允许在初始化工作未完成的情况下进行凭证的填制。

凭证一经记账,期初数据便不能被修改。

4.3 实训 3 总账初始化

1. 掌握畅捷通 T3 中总账管理系统初始设置的相关内容。
2. 理解总账管理系统初始设置的意义。
3. 掌握总账管理系统初始设置的具体内容和操作方法。

1. 总账管理系统参数的设置。
2. 期初余额的输入,并试算平衡。

一、本企业总账参数(见表 4.1)

表 4.1 总账参数

选项卡	参数设置
凭证	制单序时控制
	支票控制
	资金及往来赤字控制
	允许修改、作废他人填制的凭证
	可以使用其他系统受控科目
	凭证编号方式采用系统编号
	出纳凭证必须经由出纳签字
	允许查看他人填制的凭证
	打印凭证页脚姓名
	外币核算采用固定汇率

续表

选项卡	参数设置
账簿	账簿打印位数按软件的标准设置
	明细账查询权限控制到科目
	明细账打印方式按年排页
会计日历	会计日历为1月1日—12月31日
其他	数量小数位和单价小数位设为2位,部门、个人、项目按编码方式排序

二、本企业期初余额(见表4.2)

表4.2 期初余额

科目编号及名称	辅助核算	方向	币别	借方余额(元)	贷方余额(元)
库存现金(1001)	日记账	借		16 460.11	
银行存款(1002)	银行账、日记账	借		341 004.69	
中行存款(100201)	银行账、日记账	借		341 004.69	
人民币户(10020101)	银行账、日记账	借		237 341.19	
美元户(10020102)	银行账、日记账	借		103 663.50	
		借	美元	15 000.00	
应收账款(1122)	客户往来	借		60 000.00	
其他应收款(1221)		借		5 000.00	
应收个人款(122102)	个人往来	借		5 000.00	
原材料(1403)		借		144 000.00	
芯片(140301)		借		100 000.00	
	数量核算——个			5 000.00	
PVC卡片(140302)		借		44 000.00	
	数量核算——个			5 500.00	
库存商品(1405)		借		320 000.00	
生产成本(5001)		借		88 000.00	
直接材料(500101)	项目核算	借		56 000.00	
直接人工(500102)	项目核算	借		4 000.00	
制造费用(500103)	项目核算	借		28 000.00	
存货跌价准备(1471)		贷			10 000.00
固定资产(1601)		借		362 300.00	
累计折旧(1602)		贷			63 764.80
短期借款(2001)		贷			756 300.00

续 表

科目编号及名称	辅助核算	方向	币别	借方余额(元)	贷方余额(元)
应付账款(2202)		贷			10 000.00
应付购货款(220201)	供应商往来				10 000.00
应交税费(2221)		贷			28 700.00
应交增值税(222101)		贷			28 700.00
进项税额(22210101)		贷			
转出未交增值税(22210103)		贷			28 700.00
销项税额(22210105)		贷			
实收资本(4001)		贷			378 000.00
利润分配(4104)		贷			90 000.00
未分配利润(410415)		贷			90 000.00
合　计				1 336 764.80	1 336 764.80

三、辅助账期初明细数据

① 应收账款(1122)期初余额借方 60 000 元，明细数据如表 4.3 所示。

表 4.3　应收账款期初明细

日　期	发票号	凭证号	客　户	摘　要	方　向	金额(元)	业务员
2019-12-29	66801016	转-25	深圳微电	期初数据	借	60 000	王磊

② 应收个人款(122102)期初余额借方 5 000 元，明细数据如表 4.4 所示。

表 4.4　应收个人款期初明细

日　期	凭证号	部　门	个　人	摘　要	方　向	期初余额(元)
2019-12-28	付-58	企管部	周迅	出差借款	借	5 000

③ 应付账款(2202)期初余额贷方 10 074 元，明细数据如表 4.5 所示。

表 4.5　供应商(中环电子)应付账款期初明细

日　期	发票号	凭证号	供应商	摘　要	方　向	金额(元)	业务员
2019-12-28	19601963	转-37	中环电子	期初数据	贷	10 000	陈平

④ 生产成本期初借方余额 88 000 元，明细数据如表 4.6 所示。

表 4.6

项　目	类　型	方　向	金　额
IC 智能卡片	直接材料	借	40 000
IC 智能卡片	直接人工	借	20 000
IC 智能卡片	制造费用	借	28 000

工作项目 4　总账管理

四、期初余额输入完毕后,进行试算平衡

五、备份"实训 3　总账初始化"账套

引入"实训 2　基础信息设置"账套。

4.3.1　任务1　总账管理系统参数的设置

视频演示

 工作过程

① 引入"实训 2　基础信息设置"账套后,进入畅捷通 T3 主窗口,选择"总账"|"设置"|"选项"命令,打开"选项"对话框。

② 单击"凭证"标签,按表 4.1 所示进行相应的设置。

③ 选中"支票控制"复选框后,系统提示如图 4.3 所示。然后单击"确定"按钮返回。

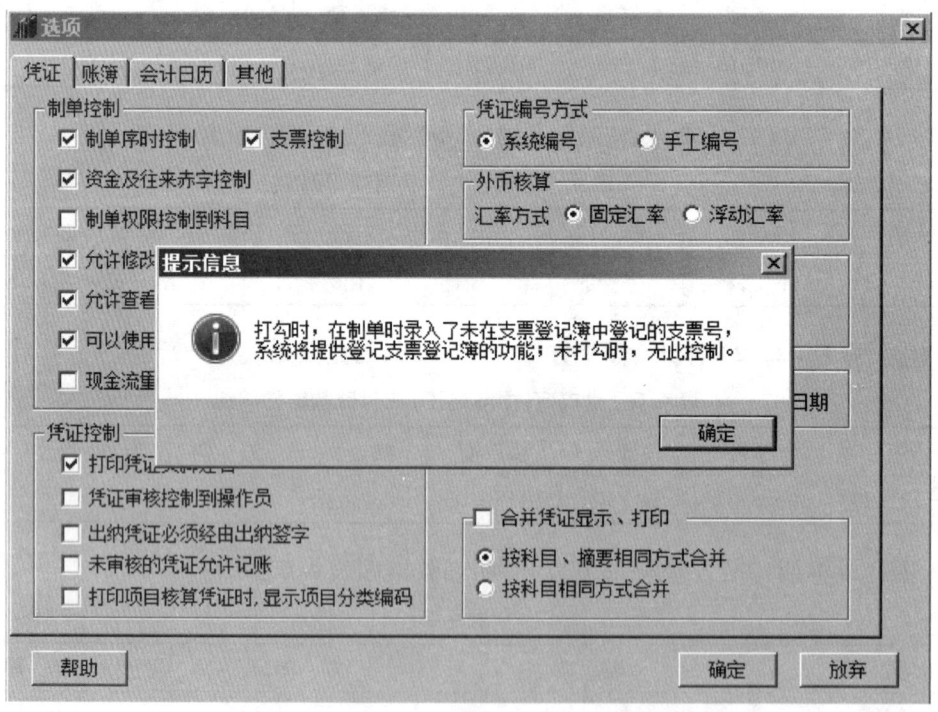

图 4.3　选中"支票控制"复选框后的提示

④ 设置完成后,如图 4.4 所示。然后单击"确定"按钮返回。

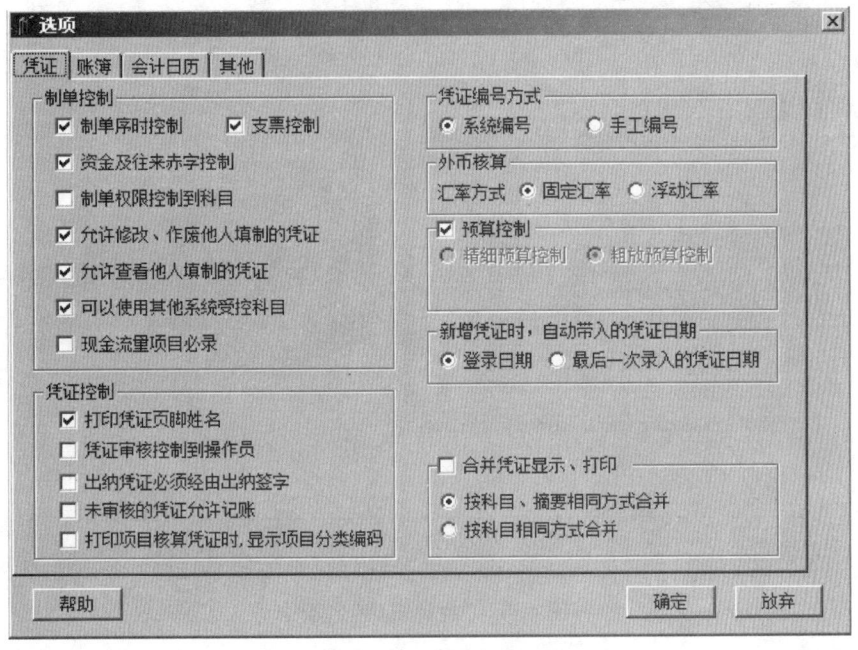

图 4.4 "凭证"选项卡

⑤ 单击"账簿"标签,按照表 4.1 所示进行相应的设置。选中"明细账查询权限控制到科目"复选框后,系统弹出"希望对查询权限进一步细化时……设置明细科目查询权限。"提示框,单击"确定"按钮,如图 4.5 所示。设置完成后单击"确定"按钮返回。

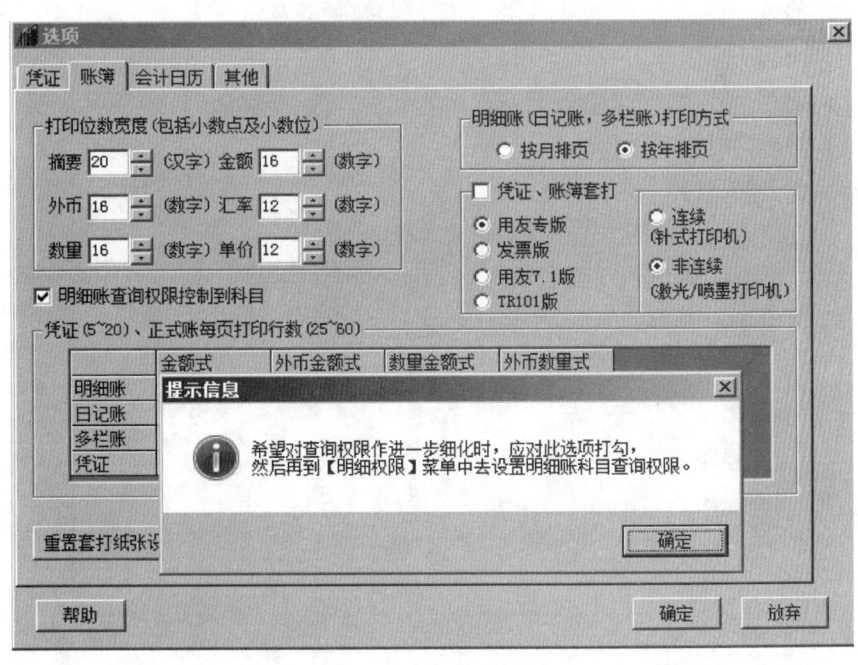

图 4.5 "账簿"选项卡

⑥ 单击"会计日历"标签，打开"会计日历"选项卡，如图4.6所示。

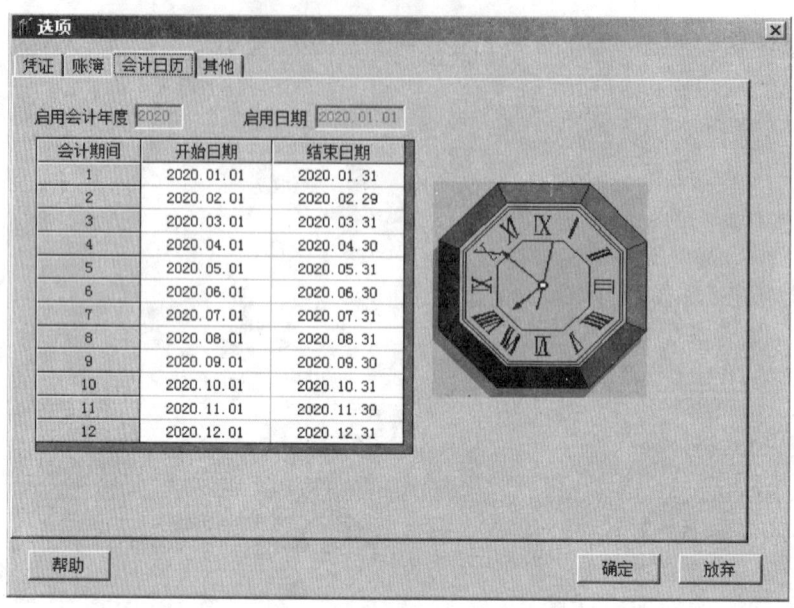

图4.6 "会计日历"选项卡

 工作提示

此处仅能查看会计日历的信息，如需修改请到系统管理中进行。

⑦ 单击"其他"标签，按照表4.1所示进行相应的设置。完成后，如图4.7所示。然后单击"确定"按钮返回。

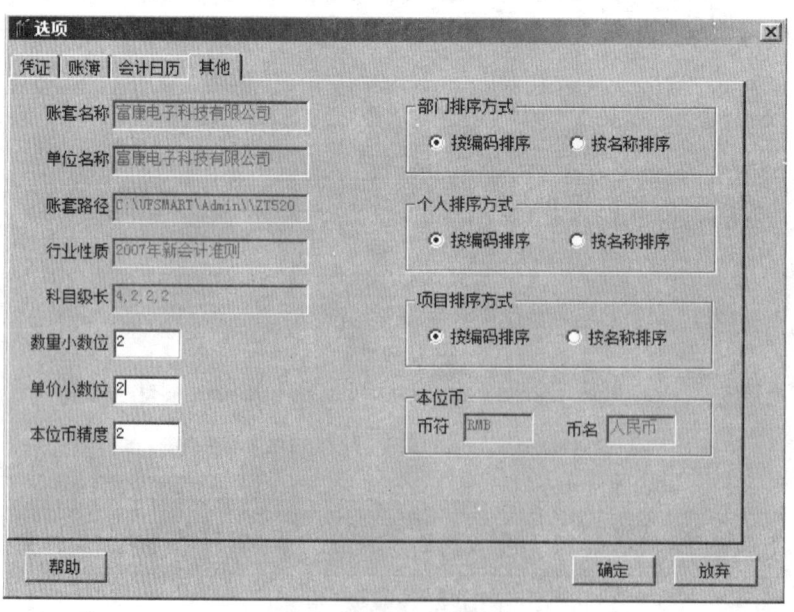

图4.7 "其他"选项卡

4.3.2 任务2 输入企业期初余额,并做试算平衡

1. 末级科目(含有外币核算项目)期初余额输入

工作过程

① 选择"总账"|"设置"|"期初余额"命令,打开"期初余额录入"窗口。在1001(库存现金)科目的"期初余额"栏中直接输入16460.11,按回车键。

② 在10020101(银行存款——中行存款——人民币户)科目"期初余额"栏中输入237 341.19,按回车键,再在10020102(银行存款——中行存款——美元户)科目中输入103 663.50,按回车键,在与"美元"对应的"期初余额"中输入金额15 000.00,按回车键,银行存款科目自动汇总,如图4.8所示。

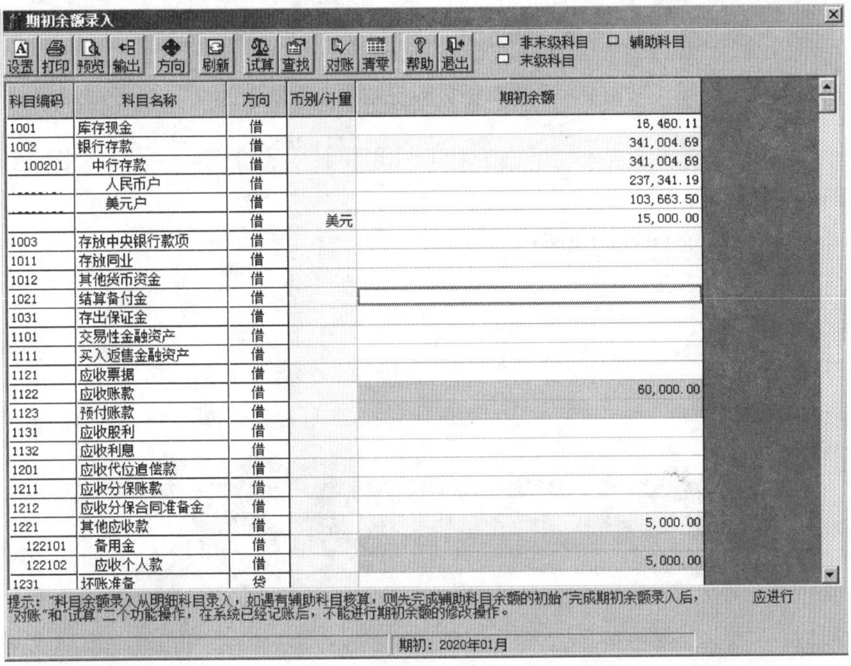

图4.8 末级科目期初设置

工作提示

直接输入末级科目(底色为白色)的期初余额后,上级科目的余额会自动汇总计算。

2. 含辅助核算科目期初余额的输入

工作过程

① 双击1122(应收账款)科目的"期初余额"栏,打开"客户往来期初"窗口。

② 单击"增加"按钮,按表4.3中的数据输入系统后,按回车键保存,如图4.9所示。

③ 完成后单击"退出"按钮,辅助账余额自动带到总账管理系统。

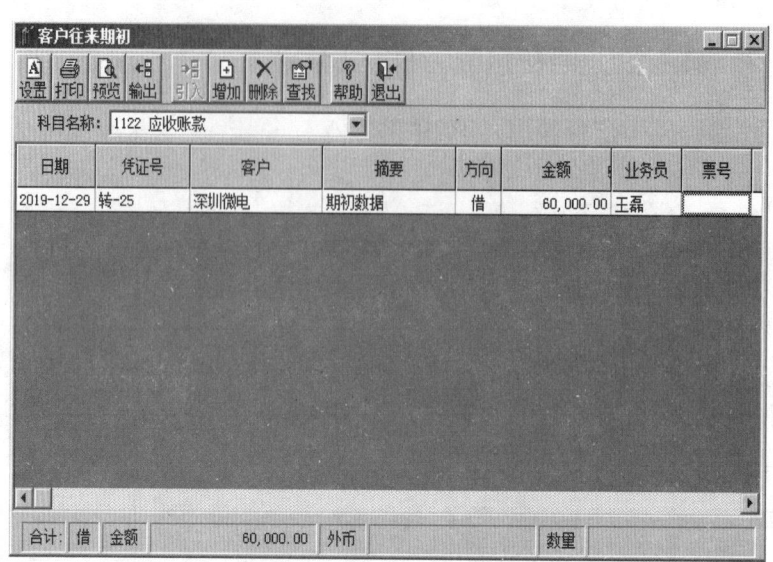

图 4.9　含辅助核算科目期初余额的输入

④ 同理,输入其他应收款——应收个人款(122102)及应付账款(2202)的期初余额、生产成本的期初余额。

3. 含数量核算科目期初余额的输入

工作过程

在 140301(原材料——芯片)科目"期初余额"栏中输入金额 100 000.00,按回车键,在与数量对应的"期初余额"栏中输入 5 000.00,按回车键。同理,输入 PVC 卡片期初余额后,原材料科目自动汇总,如图 4.10 所示。

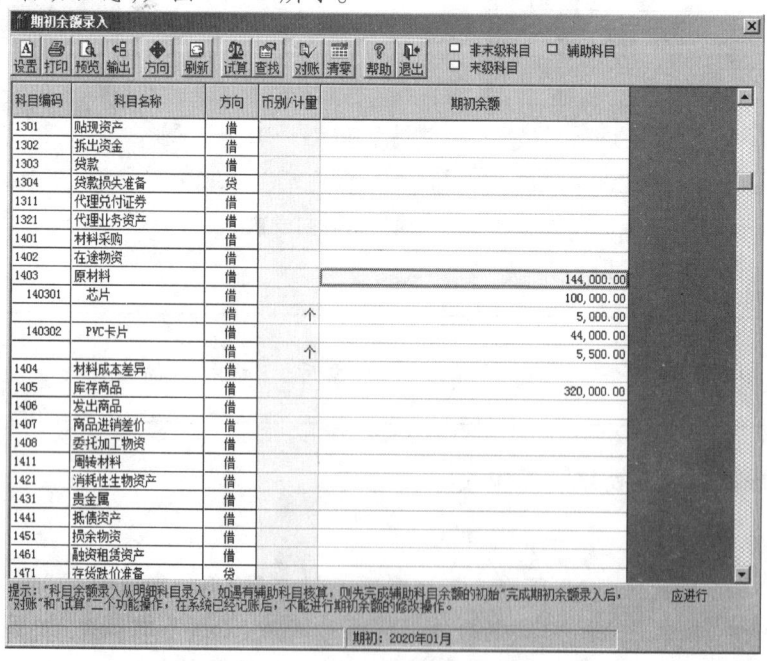

图 4.10　含数量核算科目期初余额的设置

4. 按前述输入方法输入表4.2中的所有科目期初余额后,进行试算平衡

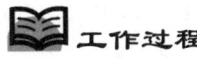 工作过程

① 期初余额输入完成后,单击"试算"按钮,打开"期初试算平衡表"对话框,如图4.11所示。

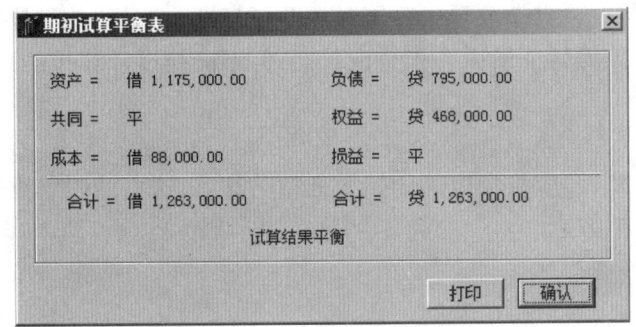

图4.11 期初试算平衡

② 若期初余额试算不平衡,则修改期初余额;若期初余额试算平衡,则单击"确认"按钮退出。

工作提示

- 输入末级科目(底色为白色)期初余额,上级科目余额会自动汇总计算。
- 如果余额方向与科目余额方向相反,输入余额时应输入负数。

4.3.3 任务3 备份"实训3 总账初始化"账套

实训及其工作过程略。

4.4 总账管理系统日常业务处理

在总账管理系统中,初始化工作完成后,就可以开始日常业务处理了。总账管理系统日常业务处理主要包括凭证管理、出纳管理、账簿查询和月末处理。

记账凭证是登记账簿的依据,是总账管理系统唯一的数据来源,因此凭证管理是总账管理系统最为核心的内容。

4.4.1 填制凭证

填制凭证时各项目应填制的内容及注意事项如下。

1. 凭证类别

填制凭证时可以直接选择所需的凭证类别。

2. 凭证编号

如果选择"系统编号"方式,凭证按凭证类别按月自动顺序编号。如果选择"手工编号"方式,需要手工输入凭证号,但应注意凭证号的连续性、唯一性。

3. 凭证日期

填制凭证时,日期一般自动取登录系统时的业务日期。选择"制单序时控制"的情况下,凭证日期应大于等于该类凭证最后一张凭证日期,但不能超过计算机的系统日期。

4. 附单据数

记账凭证打印出来后,应将相应的原始凭证粘贴其后,这里的附单据数就是指将来该记账凭证所附的原始单据数。

5. 摘要

摘要是对经济业务的概括说明。因为计算机记账时是以记录行为单位,因此每行记录都要有摘要,不同记录行的摘要可以相同也可以不同,每行摘要将随相应的会计科目在明细账、日记账中出现。摘要可以直接输入,如果定义了常用摘要,也可以调用常用摘要。

6. 会计科目

填制凭证时,要求会计科目必须是末级科目。可以在凭证中输入科目编码、科目名称或科目助记码。

7. 金额

金额可以是正数或负数(即红字),但不能为 0。凭证金额应符合"有借必有贷,借贷必相等"原则,否则将不能保存。

另外,如果设置了常用凭证,可以在填制凭证时直接调用常用凭证,从而增加凭证输入的速度和规范性。

4.4.2 修改凭证

在信息化方式下,凭证的修改可分为有痕迹修改和无痕迹修改。

能否修改他人填制的凭证,取决于系统参数的设置。其他系统生成的凭证,只能在总账管理系统中进行查询、审核和记账,不能修改或作废,只能在生成该凭证的原系统中进行修改或删除,以保证记账凭证和原系统中的原始单据相一致。

修改凭证时,凭证类别及编号一般是不能修改的。修改凭证日期时,为了保持序时性,日期应介于前后两张凭证日期之间,同时,日期月份不能修改。

4.4.3 作废凭证

对于尚未审核和签字的凭证,如果不需要的话,可以直接将其作废,作废凭证仍保留凭证内容及编号,仅显示"作废"字样。作废凭证不能修改,不能审核,但应参与记账,否则月末无法结账。记账时不对作废凭证进行数据处理,相当于一张空凭证。账簿查询时,查不到作废凭证的数据。

与作废凭证相对应,系统也提供对作废凭证的恢复,将已标志为作废的凭证恢复为正常凭证。如果作废凭证没有保留的必要,可以通过"整理凭证"彻底将其删除。

4.4.4 凭证复核

为了保证会计事项处理正确和记账凭证填制正确,需要对记账凭证进行复核。凭证复核包括出纳签字和审核凭证。

所有凭证必须审核后才能记账。注意,审核人与制单人不能是同一人。

如果设置了凭证审核明细权限,则审核凭证还会受到明细权限的制约。

4.4.5 凭证记账

记账凭证经过审核签字后,便可以记账了。在计算机系统中,记账是由计算机自动进行的。如果记账后发现输入的记账凭证有错误需要进行修改,就需要人工调用"恢复记账前状态"功能。

系统提供了两种恢复记账前状态方式——将系统恢复到最后一次记账前状态和将系统恢复到月初状态。只有主管才能选择将数据"恢复到月初状态"。

如果期初余额试算不平衡就不能记账。如果上月未结账,则本月就不能记账。

4.4.6 冲销凭证

冲销凭证是针对已记账凭证而言的。红字冲销可以采用手工方式,也可以由系统自动进行。如果采用自动冲销,只要告知系统要被冲销的凭证类型及凭证号,系统就会自动生成一张与该凭证相同只是金额为红字(负数)的凭证。

4.4.7 凭证查询

查询是计算机系统较手工方式的优势之一。既可以查询已记账凭证,也可以查询未记账凭证;既可以查询作废凭证,也可以查询标错凭证;通过设置查询条件,可以按科目、摘要、金额、外币、数量、结算方式或各种辅助项查询,快捷方便。

4.4.8 凭证汇总

凭证汇总时,可按一定条件对记账凭证进行汇总,并生成凭证汇总表。

4.4.9 设置常用凭证

常用凭证提供的是常用会计凭证的模板,在设置常用凭证后,再输入相似凭证时,可直接调用常用凭证。

4.4.10 设置常用摘要

由于经济业务的重复性,在日常填制凭证的过程中,经常会反复用到许多相同的摘要,为了提高凭证的输入速度,可以将这些经常使用的摘要预先设置下来,而在填制凭证时可以随时调用这些摘要,这样就会提高处理业务的效率。

4.4.11 设置明细权限

如果在系统参数中设置了某些选项,如"制单权限控制到科目""制单权限控制到凭证类别""制单金额控制""审核权限控制到操作员"或"明细账查询控制到科目"等,此时就需要利用系统提供的相关功能进行明细权限的设置。

4.5 实训4 企业日常业务处理

1. 掌握总账管理系统日常业务处理的相关内容。
2. 熟悉总账管理系统日常业务处理的各种操作。

1. 填制凭证、修改凭证和删除凭证的操作方法。
2. 出纳签字、审核凭证的操作方法。
3. 记账与反记账的操作方法。

一、本企业2020年1月份业务

① 2日,销售部王磊报销业务招待费3 000元,以现金支付(附单据一张)。

借:销售费用——招待费(660105)　　　　　　　　　　　　　3 000
　　贷:库存现金(1001)　　　　　　　　　　　　　　　　　　3 000

② 2日,财务部王菲从中行人民币户提取现金8 000元,作为备用金(现金支票号XJ0101)。

借:库存现金(1001)　　　　　　　　　　　　　　　　　　　8 000
　　贷:银行存款——中行存款——人民币户(10020101)　　　　8 000

③ 2日,收到香江集团投资资金15 000美元,汇率1∶6.910 9(转账支票号ZZ0101)。

借:银行存款——中行存款——美元户(10020102)　　　　　103 663.50
　　贷:实收资本(4001)　　　　　　　　　　　　　　　　　103 663.50

④ 3日,企管部购办公用品800元,付现金。

借:管理费用——办公费(660203)　　　　　　　　　　　　　800
　　贷:库存现金(1001)　　　　　　　　　　　　　　　　　　800

⑤ 4日，企管部周迅出差归来，报销差旅费4 500元，交回现金500元。
  借：管理费用——差旅费(660204)   4 500
    库存现金(1001)   500
    贷：其他应收款——应收个人款(122102)   5 000
⑥ 4日，财务部报销办公用品500元，以现金支付。
  借：管理费用——办公费(660203)   500
    贷：库存现金(1001)   500
⑦ 4日，财务部肖龙因私向公司借支1 000元，用现金支付。
  借：其他应收款——应收个人款(122102)   1 000
    贷：库存现金(1001)   1 000
二、2日实际提取现金20 000元，需要修改凭证
三、对凭证进行出纳签字
四、对凭证进行审核
五、记账
六、重新记账
记账后发现，5日报销的招待费为个人行为，不予报销，钱款已追回，需要反记账，做相应处理后，重新记账。
七、备份"实训4 企业日常业务处理"账套

实训指导

以"02 肖龙"的身份登录畅捷通T3。

4.5.1 任务1 处理1月份日常业务，填制凭证

1. 无辅助核算的一般业务

工作过程

① 以业务日期进入畅捷通T3主窗口，选择"总账"|"凭证"|"填制凭证"命令，打开"填制凭证"窗口。单击"增加"按钮，系统自动增加一张空白收款凭证。

② 在凭证左上角单击"参照"按钮，选择凭证类型为"付 付款凭证"，如图4.12所示。

③ 输入制单日期2020.01.02，输入附单据数1。输入摘要"报销业务招待费"，选择科目名称为660105，输入借方金额3 000.00，按回车键。摘要自动带到下一行，输入贷方科目1001，输入贷方金额3 000.00，如图4.13所示。

④ 单击"保存"按钮，系统弹出"凭证已成功保存！"提示框，然后单击"确定"按钮。

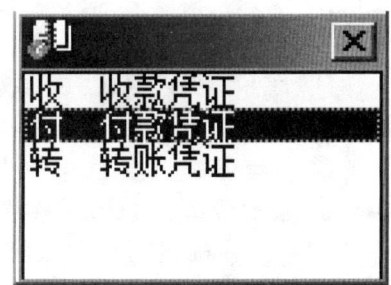

图4.12 选择凭证类型

工作项目 4　总账管理

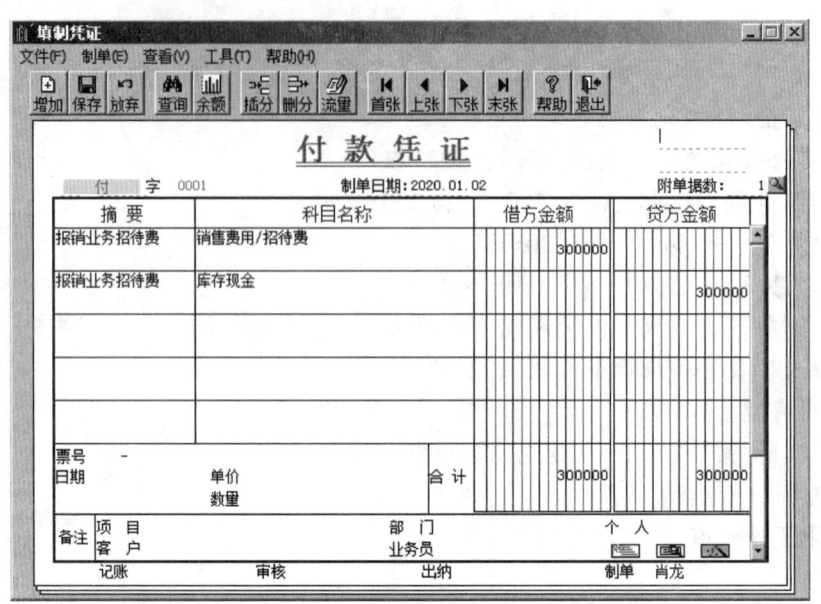

图 4.13　填制凭证

工作提示

- 凭证一旦保存,其凭证类别、凭证编号便不能修改。
- 正文中不同行的摘要可以相同也可以不同,但不能为空。每行摘要将随相应的会计科目在明细账、日记账中出现。
- 科目编码必须是末级的科目编码。
- 金额不能为 0;红字以"-"表示。
- 可按"="键取当前凭证借、贷方金额的差额到当前光标位置。
- 单击"增加"按钮可在保存凭证的同时增加一张新凭证。

2. 辅助核算——银行科目

视频演示

工作过程

① 单击"增加"按钮,确认为付款凭证,输入附单据数 1,输入摘要时,单击"参照"按钮,选择预先设置的常用摘要"从中行提现金",如图 4.14 所示。

② 继续按资料输入信息,输完银行科目 10020101,按回车键后系统打开"辅助项"对话框。

③ 输入结算方式 201、票号 XJ0101,确认发生日期为 2020.01.02,如图 4.15 所示。单击"确认"按钮,继续输入金额。

④ 凭证保存时,若此张支票未登记,则系统弹出"……此支票尚未登记,是否登记?"提示框。单击"是"按钮,打开"票号登记"对话框。

⑤ 输入领用日期 2020.01.02,领用部门"财务部",姓名"王菲",限额 20 000,用途"备用金",如图 4.16 所示。

⑥ 单击"确定"按钮,系统弹出"凭证已成功保存!"提示框,然后单击"确定"按钮。

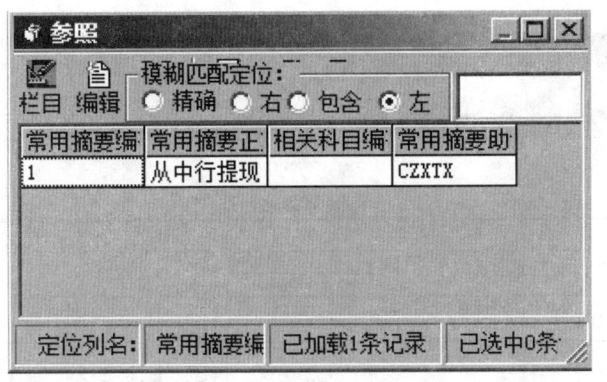

图 4.14　选择常用摘要

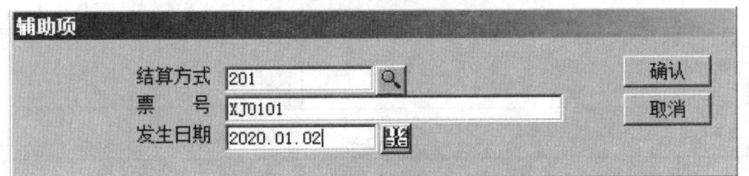

图 4.15　银行辅助核算

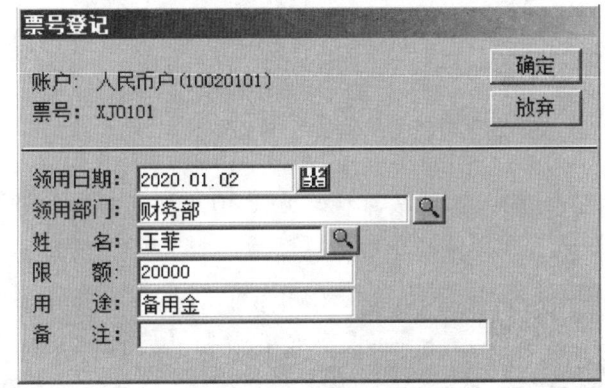

图 4.16　票号登记

3. 辅助核算——外币科目

工作过程

① 单击"增加"按钮,选择凭证类型"收　收款凭证",输入附单据数1,输入摘要信息"收到投资款",外币科目为10020102,输入支票信息,系统自动显示外币汇率6.910 90,输入外币金额15 000.00,系统自动算出并显示本币金额103 663.50,如图4.17所示。

② 全部输完后,单击"保存"按钮,保存凭证。

工作提示

汇率栏中内容是固定的,不能输入或修改。如果使用浮动汇率,汇率栏中显示最近一次汇率,可以直接在汇率栏中修改。

工作项目 4　总账管理

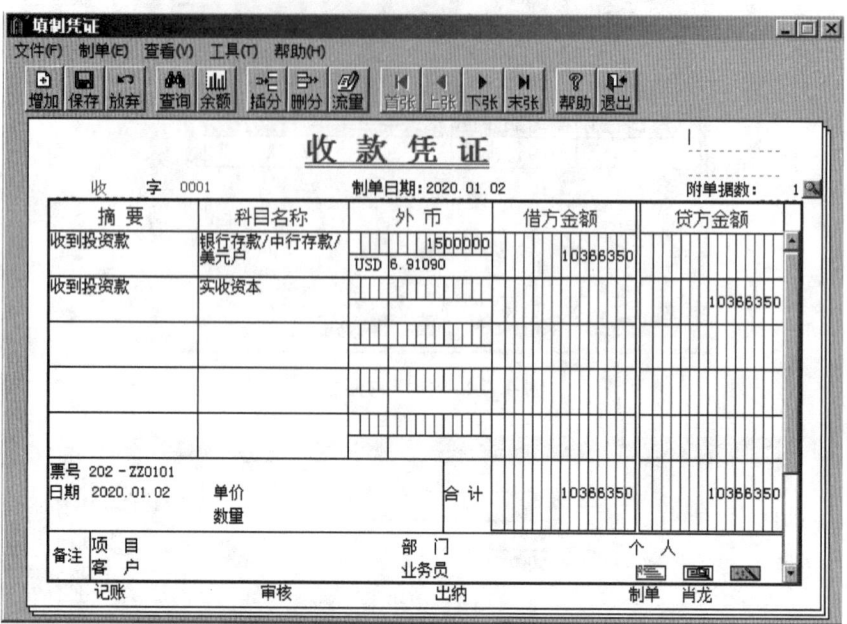

图 4.17　外币核算业务

4. 辅助核算——部门核算

工作过程

① 在填制凭证过程中,输入部门核算科目 660203,按回车键打开"辅助项"对话框。
② 输入部门"企管部",如图 4.18 所示。然后单击"确认"按钮。

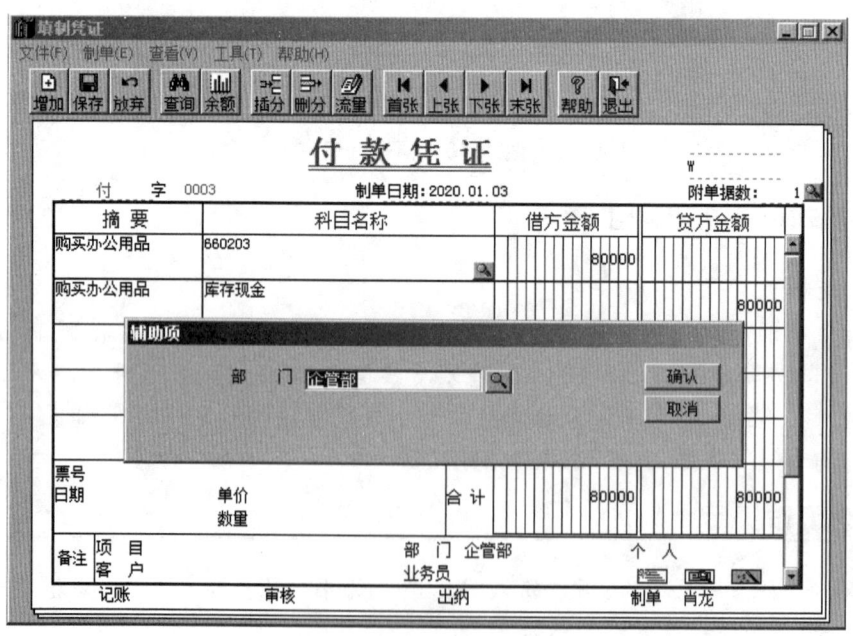

图 4.18　部门核算业务

③ 完成信息输入后,保存凭证。

5. 辅助核算科目——个人往来

工作过程

① 在填制凭证过程中,输入个人往来科目122102,按回车键弹出"辅助项"对话框。

② 选择部门"企管部"、个人"周迅"、发生日期2020.01.04,如图4.19所示,单击"确认"按钮。

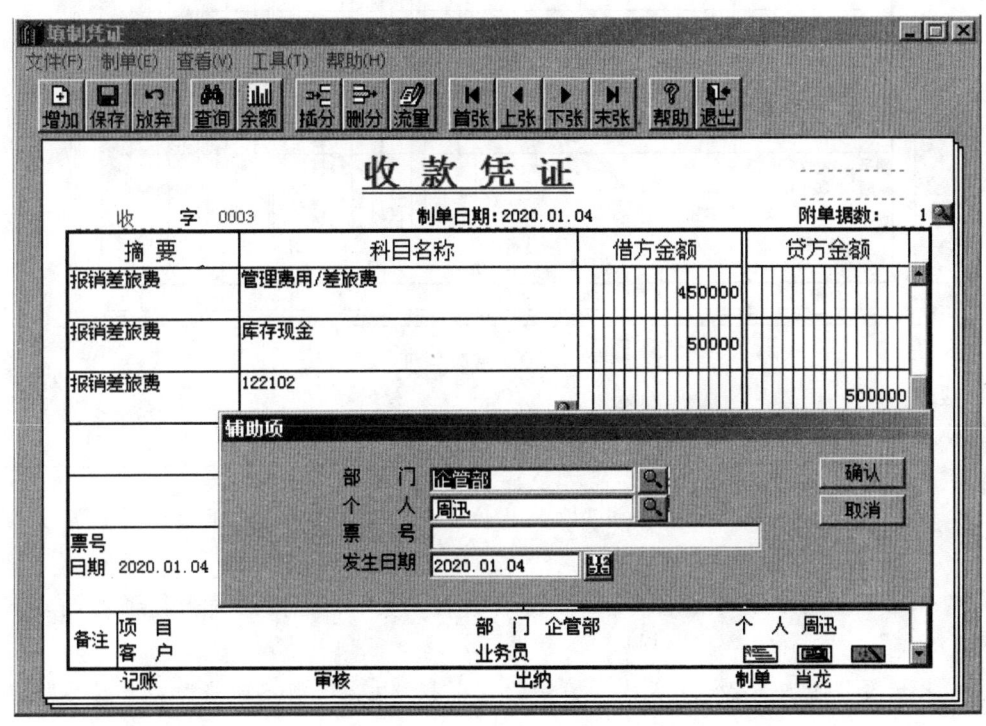

图 4.19 个人往来业务

③ 完成信息输入后,保存凭证。

6. 完成业务 6

工作过程略。

4.5.2 任务2 修改凭证

工作过程

① 单击 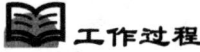 中的任意一个按钮,找到要修改的凭证。

② 修改相关信息后,单击"保存"按钮,保存相关信息,效果如图4.20所示。

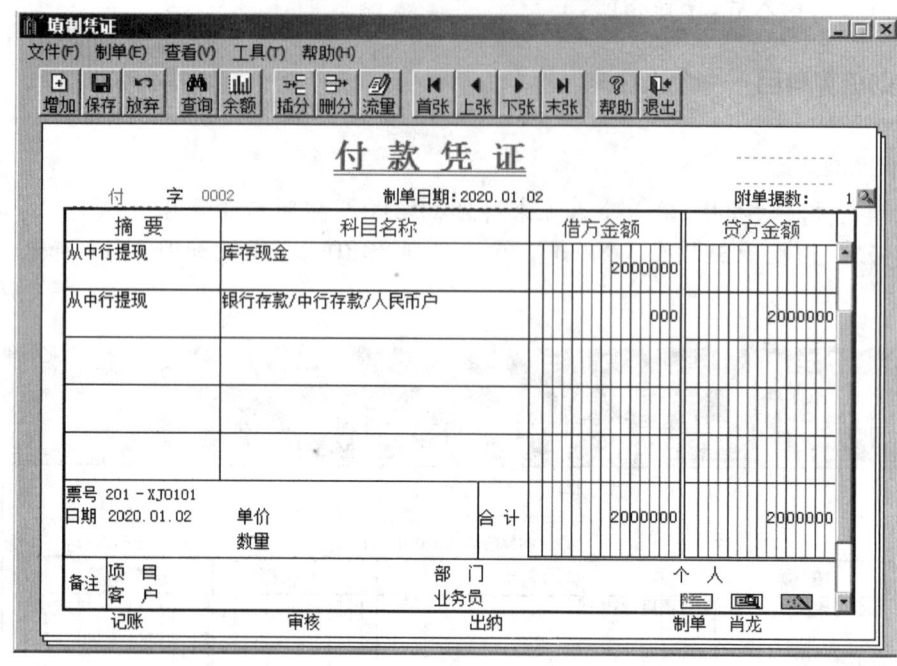

图 4.20 修改凭证

工作提示

- 未经审核的错误凭证可通过"填制凭证"功能直接修改;已审核的凭证应先取消审核,再进行修改。
- 若已采用制单序时控制,则在修改制单日期时,不能在上一张凭证的制单日期之前。
- 若选择不允许修改、作废他人填制的凭证权限控制,则不能修改或作废他人填制的凭证。
- 如果涉及银行科目的分录已输入支票信息,并对该支票做过报销处理,修改操作将不影响"支票登记簿"中的内容。
- 对于凭证上的基本项目,如金额,将光标放在要修改的地方,直接修改;如果要修改凭证的辅助项信息,首先选中辅助核算科目行,然后将光标置于备注栏辅助项,待鼠标指针变形为  时双击,打开"辅助项"对话框,在此对话框中修改相关信息。

4.5.3 任务3 对相关凭证进行出纳签字

工作过程

① 选择"文件"|"重新注册"命令,打开"登录"对话框,以"03 王菲"的身份,重新进入总账管理系统。

② 选择"总账"|"凭证"|"出纳签字"命令,打开"出纳签字"查询条件对话框。确认选中"全部"单选按钮和月份2020.01,如图4.21所示。

③ 单击"确认"按钮,打开"出纳签字"凭证列表对话框,如图4.22所示。

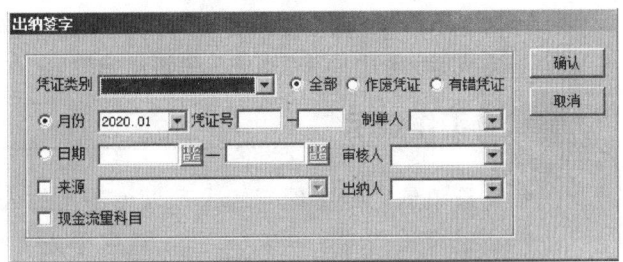

图4.21 "出纳签字"查询条件对话框

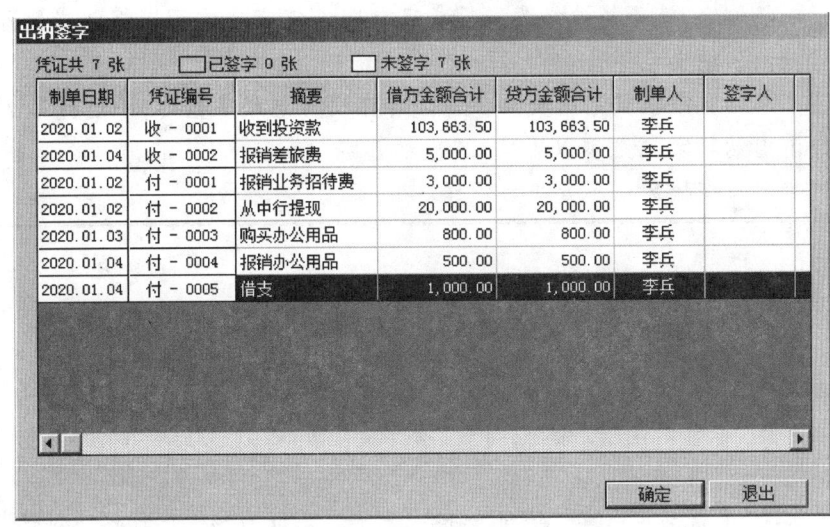

图4.22 "出纳签字"凭证列表对话框

④ 双击某一要签字的凭证或单击"确定"按钮,打开"出纳签字"窗口。

⑤ 单击"签字"按钮,凭证底部的"出纳"处自动签上出纳人姓名,如图4.23所示。

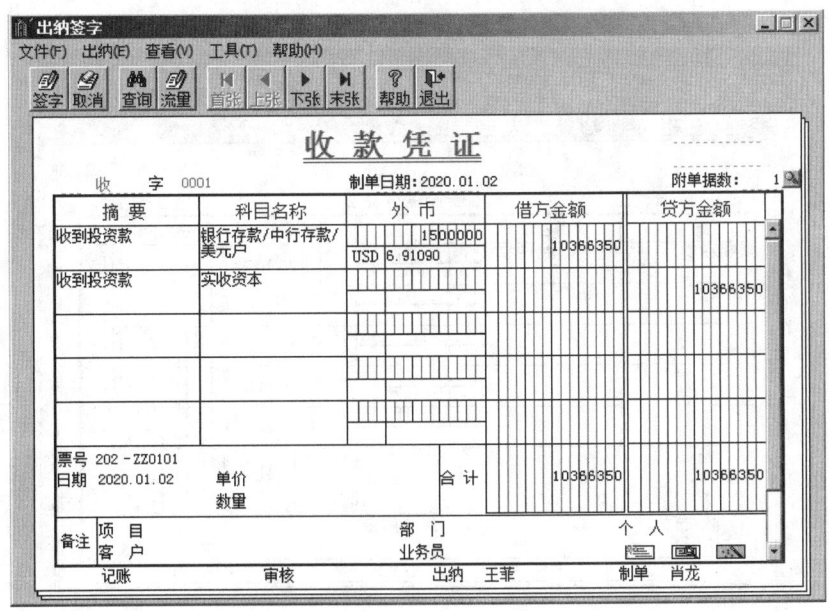

图4.23 出纳签字

⑥ 单击"下张"按钮，对其他凭证签字，或者选择"出纳"|"出纳成批签字"命令，默认系统提示。完成后，两次单击"退出"按钮退出。

工作提示

- 凭证填制人和出纳签字人可以为不同的人，也可以为同一个人。
- 在进行出纳签字和审核之前，通常需先更换操作员。
- 涉及指定为现金科目和银行科目的凭证才需出纳签字。
- 凭证一经签字，就不能被修改、删除，只有取消签字后才可以修改或删除，取消签字只能由出纳自己进行。
- 凭证签字并非审核凭证的必要步骤。若在设置总账参数时，不选择"出纳凭证必须经由出纳签字"，则可以不执行"出纳签字"功能。
- 出纳签字与审核凭证不分先后顺序。

4.5.4 任务4 审核凭证

工作过程

① 选择"文件"|"重新注册"命令，打开"登录"对话框，以"01 李兵"的身份重新进入总账管理系统。

② 选择"总账"|"凭证"|"审核凭证"命令，打开"凭证审核"查询条件对话框。输入查询条件，单击"确认"按钮，打开"凭证审核"凭证列表对话框。

③ 双击要审核的凭证或单击"确定"按钮，打开"审核凭证"窗口。

④ 检查要审核的凭证，若无误，则单击"审核"按钮，凭证底部的"审核"处自动签上审核人姓名，如图4.24所示。

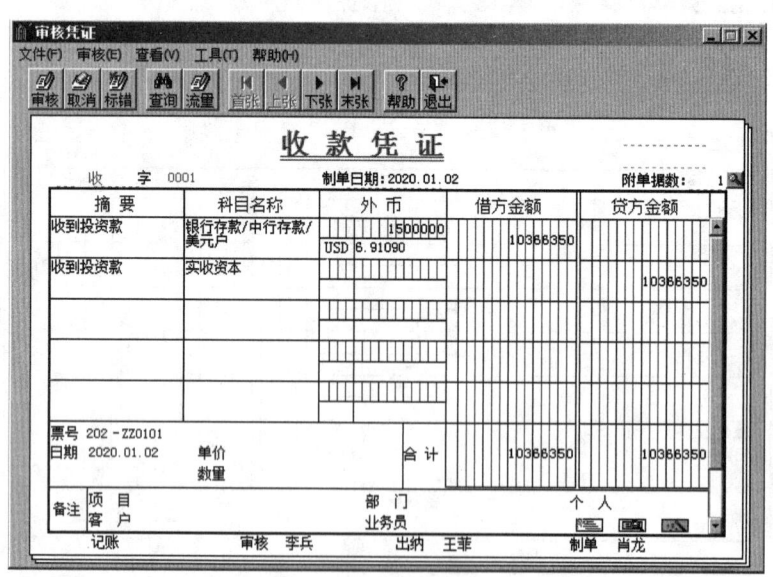

图4.24 审核凭证

⑤ 若发现错误，可单击"标错"按钮，系统会在凭证上标志"有错"，如图4.25所示。凭证修改后，再取消标错，再进一步审核凭证。

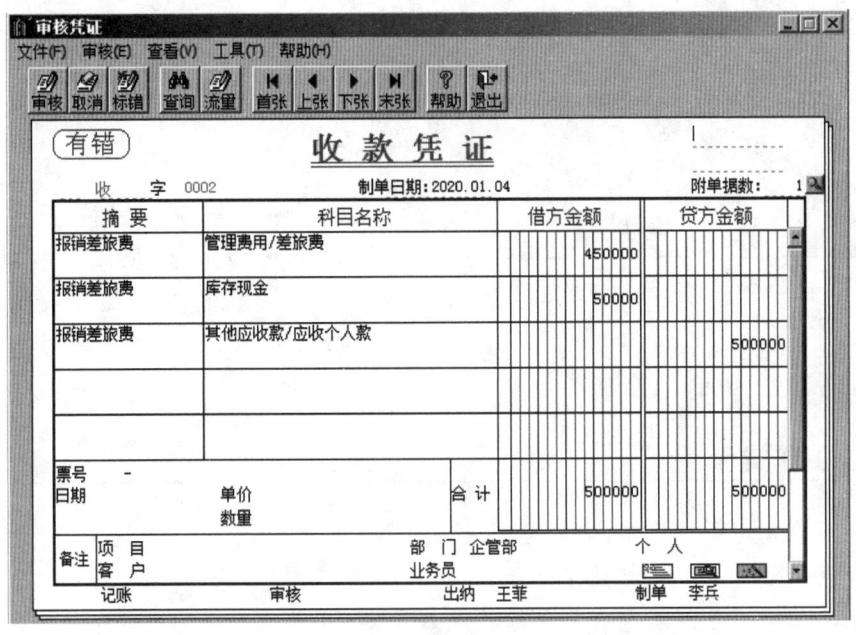

图 4.25　凭证标错

⑥ 单击"下张"按钮，对其他凭证签字，或者选择"审核"|"成批审核凭证"命令，默认系统提示。完成后，两次单击"退出"按钮。

 工作提示

- 审核人必须具有审核权。当通过"凭证审核权限"设置了明细审核权限时，还需要有对制单人所制凭证的审核权。
- 作废凭证不能被审核，也不能被标错。
- 审核人和制单人不能是同一个人；凭证一经审核，不能被修改、删除，只有取消审核签字后才可修改或删除；已标志作废的凭证需先取消作废标志后才能审核。

4.5.5　任务5　凭证记账

工作过程

① 选择"文件"|"重新注册"命令，打开"登录"对话框，以"02 肖龙"的身份重新进入总账管理系统。

② 选择"总账"|"凭证"|"记账"命令，打开"记账"对话框，选择要进行记账的凭证范围。例如，在付款凭证的"记账范围"栏中输入"1-3"。本例单击"全选"按钮，选择所有凭

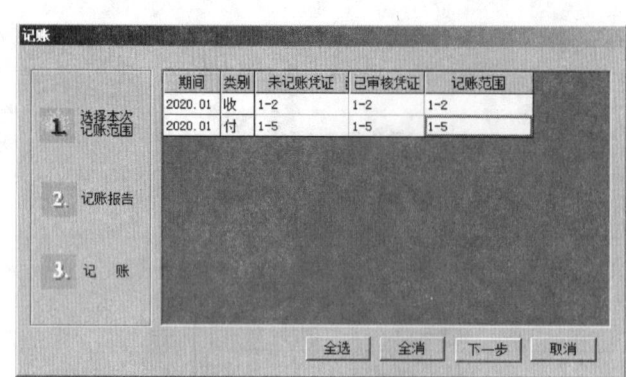

证，如图4.26所示。然后单击"下一步"按钮。

③ 显示记账报告，如果需要打印记账报告，可单击"打印"按钮。这里不打印记账报告，单击"下一步"按钮。

④ 单击"记账"按钮，打开"期初试算平衡表"对话框，若试算结果平衡，则单击"确认"按钮，系统开始登录有关的总账、明细账和辅助账。登记完后，系统弹出"记账完毕！"提示框。

图4.26 选择本次记账范围

⑤ 单击"确定"按钮，记账完毕。

工作提示

- 未审核凭证不能记账，记账范围应小于等于已审核范围。
- 作废凭证不需审核可直接记账。
- 记账过程一旦因断电或其他原因造成中断，系统将自动调用"恢复记账前状态"恢复数据，然后重新记账。

4.5.6 任务6 进行反记账，删除凭证，并重新记账

工作过程

① 选择"总账"|"凭证"|"恢复记账前状态"命令，打开"恢复记账前状态"对话框。

② 选中"最近一次记账前状态"单选按钮，单击"确定"按钮，系统弹出"请输入主管口令"提示框。输入主管口令，单击"确认"按钮，稍候系统弹出"恢复记账完毕！"提示框，单击"确定"按钮。

工作提示

- 如果退出系统后又重新进入系统或在"对账"中按Ctrl+H组合键，将重新隐藏"恢复记账前状态"功能。
- 只有账套主管才有恢复记账权限；已结账月份的数据不能取消记账；取消记账后，一定要重新记账。

③ 以"02 肖龙"与"03 王菲"的身份，取消2日报销业务招待费的凭证审核与出纳签字。

④ 以"01 李兵"的身份，重新进入系统。选择"总账"|"凭证"|"填制凭证"命令，查询

到要作废的凭证。

⑤ 选择"制单"|"作废/恢复"命令，凭证的左上角显示"作废"字样，表示该凭证已作废，如图4.27所示。

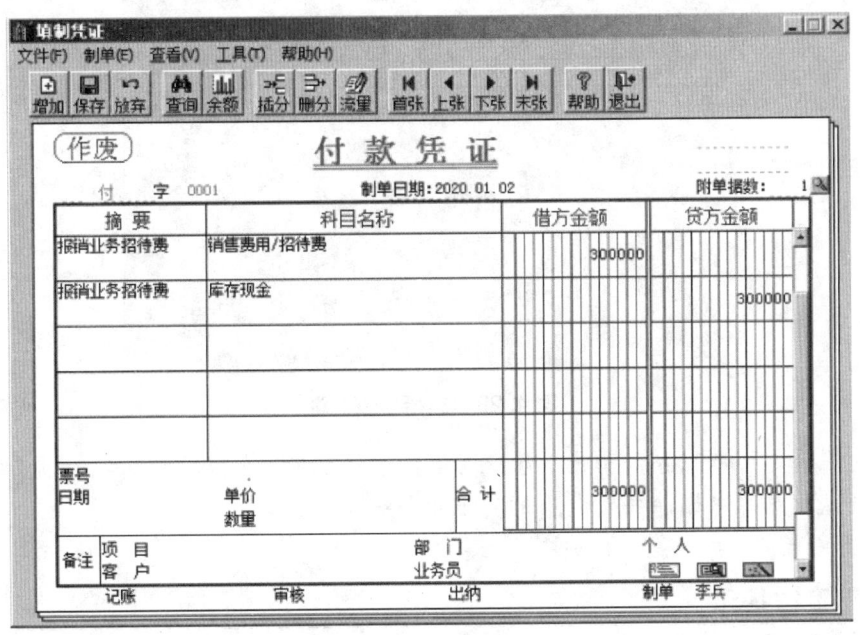

图4.27 作废凭证

⑥ 选择"制单"|"整理凭证"命令，打开"请选择凭证期间"对话框。选择要整理的月份，如图4.28所示。

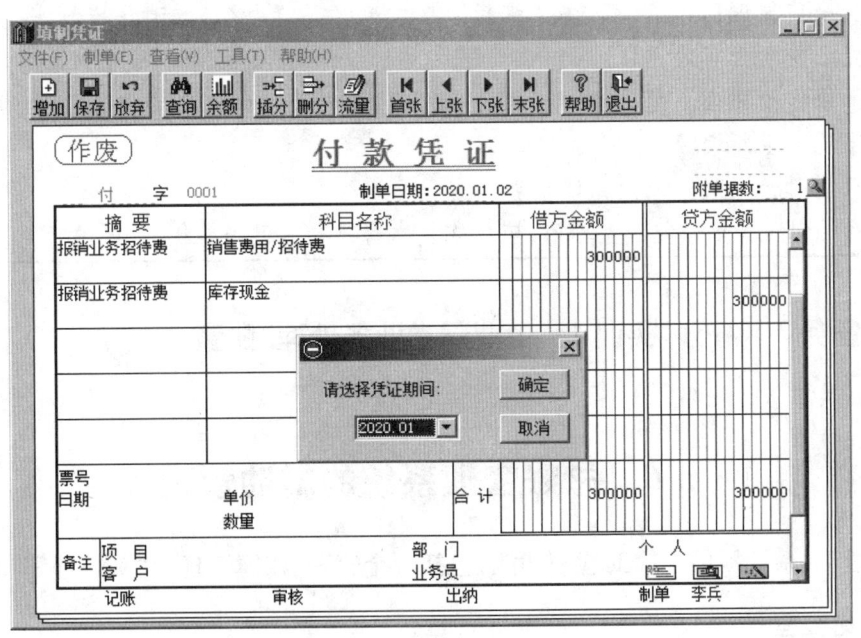

图4.28 整理凭证期间选择

⑦ 单击"确定"按钮,打开"作废凭证表"对话框。双击选择需要删除的作废凭证或单击"全选"按钮,如图 4.29 所示。

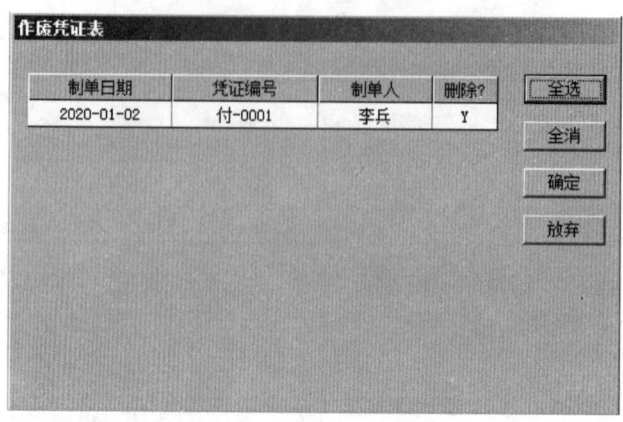

图 4.29 选择作废凭证

⑧ 单击"确定"按钮,系统弹出"是否还需整理凭证断号"提示框,单击"是"按钮,系统将这些凭证从数据库中删除并对剩下的凭证重新排号。

⑨ 重新记账。

 **工作提示**

- 作废凭证仍保留凭证内容及编号,只显示"作废"字样。
- 作废凭证不能修改,不能审核。
- 账簿查询时,查不到作废凭证的数据。
- 若当前凭证已作废,可选择"编辑"|"作废/恢复"命令,取消作废标志,并将当前凭证恢复为有效凭证。
- 如果作废凭证不想保留,则可以通过"整理凭证"功能,将其彻底删除,并对未记账凭证重新编号。
- 只能对未记账凭证做凭证整理。
- 对已记账凭证做凭证整理时,应先恢复本月月初的记账前状态,再进行凭证整理。

4.5.7 任务 7 备份"实训 4 企业日常业务处理"账套

实训及其工作过程略。

4.6 总账管理系统的辅助管理

畅捷通 T3 系统提供了辅助管理功能,包括现金管理、账簿管理、往来管理和项目管理。

4.6.1 现金管理

出纳管理是总账管理系统为出纳人员提供的一套管理工具和工作平台,包括出纳签字,现金、银行存款日记账及资金日报表的查询打印,支票登记簿管理,银行对账。

1. 出纳签字

如果在总账参数中设置了出纳凭证必须由出纳签字,在凭证处理流程中就必须经过出纳签字环节。出纳签字与凭证审核没有先后次序之分。

2. 现金、银行存款日记账及资金日报表的查询打印

现金日记账和银行存款日记账不同于一般科目的日记账,是属于出纳管理的,因此将其查询与打印功能放置于出纳管理平台。

资金日报表可以反映现金和银行存款日发生额及余额情况。资金日报表可由总账管理系统根据记账凭证自动生成,及时掌握当日借/贷金额合计、余额及当日业务量等信息。资金日报表既可以根据已记账凭证生成,也可以根据未记账凭证生成。

3. 支票登记簿管理

加强支票的管理对于企业来说非常重要,因此总账管理系统提供了支票登记簿功能。

要使用支票登记簿,需要注意以下问题:

① 建立会计科目时,必须为银行存款科目设置银行账属性。
② 设置结算方式时,必须为支票结算方式设置票据管理属性。
③ 领用支票时,银行出纳必须据实填写领用日期、领用部门、领用人、支票号、用途、预计金额和备注等信息。
④ 经办人持原始单据报销支票时,会计人员据此填制记账凭证。在输入该凭证时,系统要求输入结算方式和支票号,填制完凭证后,在采取支票控制的方式下,系统自动在支票登记簿中将该支票填上报销日期,表示该支票已报销。否则,出纳员需要自己填写报销日期。

4. 银行对账

银行对账是出纳在月末应进行的一项工作。企业为了了解未达账项情况,通常都会定期与开户银行进行对账。在信息化方式下,银行对账的程序如下:

① 输入银行对账期初数据。在第一次利用总账管理系统进行银行对账前,应该输入银行启用日期时的银行对账期初数据。输入期初数据后,应保证银行日记账的调整前余额等于银行对账单的调整后余额,否则会影响以后的银行对账。

② 输入银行对账单。在开始对账前,必须将银行开出的银行对账单输入到系统中,以便将其与企业银行日记账进行核对。有些系统还提供了银行对账单导入的功能,避免了烦琐的手工输入过程。

③ 银行对账。银行对账可采用自动对账和手工对账相结合的方式,先进行自动对账,然后在此基础上进行手工对账。

④ 查询打印余额调节表。在进行对账后,系统会根据对账结果自动生成银行存款余额调节表,以供用户查询、打印或输出。对账后,还可以查询银行日记账和银行对账单对账的

详细情况,包括已达账项和未达账项。

⑤ 核销银行账。为了避免文件过大,占用磁盘空间,可以利用核销银行账功能将已达账项删除。对于企业银行日记账已达账项的删除不会影响企业银行日记账的查询和打印。

⑥ 长期未达账项审计。通过设置截止日期及至截止日期未达天数,系统可以自动将至截止日期未达账项未达天数超过指定天数的所有未达账项显示出来,以便企业了解长期未达账项情况,从而采取措施对其追踪、加强监督,避免不必要的损失。

4.6.2 账簿管理

以下分别介绍基本会计账簿查询和辅助账簿查询。

1. 基本会计账簿查询

基本会计账簿就是手工处理方式下的总账、明细账、日记账和多栏账等。

① 总账。查询总账时,可单独显示某科目的年初余额、各月发生额合计、全年累计发生额和月末余额。

② 发生额余额表。可以同时显示各科目的期初余额、本期发生额、累计发生额及期末余额。

③ 明细账。以凭证为单位显示各账户的明细发生情况,包括日期、凭证号、摘要、借方发生额、贷方发生额及余额。

④ 序时账。根据记账凭证以流水账的形式反映各账户的信息,一般包括日期、凭证号、科目、摘要、方向、数量、外币及金额等信息。

⑤ 日记账。一般包括日期、凭证号、摘要、对方科目、借方发生额、贷方发生额及余额。

⑥ 多栏账。在查询多栏账之前,必须先定义多栏账的格式。多栏账的格式设置有两种方式——自动编制栏目和手工编制栏目。

2. 辅助核算账簿

辅助账在手工处理方式下一般作为备查账存在。

1) 个人核算

个人核算可以提供个人往来明细账、催款单、余额表、账龄分析报告及自动清理核销已清账等功能。

2) 部门核算

部门核算可以提供各级部门的总账、明细账,以及对各部门收入与费用进行部门收支分析等功能。

4.6.3 往来管理

往来管理包括客户核算和供应商核算,主要进行客户和供应商往来款项的发生、清欠管理工作,及时掌握往来款项的最新情况。往来管理可以提供往来款的总账、明细账、催款单、对账单、往来账清理和账龄分析报告等功能。

4.6.4 项目管理

项目管理用于收入、成本和在建工程等业务的核算,以项目为中心向使用者提供各项目的成本、费用、收入、往来等汇总与明细信息,以及项目计划执行报告等。

4.7 实训 5 账簿管理

实训目的

1. 掌握凭证查询的操作方法。
2. 掌握账簿管理的具体内容和操作方法。
3. 掌握往来管理和项目管理的操作方法。
4. 掌握现金管理的具体内容和操作方法。

练习重点

1. 凭证的查询方法。
2. 总账、科目明细账、明细账和辅助账的查询方法。
3. 往来管理:往来账查询与往来账账龄分析。
4. 项目管理:项目账查询与项目统计。
5. 现金、银行存款日记账和资金日报表的查询。
6. 支票登记簿的操作方法。
7. 银行对账的操作方法。

实训准备

引入"实训 4 企业日常业务处理"账套。

案例内容

一、查询现金支出在 1 000 元以上的凭证
二、查询 2020.01 余额表
三、查询原材料——光盘数量金额明细账

工作项目 4　总账管理

四、定义并查询管理费用多栏账

五、查询企管部周迅个人往来清理情况

六、往来账查询——查询供应商"中环电子"明细账,查询供应商往来账龄分析

七、查询"会计电算化实验教程"项目明细账

八、查询项目统计表

九、查询现金日记账

十、查询资金日报

十一、输入支票簿

19 日,采购部陈平借转账支票一张,采购光盘,发票号为 3845,预计金额为 3 600 元,输入支票簿。

十二、进行银行对账

1. 银行对账期初

富康电子科技有限公司银行账的启用日期为 2020.01.01,中行人民币户企业日记账调整前余额为 237 341.19 元,银行对账单调整前余额为 266 341.19 元,未达账项一笔,系银行已收企业未收款 29 000 元,支票号为 ZZ0119。

2. 银行对账单(见表 4.7)

表 4.7　1 月银行对账单

日　　期	结算方式	票　　号	借方金额(元)	贷方金额(元)
2020.01.02	201	XJ0101		20 000
2020.01.03	202	3845	29 000	

3. 进行银行对账

4. 输出余额调节表

十三、备份"实训 5　账簿管理"账套

 **实训指导**

4.7.1　任务 1　查询凭证——查询现金支出在 500 元以上的凭证

 工作过程

① 选择"总账"|"凭证"|"查询凭证"命令,打开"凭证查询"对话框。

② 单击"辅助条件"按钮,设置科目为 1001,金额为 500,方向为"贷方",如图 4.30 所示。

③ 单击"确认"按钮,打开"查询凭证"对话框,如图 4.31 所示。

④ 双击某一凭证行,则屏幕可显示出此张凭证,然后两次单击"退出"按钮退出。

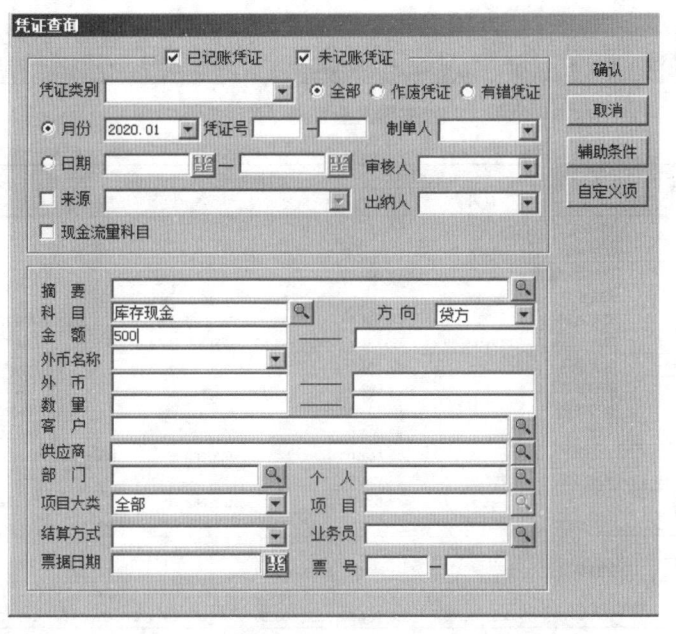

图 4.30　查询凭证

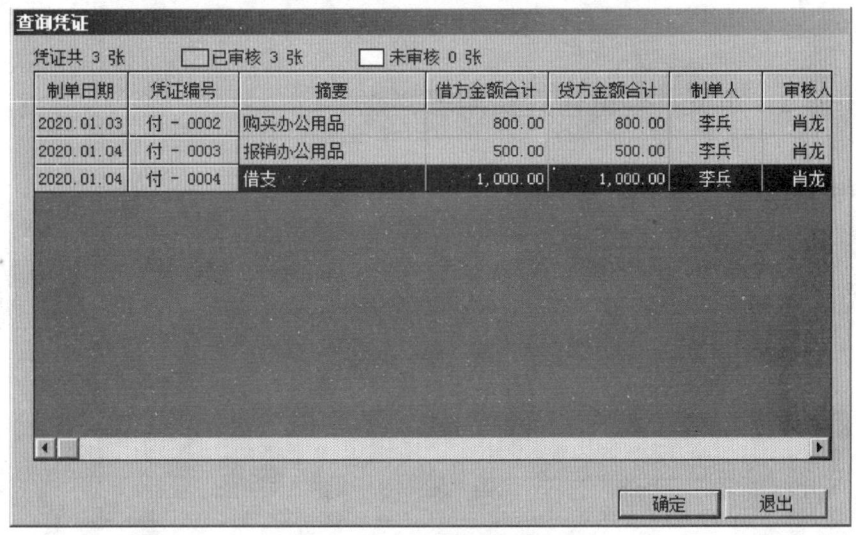

图 4.31　查询凭证列表

4.7.2　任务 2　查询余额表——查询 2020.01 余额表

工作过程

① 选择"总账"|"账簿查询"|"余额表"命令,打开"发生额及余额查询条件"对话框。
② 选择查询条件,单击"确认"按钮,打开"发生额及余额表"窗口,如图 4.32 所示。
③ 单击"累计"按钮,系统自动增加借、贷方累计发生额两个栏目。然后单击"退出"按钮退出。

图 4.32　查询发生额与余额表

4.7.3　任务 3　定义并查询管理费用多栏账

工作过程

① 选择"总账"|"账簿查询"|"多栏账"命令,打开"多栏账"对话框。

② 单击"增加"按钮,打开"多栏账定义"对话框。选择核算科目"6602 管理费用",然后单击"自动编制"按钮,如图 4.33 所示,系统自动将管理费用下的明细科目设置为多栏账的栏目。

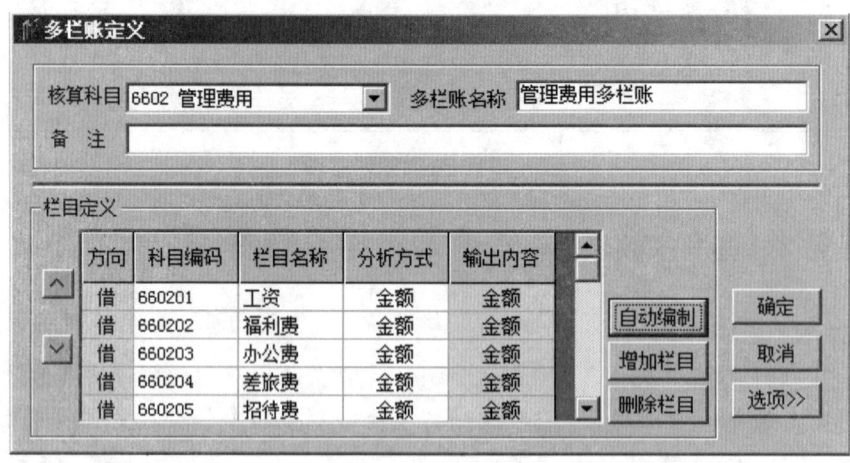

图 4.33　定义多栏账

③ 单击"确定"按钮,完成管理费用多栏账的定义。然后单击"查询"按钮,勾选"包含未记账凭证",选择多栏账查询条件,如图4.34所示。

④ 单击"确认"按钮,打开"多栏账查询"窗口,如图4.35所示。然后两次单击"退出"按钮退出。

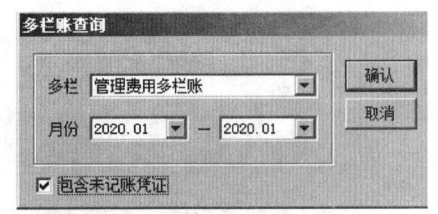

图4.34 设置多栏账查询条件

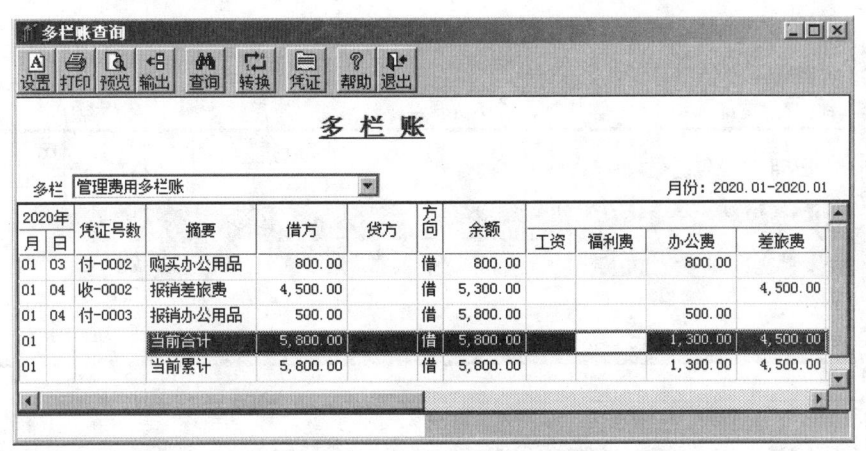

图4.35 管理费用多栏账

4.7.4 任务4 查询企管部周迅个人往来清理情况

工作过程

① 选择"总账"|"辅助查询"|"个人往来清理"命令,打开"个人往来两清条件"对话框。

② 选择部门"企管部"、个人"周迅",并选中"显示已两清"复选框,如图4.36所示。

③ 单击"确认"按钮,打开"个人往来两清"窗口。然后单击"勾对"按钮,系统显示勾对结果,如图4.37所示。

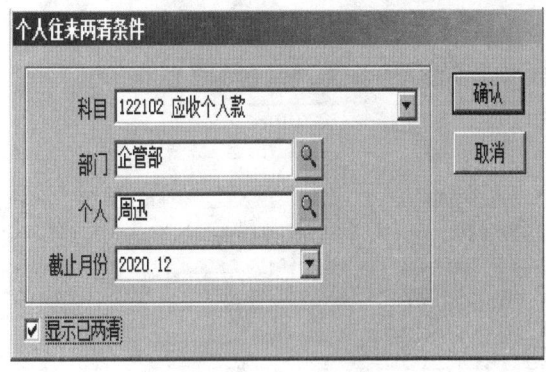

图4.36 设置个人往来两清条件

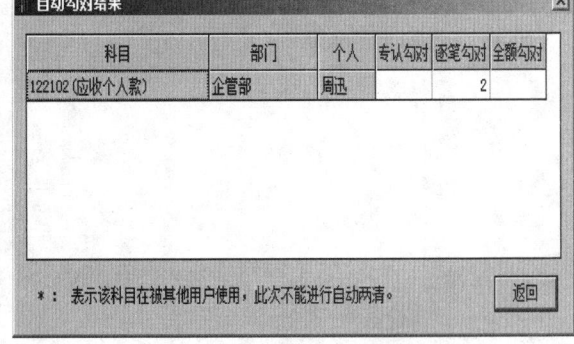

图4.37 自动勾对结果

④ 单击"返回"按钮,系统自动将已达账项打上已结清的标志,如图4.38所示。然后单击"退出"按钮退出。

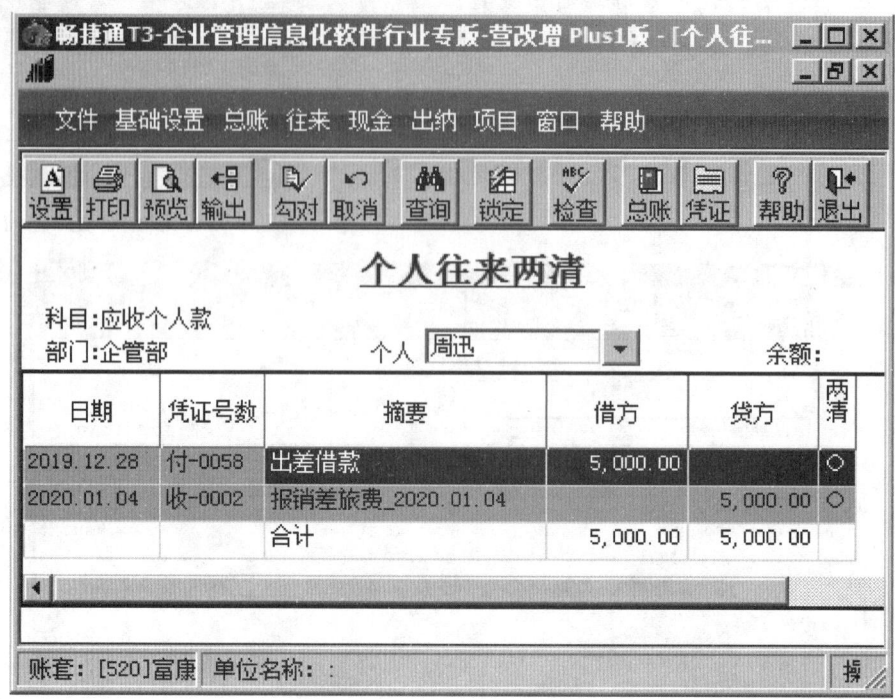

图 4.38　个人往来两清

4.7.5　任务 5　查询现金日记账

工作过程

① 选择"现金"|"现金管理"|"日记账"|"现金日记账"命令,打开"现金日记账查询条件"对话框。

② 选择科目"1001 库存现金"、默认月份 2020.01,如图 4.39 所示。

图 4.39　设置现金日记账查询条件

③ 单击"确认"按钮,打开"现金日记账"窗口,如图 4.40 所示。

2020年 月	日	凭证号数	摘要	对方科目	借方	贷方	方向	余额
			上年结转				借	16,460.11
01	02	付-0001	从中行提现	10020101	20,000.00		借	36,460.11
01	02		本日合计		20,000.00		借	36,460.11
01	03	付-0002	购买办公用品	660203		800.00	借	35,660.11
01	03		本日合计			800.00	借	35,660.11
01	04	收-0002	报销差旅费	122102	500.00		借	36,160.11
01	04	付-0003	报销办公用品	660203		500.00	借	35,660.11
01	04	付-0004	借支	122102		1,000.00	借	34,660.11
01	04		本日合计		500.00	1,500.00	借	34,660.11
01			当前合计		20,500.00	2,300.00	借	34,660.11
01			当前累计		20,500.00	2,300.00	借	34,660.11

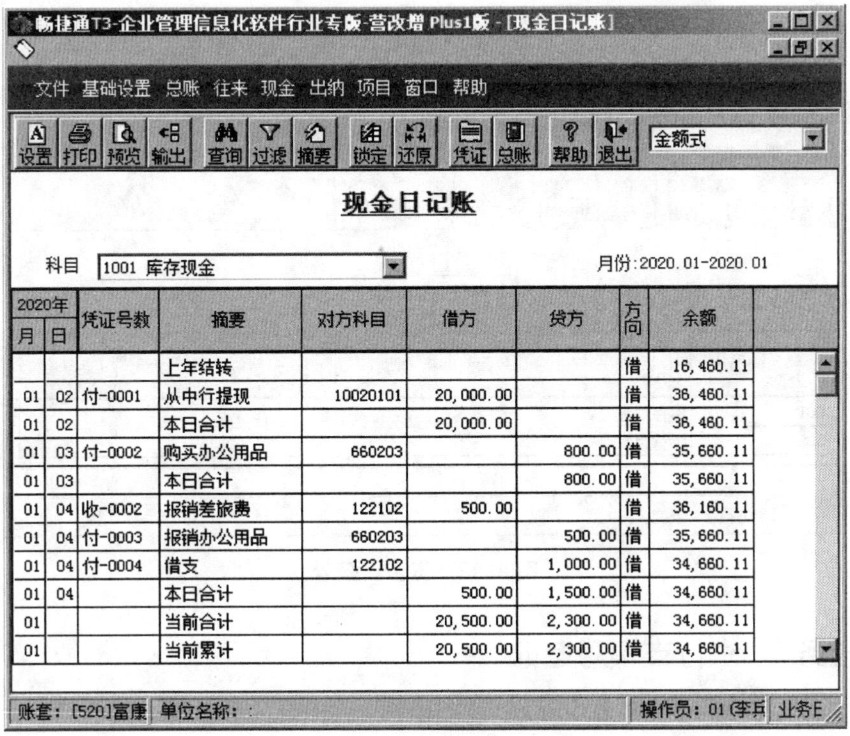

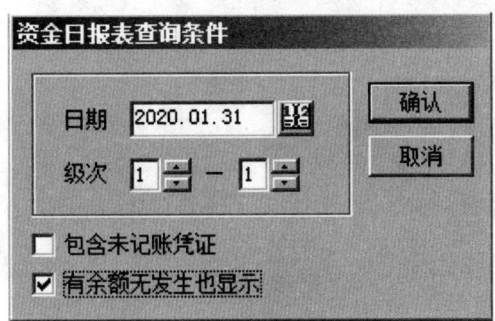

图 4.40 现金日记账

④ 双击某行或将光标定位在某行后单击"凭证"按钮,即可查看相应凭证。单击"总账"按钮,可查看此科目的三栏式总账。然后两次单击"退出"按钮退出。

4.7.6 任务 6 查询资金日报

工作过程

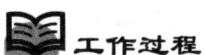

① 选择"现金"|"现金管理"|"日记账"|"资金日报表"命令,打开"资金日报表查询条件"对话框。

② 输入查询日期 2020.01.31,选中"有余额无发生也显示"复选框,如图 4.41 所示。

图 4.41 设置资金日报表查询条件

③ 单击"确认"按钮,打开"资金日报表"窗口,如图4.42所示。然后单击"退出"按钮退出。

图4.42 资金日报表

4.7.7 任务7 进行支票簿登记

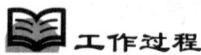

① 选择"现金"|"票据管理"|"支票登记簿"命令,打开"银行科目选择"对话框。
② 选择科目"人民币户(10020101)",然后单击"确定"按钮,打开"支票登记"窗口。
③ 单击"增加"按钮。
④ 输入领用日期2020.01.03、领用部门"采购部"、领用人"陈平"、支票号3845、预计金额10 000.00、用途"采购芯片",然后单击"保存"按钮,完成后的窗口如图4.43所示。然后单击"退出"按钮退出。

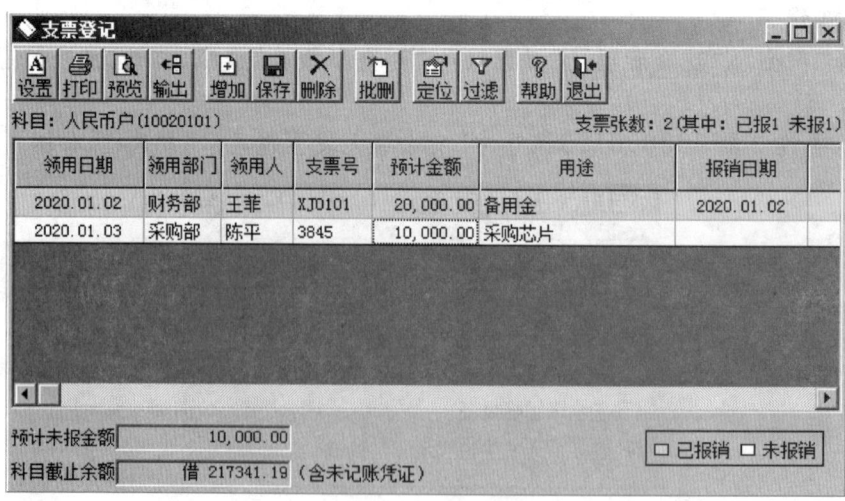

图4.43 支票登记

工作提示

- 只有在结算方式设置中选中"票据管理标志"复选框,才能在此选择登记。
- 领用日期和支票号必须输入,其他内容可输入也可不输入。
- 报销日期不能在领用日期之前。
- 已报销的支票可成批删除。

4.7.8 任务8 进行银行对账

1. 银行期初输入

工作过程

① 在总账管理系统中,选择"现金"|"设置"|"银行期初录入"命令,打开"银行科目选择"对话框。

② 选择科目"人民币户(10020101)",然后单击"确定"按钮,打开"银行对账期初"窗口。确定启用日期为 2020.01.01。

③ 输入单位日记账的调整前余额 237 341.19,输入银行对账单的调整前余额 266 341.19。

④ 单击"对账单期初未达项"按钮,打开"银行方期初"窗口。

⑤ 单击"增加"按钮,输入日期 2019.12.31、结算方式 202、票号 ZZ0119,借方金额 29 000.00。

⑥ 单击"保存"按钮,如图 4.44 所示。

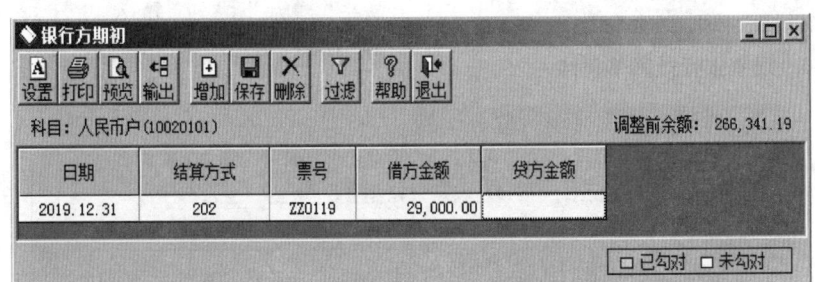

图 4.44 银行方期初的输入

⑦ 单击"退出"按钮,如图 4.45 所示。然后单击"退出"按钮退出。

工作提示

- 第一次使用银行对账功能前,系统要求输入日记账及对账单未达账项,在开始使用银行对账之后不再使用。
- 在输入完单位日记账、银行对账单期初未达账项后,请不要随意调整启用日期,尤其是向前调,这样可能会导致启用日期后的期初数不能再参与对账。

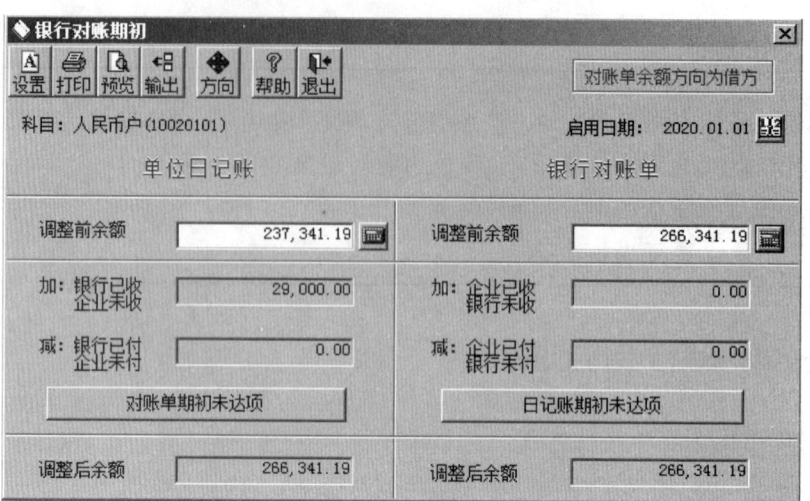

图 4.45 银行对账期初

2. 银行对账单的输入

工作过程

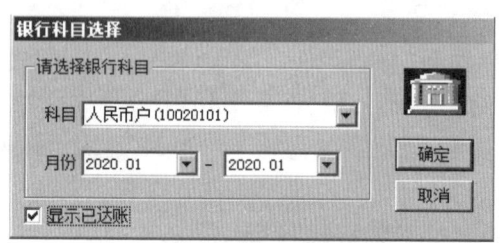

图 4.46 设置银行对账单条件

① 选择"现金"|"现金管理"|"银行账"|"银行对账单"命令,打开"银行科目选择"对话框。

② 选择科目"人民币户(10020101)"、月份 2020.01—2020.01,如图 4.46 所示。

③ 单击"确定"按钮,打开"银行对账单"窗口。单击"增加"按钮,输入银行对账单数据,然后单击"保存"按钮,如图 4.47 所示。

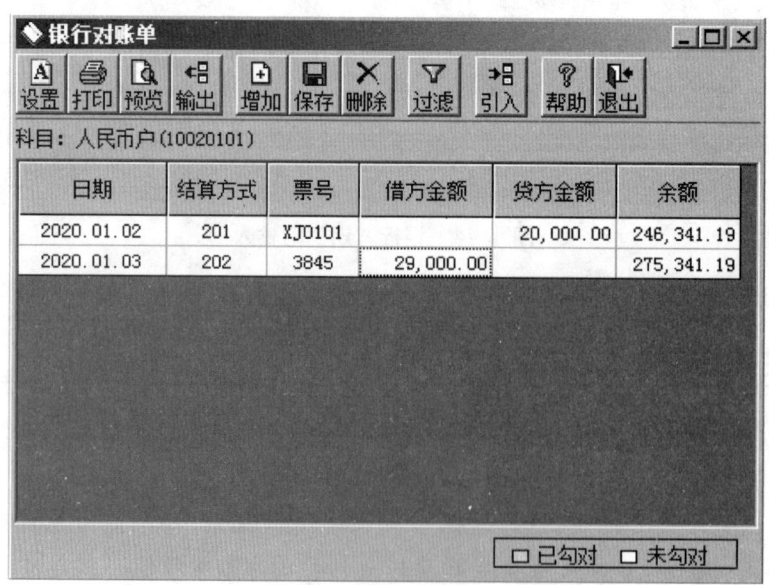

图 4.47 银行对账单的输入

3. 进行银行对账

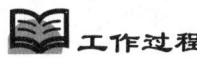工作过程

① 选择"现金"|"现金管理"|"银行账"|"银行对账"命令,打开"银行科目选择"对话框。

② 选择科目"人民币户(10020101)"、月份2020.01—2020.01,然后单击"确定"按钮,打开"银行对账"窗口。

③ 单击"对账"按钮,打开"自动对账"对话框。

④ 输入截止日期2020.01.31,默认系统提供的其他对账条件,如图4.48所示。

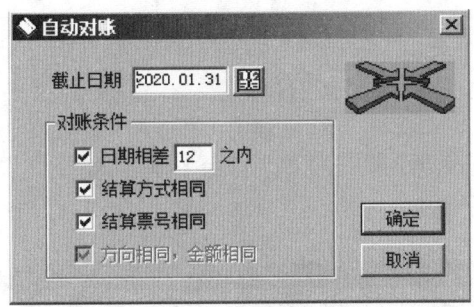

图4.48　设置自动对账条件

⑤ 单击"确定"按钮,显示自动对账结果,如图4.49所示。

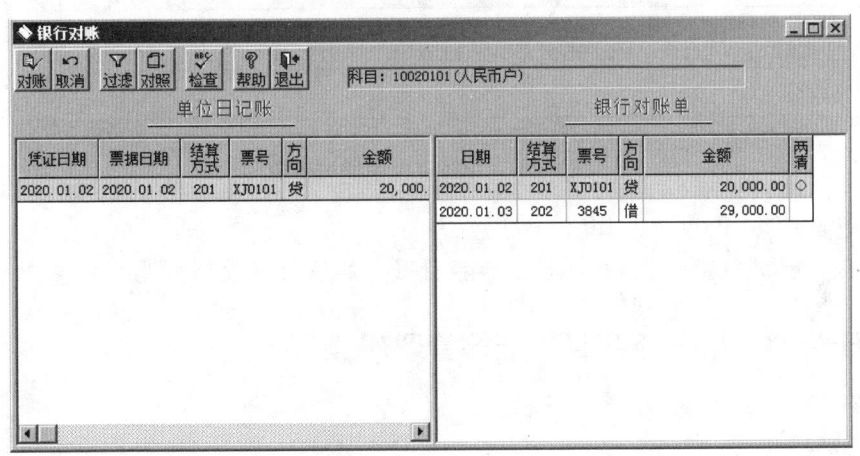

图4.49　银行对账

工作提示

- 对账条件中的方向、金额相同是必选条件,对账截止日期可输入也可不输入。
- 对于已达账项,系统自动在银行存款日记账和银行对账单双方的"两清"栏中打上圆圈标志。

除进行银行自动对账外,还可进行手工对账,其工作过程如下。

工作过程

① 在“银行对账”窗口,对于一些应勾对而未勾对上的账项,可分别双击“两清”栏,直接进行手工调整。手工对账的标志为 Y,以区别于自动对账标志。

② 对账完毕,单击“检查”按钮,检查结果平衡,然后单击“确定”按钮。

工作提示

在自动对账不能完全对上的情况下,可采用手工对账。

4. 输出余额调节表

工作过程

① 选择“现金”|“现金管理”|“银行账”|“余额调节表查询”命令,打开“银行存款余额调节表”窗口,如图 4.50 所示。

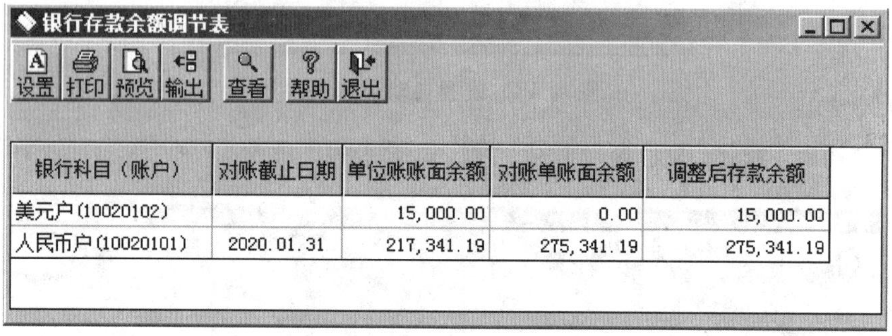

银行科目(账户)	对账截止日期	单位账账面余额	对账单账面余额	调整后存款余额
美元户(10020102)		15,000.00	0.00	15,000.00
人民币户(10020101)	2020.01.31	217,341.19	275,341.19	275,341.19

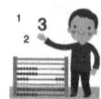

图 4.50 银行存款余额调节表

② 选中科目“人民币户(10020101)”。

③ 单击“查看”或双击该行,即显示该银行账户的银行存款余额调节表。

4.7.9 任务 13 备份“实训 5 账簿管理”账套

实训及备份过程略。

工作项目小结

在完成本项目工作后,项目实施小组了解了账簿管理对于会计信息系统的重要性,理解了各个账簿的含义,并对系统中各个账簿进行了查询,为结账、对账、编制报表等后续工作项目的进行打下了良好的根基。

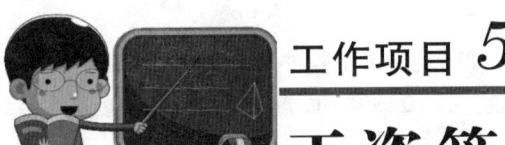

工作项目 5 工资管理

知识目标
- 了解工资管理系统的主要功能。
- 熟悉工资管理系统的操作流程。
- 掌握工资日常业务处理的工作内容。
- 了解针对不同企业应用需求的工资解决方案。

技能目标
- 掌握建立工资账套、增加工资类别的操作。
- 掌握设置工资项目、设置工资计算公式的操作。
- 掌握工资变动、计算个人所得税的操作。
- 学会月末工资分摊设置及处理的操作。

思政育人
"大湖鸿雁"唐真亚

职工的工资是产品成本的重要组成部分,是企业进行各种费用计提的基础。工资核算是每个单位财务部门最基本的业务,是一项重要且经常性的工作,关系到每个职工的切身利益。

为了保证对富康电子科技有限公司的职工工资进行准确有效的管理,项目实施小组需要启用工资管理系统,并准备企业工资的各项基本信息及期初数据等信息,准确地输入工资管理系统中,然后对企业的职工工资进行核算管理。

5.1 知识准备

5.1.1 工资管理系统概述

职工工资是产品成本的重要组成部分,是企业进行各种费用计提的基础。工资核算是每个单位财会部门最基本的业务,是一项重要的经常性工作,关系到每个职工的切身利益。采用计算机处理保证了工资核算的准确性和及时性。

1. 功能概述

工资核算的任务是以职工个人的工资原始数据为基础,计算应发工资、扣款和实发工资等,编制工资结算单;按部门和人员类别进行汇总,进行个人所得税的计算;提供对工资相关数据的多种方式的查询和分析,进行工资费用分配与计提,并实现自动转账处理。

工资管理系统的主要功能包括工资类别管理、人员档案管理和工资数据管理等。

1) 工资类别管理

工资管理系统提供处理多个工资类别的功能。如果公司有多种不同类别（部门）的人员，工资发放项目不同，计算公式也不同，但要进行统一工资核算管理，则应选择建立多个工资类别。

如果公司所有人员的工资统一管理，而人员的工资项目、工资计算公式全部相同，就只需建立单个工资类别，以提高系统的运行效率。

2) 人员档案管理

人员档案管理可以设置人员的基础信息并对人员变动进行调整，另外系统也提供了设置人员附加信息的功能。

3) 工资数据管理

工资数据管理可以根据不同企业的需要设计工资项目和计算公式；管理所有人员的工资数据，并对平时发生的工资变动进行调整；自动计算个人所得税，结合工资发放形式进行扣零处理或向代发工资的银行传输工资数据；自动计算、汇总工资数据；自动完成工资分摊、计提和转账业务。

4) 工资报表管理

工资报表管理提供多层次、多角度的工资数据查询。

5) 工资管理系统与其他系统的主要关系

工资管理系统与系统管理共享基础数据；工资管理系统将工资分摊的结果生成转账凭证，传递到总账管理系统。

2. 工资管理系统的操作流程

1) 新用户的操作流程

采用多类别工资核算的企业，第一次启用工资系统，应按图 5.1 所示的步骤进行操作。

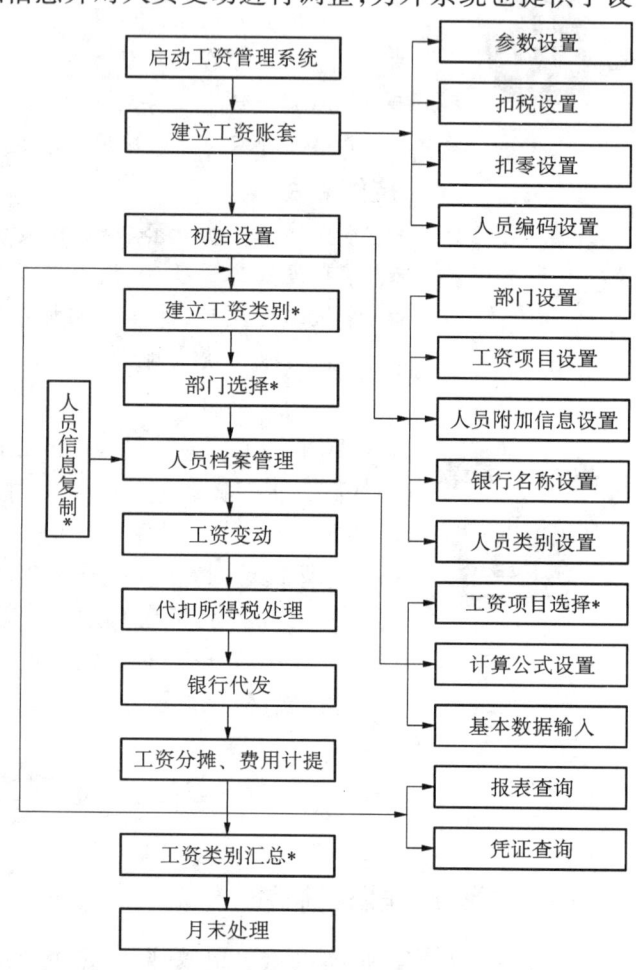

图 5.1 多类别工资核算的基本操作流程

工作提示

去掉标注了"*"的步骤即为单工资类别核算的基本操作流程。

2) 老用户的操作流程

如果已经使用了工资系统，到了年末，应进行数据的结转，以便开始下一年度的工作。

在新的会计年度开始时,可在"设置"菜单中选择所需修改的内容,如人员附加信息、人员类别、工资项目和部门等,这些设置只有在新的会计年度第一个会计月中删除所涉及的工资数据和人员档案后,才可进行修改。

5.1.2 工资管理系统的业务处理

1. 初始设置

计算机处理工资程序要做一次性初始设置,如部门、人员类别、工资项目、公式、个人工资、个人所得税设置、银行代发设置和各种表样的定义等,每月只需对有变动的地方进行修改,系统便自动进行计算,汇总生成各种报表。工资管理系统初始设置包括建立工资账套和基础信息设置两部分。

1) 建立工资账套

工资账套与系统管理中的账套是不同的概念,系统管理中的账套针对整个核算系统,而工资账套只是针对工资管理系统。要建立工资账套,前提是在系统管理中首先建立本单位的核算账套。建立工资账套时可以根据建账向导分4步进行,即参数设置、扣税设置、扣零设置和人员编码。

2) 基础信息设置

建立工资账套以后,要对整个系统运行所需的一些基础信息进行设置。

① 部门设置。员工工资一般是按部门进行管理的。

② 人员类别设置。人员类别与工资费用的分配、分摊有关,以便于按人员类别进行工资汇总计算。

③ 人员附加信息设置。可增加人员信息,丰富人员档案的内容,便于对人员进行更加有效的管理。例如,增加设置人员的性别、民族和婚否等。

④ 工资项目设置,即定义工资项目的名称、类型、宽度、小数和增减项。系统中有一些固定项目,是工资账套中必不可少的,包括"应发合计""扣款合计"和"实发合计",这些项目不能删除和重命名。其他项目,如基本工资、奖励工资和请假天数等,可根据实际情况定义或参照增加。在此设置的工资项目是针对所有工资类别的全部工资项目。

⑤ 银行名称设置。发放工资的银行可按需要设置多个,这里银行名称设置针对的是所有工资类别。

2. 日常处理

1) 工资类别管理

工资管理系统按工资类别进行管理。每个工资类别包括人员档案、工资变动、工资数据、报税处理和银行代发等。对工资类别的维护包括建立工资类别、打开工资类别、删除工资类别、关闭工资类别和汇总工资类别。

(1) 人员档案

人员档案的设置用于登记工资发放人员的姓名、职工编号、所在部门和人员类别等信息,此外员工的增减变动也必须在本功能中处理。人员档案的操作是针对工资类别的。

人员档案管理包括增加、修改或删除人员档案,人员调离与停发处理及查找人员等。

(2) 设置工资项目和计算公式

在系统初始中设置的工资项目包括本单位各种工资类别所需要的全部工资项目。由于不同的工资类别,工资发放项目不同,计算公式也不同,因此应对某个指定工资类别所需的工资项目进行设置,并定义此工资类别的工资数据计算公式。

2) 工资数据管理

第一次使用工资系统必须将所有人员的基本工资数据输入计算机,平时如果每月发生工资数据的变动也在此进行调整。为了快速、准确地输入工资数据,系统提供以下功能:

① 筛选和定位。如果对部分人员的工资数据进行修改,最好采用数据过滤的方法,先将所要修改的人员过滤出来,然后进行工资数据的修改。修改完毕后进行"重新计算"和"汇总"。

② 页编辑。在"工资变动"窗口中提供了"编辑"按钮,可以对选定的个人进行快速输入。单击"上一人""下一人"按钮可变更人员,输入或修改其他人员的工资数据。

③ 替换。将符合条件的人员的某个工资项目的数据统一替换成某个数据,如管理人员的奖金上调100元。

④ 过滤器。如果只对工资项目中的某一个或几个项目修改,可将修改的项目过滤出来。例如,只对事假天数、病假天数两个工资项目的数据进行修改。对于常用到的过滤项目可以在项目过滤选择后,输入一个名称进行保存,以后可通过过滤项目名称调用,不用时也可以删除。

3) 工资分钱清单

工资分钱清单是按单位计算的工资发放分钱票面额清单,会计人员根据此表从银行取款并发给各部门。系统提供了票面额设置的功能,用户可根据单位需要自由设置,系统根据实发工资项目分别自动计算出按部门、按人员和按企业各种面额的张数。

4) 个人所得税的计算与申报

鉴于许多企事业单位计算职工工资的所得税工作量较大,系统特提供个人所得税自动计算功能,用户只需自定义所得税率,系统就会自动计算个人所得税。

5) 银行代发

目前社会上许多单位发放工资时都采用职工凭工资信用卡去银行取款的方式。银行代发业务处理是指每月月末单位应向银行提供银行给定文件格式的软盘。这样做既减轻了财务部门发放工资工作的繁重,又有效地避免了财务去银行提取大笔款项所承担的风险,同时还提高了对员工个人工资的保密程度。

6) 工资分摊

工资是费用中人工费最主要的部分,还需要对工资费用进行工资总额的计提计算、分配及各种经费的计提,并编制转账会计凭证,供登账处理之用。

7) 工资数据查询统计

工资数据处理结果最终通过工资报表的形式反映,工资管理系统提供了主要的工资报表,报表的格式由系统提供,如果对报表提供的固定格式不满意,可以通过"修改表"和"新建表"功能自行设计。

3. 期末处理

1）月末处理

月末处理是将当月数据经过处理后结转至下月。每月工资数据处理完毕后均可进行月末处理。由于在工资项目中，有的项目是变动的，即每月的数据均不相同，在对每月工资进行处理时，均需将其数据清为 0，而后输入当月的数据，此类项目即为清零项目。

因月末处理功能只有主管人员才能执行，所以应以主管的身份登录系统。

月末处理只有在会计年度的 1 月至 11 月进行，且只有在当月工资数据处理完毕后才可进行。若为处理多个工资类别，则应打开工资类别，分别进行月末处理。若本月工资数据未汇总，系统将不允许进行月末处理。进行期末处理后，当月数据将不允许变动。

2）年末结转

年末结转是将工资数据经过处理后结转至下年。进行年末结转后，新年度账将自动建立。只有处理完所有工资类别的工资数据，对多工资类别，应关闭所有工资类别，然后在系统管理中选择"年度账"菜单，进行上年数据结转。其他操作与月末处理类似。

年末结转只有在当月工资数据处理完毕后才能进行。若当月工资数据未汇总，系统将不允许进行年末结转。进行年末结转后，本年各月数据将不允许变动。若用户跨月进行年末结转，系统将给予提示。年末处理功能只有主管人员才能进行。

5.2 实训 6 企业工资管理

实训目的

1. 掌握畅捷通 T3 系统中有关工资管理的相关内容。
2. 掌握工资管理系统初始化、日常业务处理、工资分摊及月末处理的操作。

练习重点

1. 工资管理系统初始设置。
2. 工资管理系统日常业务处理。
3. 工资分摊及月末处理。
4. 工资管理系统数据的查询。

实训准备

引入"实训 3　总账初始化"账套。

工作项目 5 工资管理

案例内容

一、建立工资账套

工资类别个数——单个;核算币种——人民币 RMB;要求代扣个人所得税;不进行扣零处理;人员编码长度——3位;启用日期——2020年1月1日。

二、基础信息设置

1. 人员类别设置

本企业人员类别分为企业管理人员、车间管理人员、经营人员和生产工人。

2. 工资项目设置(见表5.1)

表5.1 工资项目

项目名称	类 型	长 度	小数位数	增减项
基本工资	数字	8	2	增项
奖金	数字	8	2	增项
交补	数字	8	2	增项
应发合计	数字	10	2	增项
请假扣款	数字	8	2	减项
养老保险金	数字	8	2	减项
扣款合计	数字	10	2	减项
代扣税	数字	10	2	减项
实发合计	数字	10	2	增项
请假天数	数字	8	2	其他

3. 工资账号定长和代发银行

各职工工资账号定长为11,所有人员工资的代发银行均为中国银行南山分理处。

三、工资类别

① 部门选择:正式职工类别:企管部、财务部、采购部、销售部、生产部。临时职工类别:生产制作中心。

② 工资项目:基本工资,奖金,交补,应发合计,请假扣款,养老保险金,代扣税,扣款合计,实发合计,请假天数,计税工资(增减项:其他)。

③ 计算公式(见表5.2)。

表5.2 正式人员工资计算公式

工资项目	定义公式
请假扣款	请假天数×40
养老保险金	基本工资×0.08
交补	iff(人员类别="企业管理人员" or 人员类别="车间管理人员",500,300)

四、职工档案

1. 正式职工档案（见表5.3）

表5.3 人员档案

编 号	姓 名	部 门	人员类别	账 号	扣 税	临时工
101	周迅	企管部	企业管理人员	62220000901	是	否
201	李兵	财务部	企业管理人员	62220000902	是	否
202	肖龙	财务部	企业管理人员	62220000903	是	否
203	王菲	财务部	企业管理人员	62220000904	是	否
301	陈平	采购部	经营人员	62220000905	是	否
401	王磊	销售部	经营人员	62220000906	是	否
501	李玲	生产部	车间管理人员	62220000907	是	否
502	王艳	生产部	生产工人	62220000908	是	否

2. 临时人员档案（见表5.4）

表5.4 人员档案

编 号	姓 名	部 门	人员类别	账 号	扣 税	临时工
521	薇娅	生产二部	生产工人	62220000909	是	是
522	佳琪	生产二部	生产工人	62220000910	是	是

五、1月份工资业务

1. 正式职工工资业务

① 本月正式职工工资数据（见表5.5）。

表5.5 正式职工工资数据

姓 名	部门名称	基本工资（元）	奖金（元）
周迅	企管部	11 000	1 400
李兵	财务部	9 900	850
肖龙	财务部	8 600	650
王菲	财务部	5 500	450
陈平	采购部	7 300	350
王磊	销售部	7 200	720
李玲	生产部	7 300	530
王艳	生产部	5 500	320

② 1月份考勤情况：肖龙请假2天，陈平请假1天。
③ 因上月销售部推广产品业绩较好，故对销售人员增加奖金2 000元。

④ 代扣个人所得税纳税基数为 5 000 元，附加费用为 1 300 元。

⑤ 富康电子科技有限公司科技依据公司深圳所在地政府规定，分别按照正式职工工资总额的 14%、5.5%、0.8%、0.4%、0.85%、5% 计提企业负担的养老保险、医疗保险、失业保险、工伤保险、生育保险、住房公积金，按照职工工资总额的 8%、2%、0.2%、5% 计提正式职工个人负担的养老保险、医疗保险、失业保险、住房公积金；分别按照职工工资总额的 2% 和 1.5% 计提工会经费和职工教育经费，按工资总额的 14% 计提福利费。公司为职工上缴的医疗保险、工伤保险等社会保险，以及按工资的一定比例计提的工会经费和职工教育经费，计入"应付职工薪酬"科目，同时根据受益对象计入当期损益或相应资产的成本。会计处理为：借记"生产成本""制造费用""管理费用""销售费用"等科目；贷记"应付职工薪酬——社会保险费、设定提存计划、住房公积金、工会经费、职工教育经费、福利费"等。

⑥ 进行 1 月份工资项目分摊。其中，应付工资总额等于工资项目的"应发合计"，其他分摊项目也以此为计提基数。核算科目项目选择"IC 智能卡片"。

工资项目分摊的转账分录如表 5.6 所示。

表 5.6　工资项目分摊

分摊项目	部门名称	人员类别	项　目	借方科目	贷方科目
应付工资 （100%）	企管部、财务部	企业管理人员	应发合计	660201	221101
	采购部、销售部	经营人员	应发合计	660101	221101
	生产部一部	车间管理人员	应发合计	510101	221101
	生产部二部	生产工人	应发合计	500102	221101
社会保险费 （6.75%）	企管部、财务部	企业管理人员	应发合计	660201	221102
	采购部、销售部	经营人员	应发合计	660101	221102
	生产部一部	车间管理人员	应发合计	510101	221102
	生产部二部	生产工人	应发合计	500102	221102
设定提成计划 （14.8%）	企管部、财务部	企业管理人员	应发合计	660201	221103
	采购部、销售部	经营人员	应发合计	660101	221103
	生产部一部	车间管理人员	应发合计	510101	221103
	生产部二部	生产工人	应发合计	500102	221103
住房公积金 （5%）	企管部、财务部	企业管理人员	应发合计	660201	221104
	采购部、销售部	经营人员	应发合计	660101	221104
	生产部一部	车间管理人员	应发合计	510101	221104
	生产部二部	生产工人	应发合计	500102	221104
工会经费 （2%）	企管部、财务部	企业管理人员	应发合计	660201	221105
	采购部、销售部	经营人员	应发合计	660101	221105
	生产部一部	车间管理人员	应发合计	510101	221105
	生产部二部	生产工人	应发合计	500102	221105

续表

分摊项目	部门名称	人员类别	项目	借方科目	贷方科目
职工教育经费（1.5%）	企管部、财务部	企业管理人员	应发合计	660201	221106
	采购部、销售部	经营人员	应发合计	660101	221106
	生产部一部	车间管理人员	应发合计	510101	221106
	生产部二部	生产工人	应发合计	500102	221106
应付福利费（14%）	企管部、财务部	企业管理人员	应发合计	660201	221107
	采购部、销售部	经营人员	应发合计	660101	221107
	生产部一部	车间管理人员	应发合计	510101	221107
	生产部二部	生产工人	应发合计	500102	221107

2. 临时职工工资业务

1月份临时工资情况如表 5.7 所示。

表 5.7 临时职工工资

姓 名	日 期	基本工资（元）	奖金（元）
薇娅	2020-1-31	2 000	0
佳琪	2020-1-31	2 000	0

六、月末处理

七、备份"实训6 企业工资管理"账套

实训指导

5.2.1 任务1 建立工资账套

 工作过程

视频演示

① 以 admin 身份进入系统管理，恢复"期初余额"账套，以账套主管重新进入 T3 主窗口（账套建完后，只能以账套主管身份进入"系统管理"启用"工资系统"，启用其他子系统同理），启用工资系统，启用日期为"2020年1月1日"。

② 以账套主管身份进入畅捷通 T3 主窗口，选择"工资"命令，打开"建立工资套"对话框。在"参数设置"中，选择本账套所需处理的工资类别个数为"多个"，默认币别名称为"人民币 RMB"，如图 5.2 所示。然后单击"下一步"按钮。

工作注意事项：建立工资账套后，每一个工资类别的有关参数，可以在账套设置好以后直接进行，也可以在以后需要时进行设置。

对于企业已建立但今后不需要的工资类别,可以删除。删除工资类别时该类别的有关数据会一并删除,因此删除工资类别时应慎重。

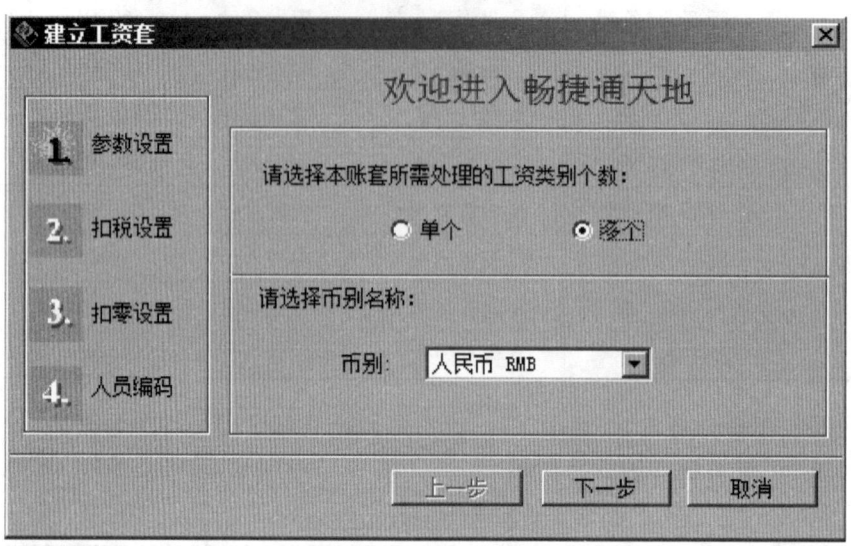

图 5.2 参数设置

③ 在"扣税设置"中,选中"是否从工资中代扣个人所得税"复选框,如图 5.3 所示。然后单击"下一步"按钮。

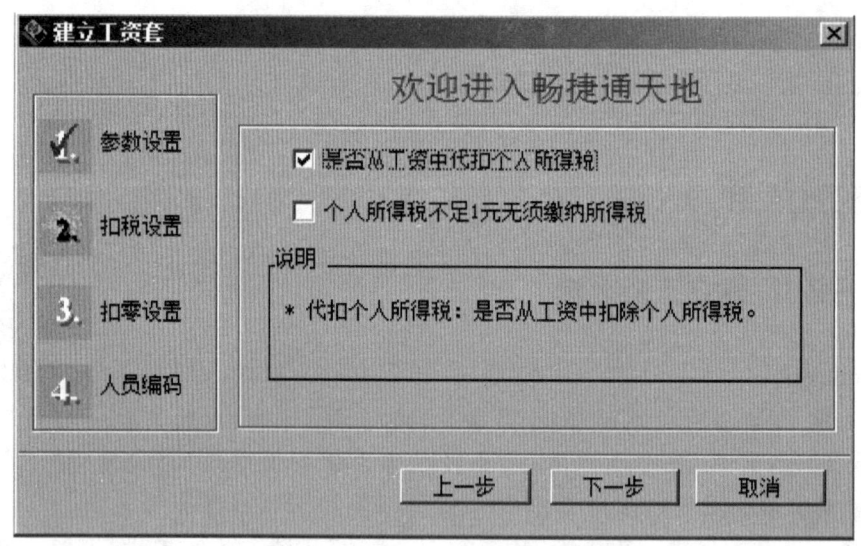

图 5.3 扣税设置

④ 在"扣零设置"中,不做选择,如图 5.4 所示。然后直接单击"下一步"按钮。

⑤ 在"人员编码"中,设置人员编码长度为 3,确认本账套的启用日期为 2020－01－01,如图 5.5 所示。

⑥ 单击"完成"按钮,系统弹出提示框。单击"确定"按钮,完成账套的建立。

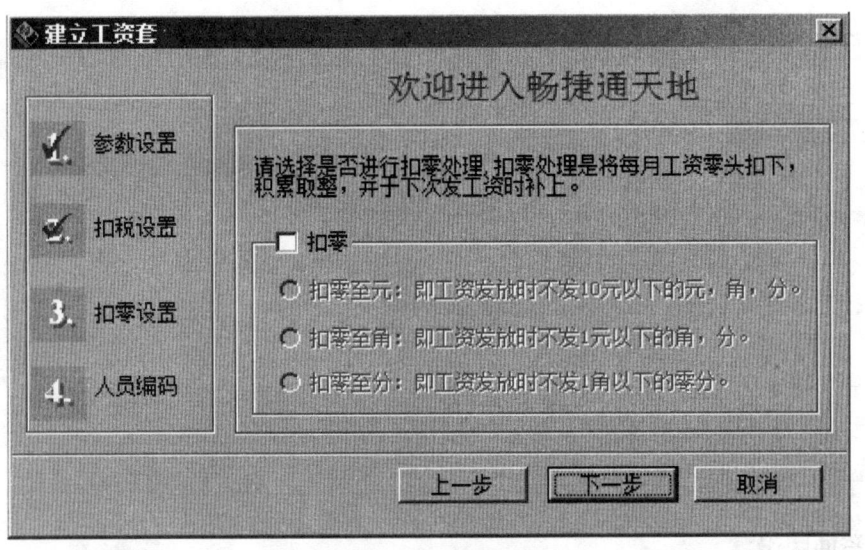

图 5.4　扣零设置

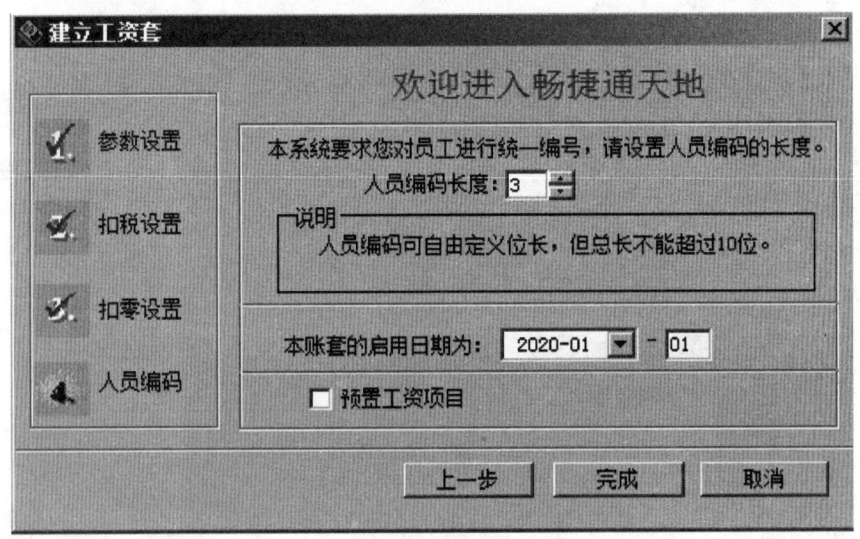

图 5.5　人员编码设置

工作提示

- 扣零处理是指每次发放工资时零头扣下,积累取整,于下次工资发放时补上,系统在计算工资时将依据扣零类型(扣零至元、扣零至角或扣零至分)进行扣零计算。
- 用户一旦选择了扣零处理,系统将自动在固定工资项目中增加"本月扣零"和"上月扣零"两个项目,扣零的计算公式将由系统自动定义,无须设置。
- 选择代扣个人所得税后,系统将自动生成工资项目"代扣税",并自动进行代扣税金的计算。
- 建账完毕,部分建账参数可以通过选择"设置"|"选项"命令进行修改。

5.2.2 任务2 基础信息设置

1. 人员类别设置

工作过程

① 选择"工资"|"设置"|"人员类别设置"命令,打开"类别设置"对话框,如图5.6所示。

② 单击"增加"按钮,增加人员类别,最后删除"无类别"人员分类。然后单击"返回"按钮退出。

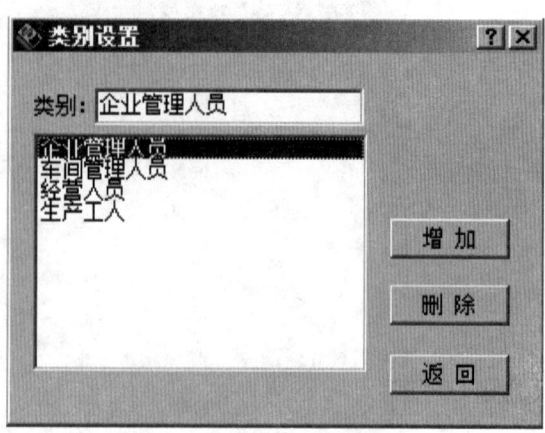

图5.6 职工类别设置

2. 工资项目设置

工作过程

① 选择"工资"|"设置"|"工资项目设置"命令,打开"工资项目设置"对话框。

② 单击"增加"按钮,工资项目列表中增加一空行。

③ 在"名称参照"下拉列表中选择"基本工资"选项,双击需要修改的栏目,按资料进行修改即可。

④ 单击"增加"按钮,增加其他工资项目,再上下移动调整次序。完成后,如图5.7所示。

⑤ 单击"确认"按钮确认。

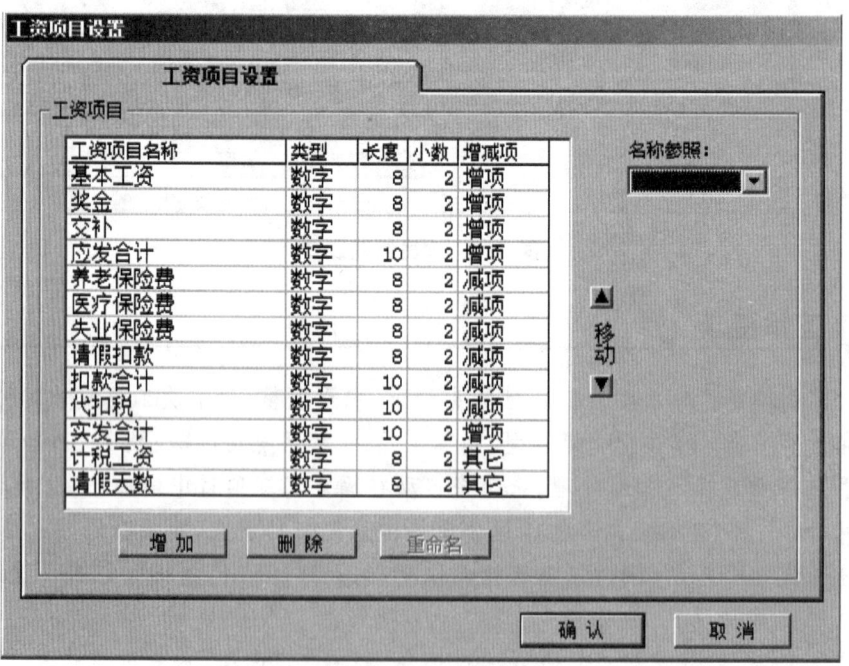

图5.7 工资项目设置

工作提示

- 系统提供若干常用工资项目供参考,可选择输入。对于参照中未提供的工资项目,可以双击"工资项目名称"一栏直接输入,或者先从"名称参照"中选择一个项目,然后单击"重命名"按钮,将其修改为需要的项目。
  在定义各个工资项目的数据宽度时,应以能容纳该项目下可能出现的最大数据的宽度为依据。凡参与计算的工资项目的数据类型必须设置成数字型。
- 在输入工资项目时,要注意项目增减方向。"增减项"直接决定工资核算结果的准确性,一旦设置有误,工资核算数据错误,需要逆向取消已有的关联的所有操作,重新设置,必定耗费大量操作时间,事倍功半。直接影响工资增加的项目,是"增项";直接影响工资减少的项目是"减项",间接影响工资金额的项目是"其他"。

3. 设置银行名称

工作过程

① 选择"工资"|"设置"|"银行名称设置"命令,打开"银行名称设置"对话框。

② 单击"增加"按钮,输入银行名称"中国银行南山分理处",默认账号长度为 11,删除其他未用到的银行名称,确认系统提示。完成后,如图 5.8 所示。

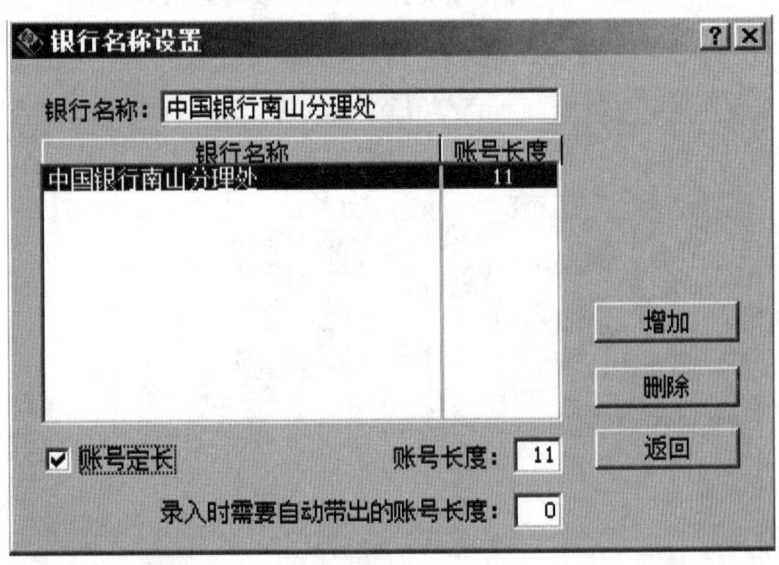

图 5.8 银行名称设置

③ 单击"返回"按钮返回。

5.2.3 任务 3 建立工资类别——正式职工工资类别初始化设置

富康电子科技有限公司对正式人员和临时人员分别进行工资核算,因此有多个工资类别。公司各部门均有正式职工,只有生产部聘用临时职工。

工作过程

① 选择"工资"|"工资类别"|"新建工资类别"命令,打开"新建工资类别"对话框。在文本框中输入第一个工资类别"正式职工",如图5.9所示。

图5.9 新建工资类别——输入工资类别名称

② 单击"下一步"按钮,选择全部部门,如图5.10所示。

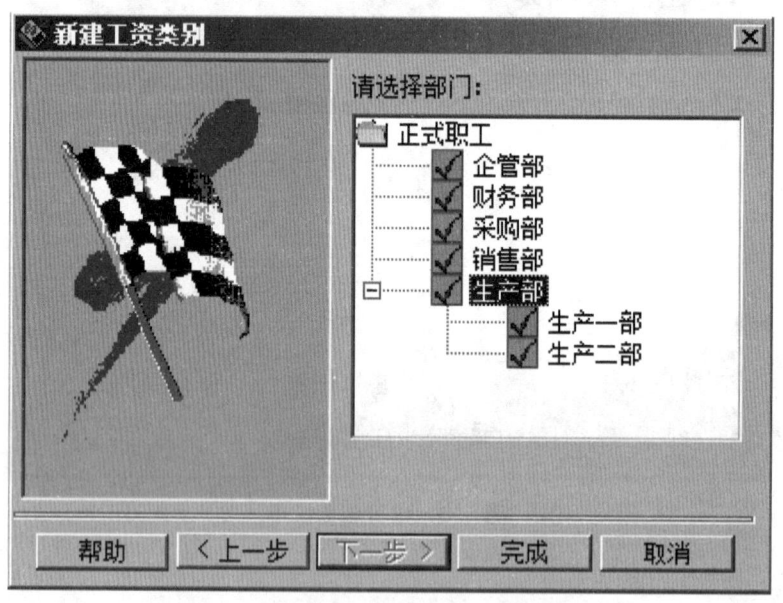

图5.10 新建工资类别——选择部门

③ 单击"完成"按钮,系统弹出"是否以2020-01-01为当前工资类别的启用日期?"信息提示框。单击"是"按钮返回。

工作提示

工作异常报错处理案例

报错：提示"多步操作产生错误,请检查每一步的状态值",再次进入工资模块,提示"本功能需在退出其他功能后才可运行"。

解决方法：

双击"系统管理"图标(或选择"开始"|"系统管理"命令),以 admin(系统管理员)的身份登录系统管理(密码为空),选择"视图"|"清除异常任务"命令。

重新设置电脑日期格式,单击"开始菜单"|"控制面板"|"区域和语言选项"|"区域选项"|"日期和时间"|"更改日期和时间"|"更改日历设置"|按钮,将短日期格式修改为 yyyy-MM-dd,长日期格式修改为 yyyy'年'M'月'd'日',单击"应用"|"确定"按钮,就可以成功建立工资类别了。

④ 选择"工资"|"工资类别"|"关闭工资类别"命令,关闭"正式职工"工资类别。

⑤ 选择"工资"|"工资类别"|"新建工资类别"命令,打开"新建工资类别"对话框。在文本框中输入第二个工资类别"临时职工",单击"下一步"按钮,选取生产部。

⑥ 单击"完成"按钮,系统弹出"是否以 2020-01-01 为当前工资类别的启用日期?"信息提示框。单击"是"按钮返回。

⑦ 选择"工资"|"工资类别"|"关闭工资类别"命令,关闭"临时职工"工资类别。

5.2.4 任务 4 增加人员档案

1. 增加人员档案

工作过程

① 选择"工资"|"工资类别"|"打开工资类别"命令,打开"正式职工"工资类别。

② 选择"工资"|"设置"|"人员档案"命令,打开"人员档案"窗口。

③ 单击"批增"按钮,打开"人员批量增加"对话框。

④ 按表 5.3 中的资料,选择需要批量导入的人员档案,如图 5.11 所示。然后单击"确定"按钮返回。

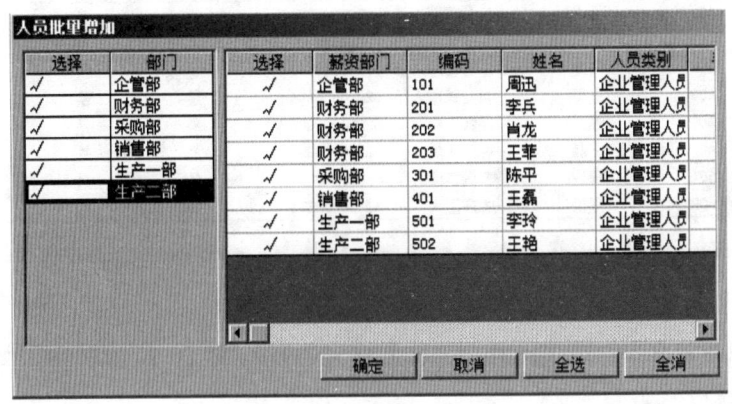

图 5.11 批量导入职员档案

⑤ 按表5.3中的资料,修改相关人员类别,补充输入银行账号等信息。例如,单击需要修改的人员"周迅",再单击"修改"按钮,修改完成后,如图5.12所示。

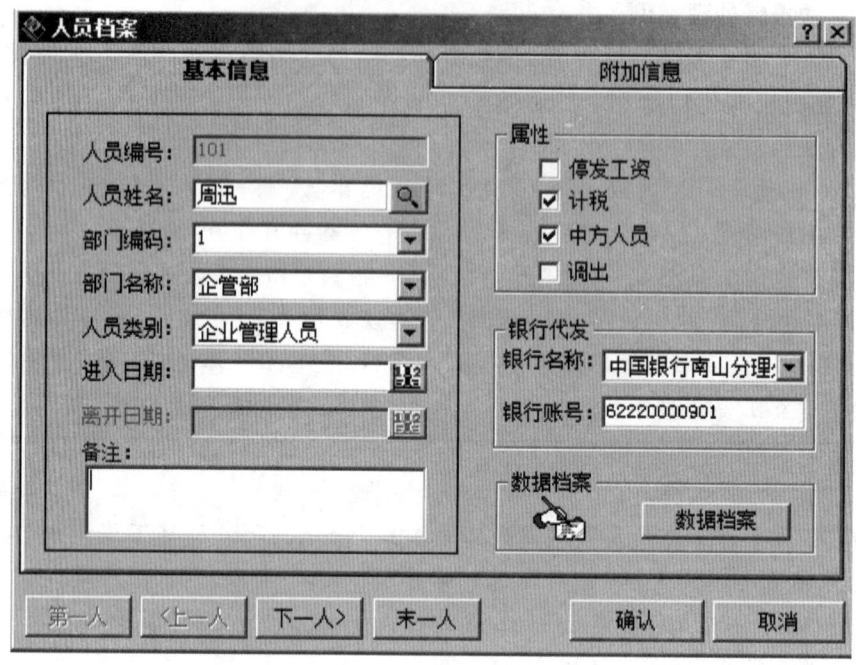

图5.12　修改人员档案

⑥ 单击"确认"按钮,系统弹出"写入该人员档案信息吗?"提示框。单击"确定"按钮。

⑦ 关闭修改人员档案窗口,如图5.13所示。单击"退出"按钮,退出"人员档案"窗口。

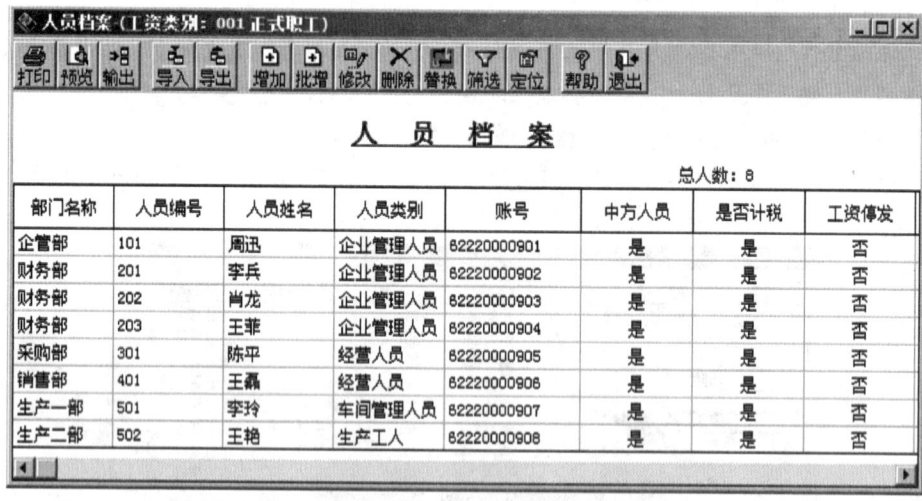

图5.13　正式人员档案完成

⑧ 选择"基础设置"|"机构设置"|"职员档案"命令,打开"职员档案"对话框,按表5.4中的资料,增加临时人员档案。

工作提示

如果对话框中的"增加"按钮显示灰色,不用管它,直接在人员列表最后一行增加临时人员信息即可。

⑨ 选择"工资"|"工资类别"|"打开工资类别"命令,打开"临时职工"工资类别。
⑩ 选择"工资"|"设置"|"人员档案"命令,打开"人员档案"窗口。
⑪ 单击"批增"按钮,打开"人员批量增加"对话框。
⑫ 按表 5.4 中的资料,选择需要批量导入的人员档案,如图 5.14 所示。然后单击"确定"按钮返回。

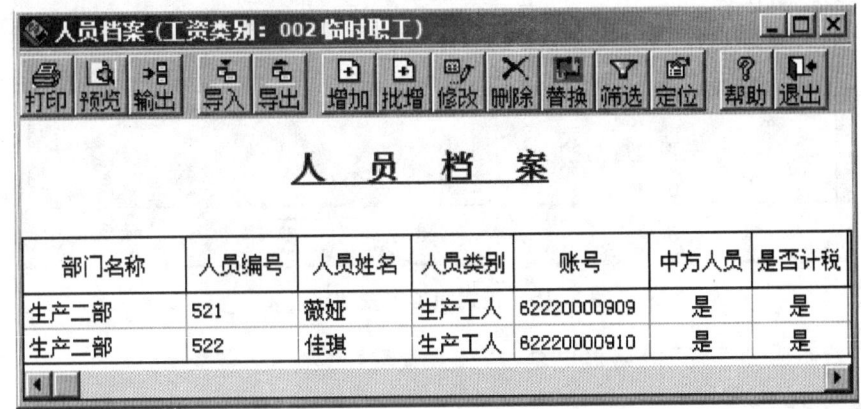

图 5.14 临时人员档案完成

工作提示

新增人员档案可以先从职工档案中输入,再从人员档案中导入,也可以在人员档案中新增,再到职工档案中增加。

2. 设置人员的工资项目公式

在工资管理子系统初始化中设置的工资项目包括本单位各种工资类别所需要的全部工资项目。由于不同的工资类别工资发放项目不同,计算公式也不同,因此应对某个指定工资类别所需的工资项目进行设置,并定义此工资类别的工资数据计算公式,分别进行正式职工和临时职工的工资项目公式。

视频演示

工作过程

① 选择"工资"|"工资类别"|"打开工资类别"命令,打开"正式职工"工资类别。
② 选择"工资"|"设置"|"工资项目设置"命令,打开"工资项目设置"对话框。
③ 单击"增加"按钮,在"工资项目"列表框中增加一空行,选择右边的"名称参照",依次选择"基本工资""奖金""交补""应发合计""养老保险费""医疗保险费""失业保险费"

"请假扣款""代扣合计""扣款税""实发合计""计税工资""请假天数"如图5.15所示。

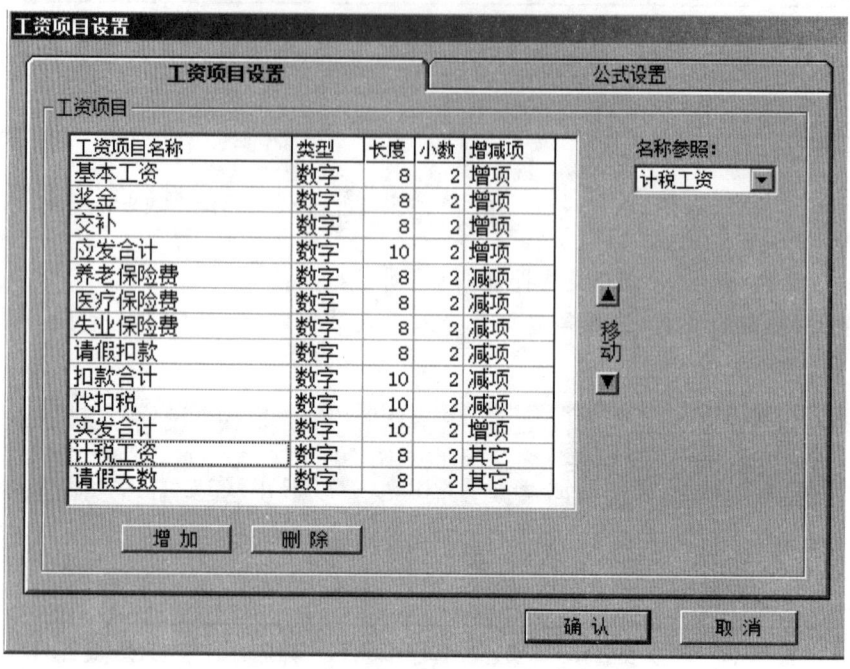

图5.15 正式职工工资项目设置

④ 在"工资项目设置"对话框中单击"公式设置"选项卡。

工作提示

若因T3软件版本差异,在"公式设置"选项卡的"工资项目"列表框中没有"应发合计""扣款合计""实发合计"等选项,则需要单独增加。单击"增加"按钮,在"工资项目"列表框中增加一空行,选择"应发合计",同理增行,选择"扣款合计""实发合计"。

⑤ 在"工资项目"列表框中选择"请假扣款"选项。

⑥ 在"工资项目"列表框中选择"请假天数"选项,"请假扣款公式定义"文本框中即显示"请假天数"文本。

⑦ 在"运算符"选项组中选择" * ",在"请假扣款公式定义"文本框中的" * "后输入数字40,结果如图5.16所示。然后单击"公式确认"按钮。同理,输入养老保险金公式。

⑧ 单击"增加"按钮,在"工资项目"列表框中增加一空行,在列表框中选择"交补"选项。

⑨ 单击"函数公式向导输入"按钮,打开"函数向导——步骤之1"对话框。从"函数名"列表框中选择iff选项,如图5.17所示。然后单击"下一步"按钮,打开"函数向导——步骤之2"对话框。

⑩ 单击逻辑表达式"参照"按钮,打开"参照"对话框,在"参照列表"下拉列表中选择"人员类别"选项,再在下面的列表框中选择"企业管理人员"选项,如图5.18所示。然后单击"确认"按钮。

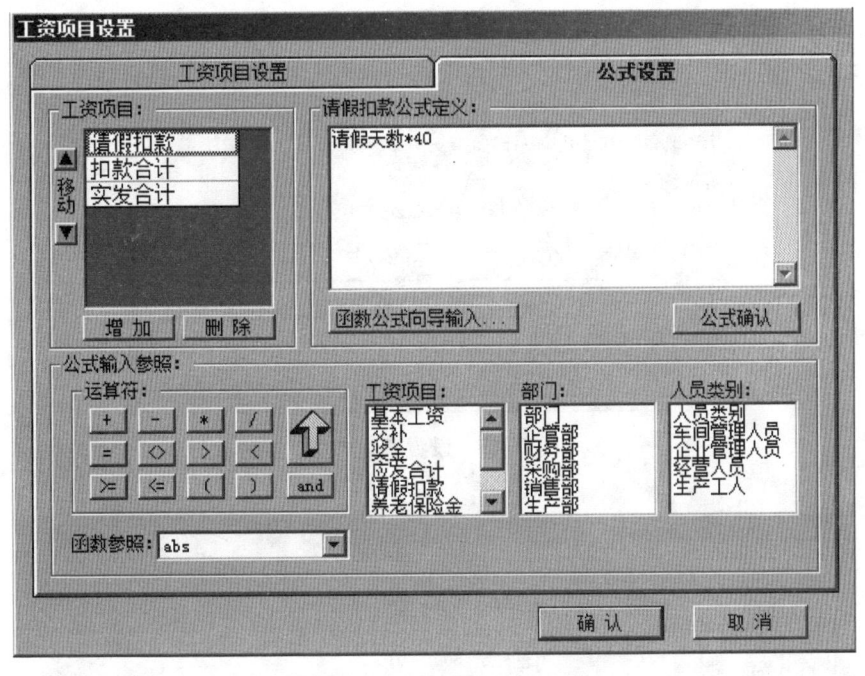

图 5.16 设置请假扣款公式

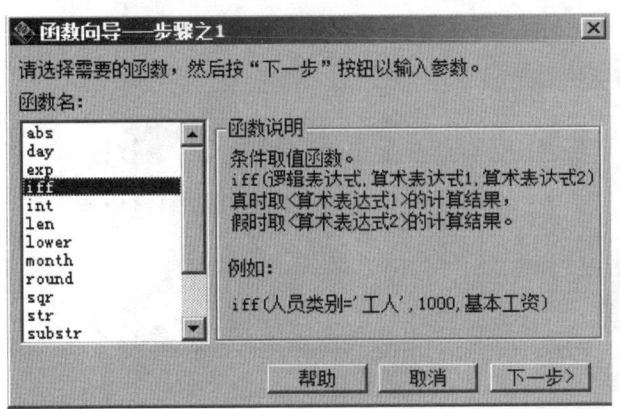

图 5.17 设置函数向导

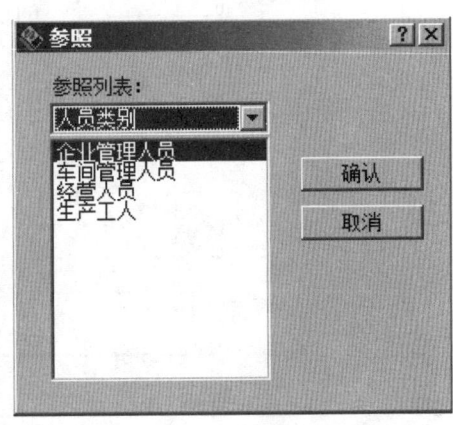

图 5.18 设置逻辑表达式条件

⑪ 在"逻辑表达式"文本框中的公式后点击一下空格键,才能输入 or,再点击一下空格键(or 的前后都必须要有空格才能确保公式的格式正确),再次单击"逻辑表达式"文本框右侧的"参照"按钮,打开"参照"对话框。在"参照列表"下拉列表框中选择"人员类别"选项,再在下面的列表框中选择"车间管理人员"选项,然后单击"确认"按钮,返回"函数向导——步骤之 2"对话框。

⑫ 在"算术表达式 1"文本框中输入 500,在"算术表达式 2"文本框中输入 300,如图 5.19 所示。

⑬ 单击"完成"按钮,返回"公式设置"选项卡,单击"公式确认"按钮,如图 5.20 所示。然后单击"确认"按钮。

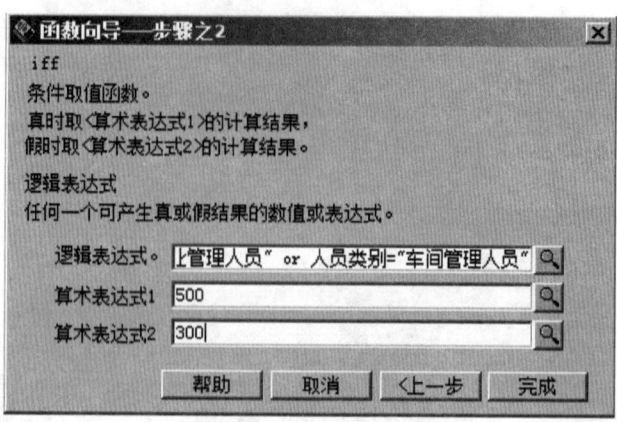

图 5.19　设置表达式值

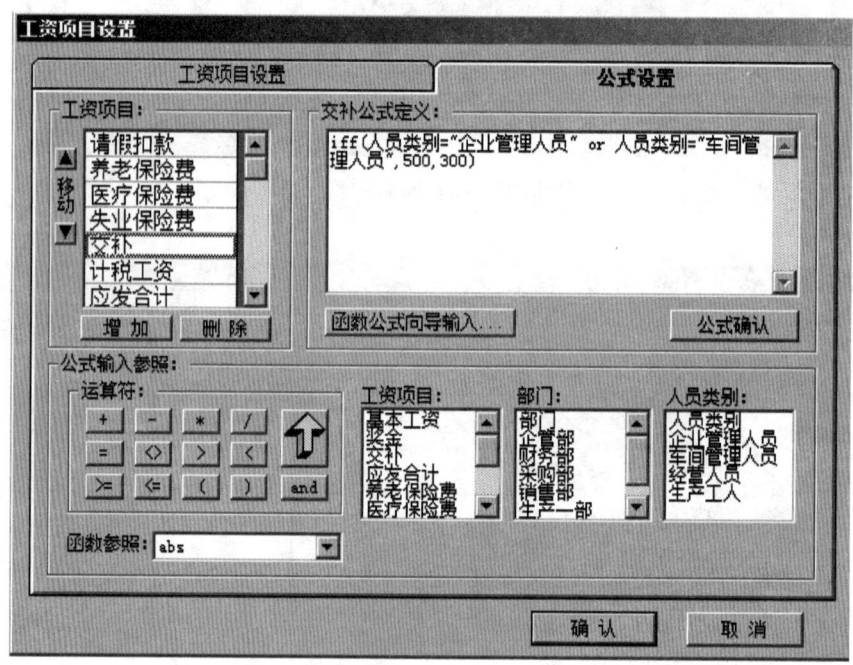

图 5.20　交补公式定义

工作提示

需要检查各工资项目的公式是否符合本案例的实际核算要求，若有些工资项目没有自带公式，或者公式需要调整，也可以参照以下工资项目公式设置：

请假扣款＝请假天数＊40

养老保险费＝应发合计＊0.08

医疗保险费＝应发合计＊0.02

失业保险费＝应发合计＊0.002

住房公积金＝应发合计＊0.05

> 交补=iff(人员类别="企业管理人员" or 人员类别="车间管理人员",500, 300),此公式中 or 前后都需有空格。
> 计税工资=基本工资+奖金+交补-养老保险费-失业保险费-医疗保险费-住房公积金-请假扣款
> 应发合计=基本工资+奖金+交补
> 扣款合计=代扣税+养老保险金+失业保险费+医疗保险费+住房公积金+请假扣款
> 实发合计=应发合计-扣款合计

⑭ 参照"正式职工"工资类别设置和数据处理方式完成"临时人员"工资处理。临时职工一个月的短期工作,暂不考虑养老保险、医疗保险、失业保险、住房公积金等。"临时人员"工资项目包括基本工资、应发工资、请假扣款、代扣税、扣款合计、实发合计、计税工资、请假天数。

5.2.5 任务5 本月工资业务

1. 输入人员基本工资数据

工作过程

① 打开"正式职工"工资类别,选择"工资"|"业务处理"|"工资变动"命令,打开"工资变动"窗口。

② 在"过滤器"下拉列表框中选择"过滤设置"选项,打开"项目过滤"对话框。

③ 分别选择"工资项目"列表框中的"基本工资"和"奖金"选项,并且分别单击>按钮,选入"已选项目"列表框中,如图5.21所示。

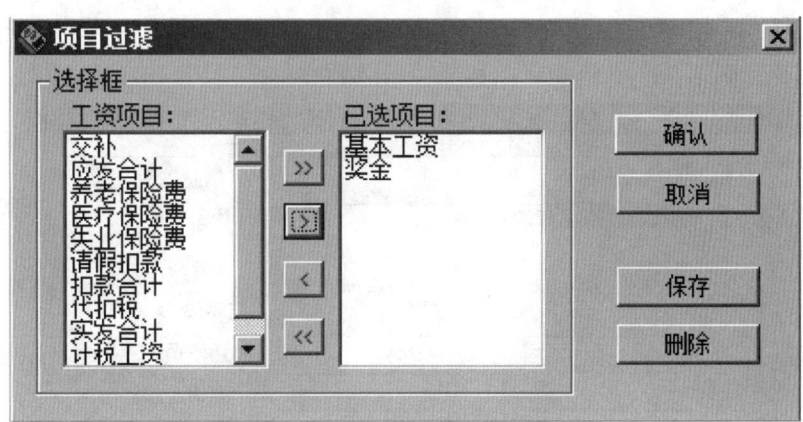

图5.21 设置项目过滤

④ 单击"确认"按钮,返回"工资变动"窗口,此时每个人的工资项目只显示两项。

⑤ 按表5.5中的资料输入工资数据,如图5.22所示。

⑥ 在"过滤器"下拉列表中选择"所有项目"选项,则显示所有工资项目。

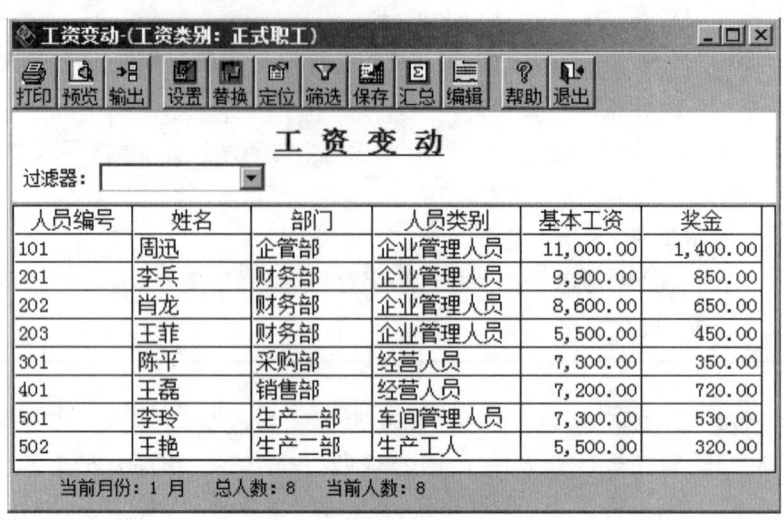

图 5.22 输入工资数据

工作提示

这里只需输入没有进行公式设置的项目,如基本工资、奖励工资和请假天数,其余各项由系统根据计算公式自动计算生成。

2. 输入本月变动数据

工作过程

① 输入考勤情况:肖龙请假 2 天;陈平请假 1 天。

② 单击工具栏中的"数据替换"按钮,打开"工资项数据替换"对话框,在"将工资项目"下拉列表中选择"奖金"选项,在"替换成"文本框中输入"奖金+2 000"。在"替换条件"选项组中分别选择"部门""=""销售部",如图 5.23 所示。

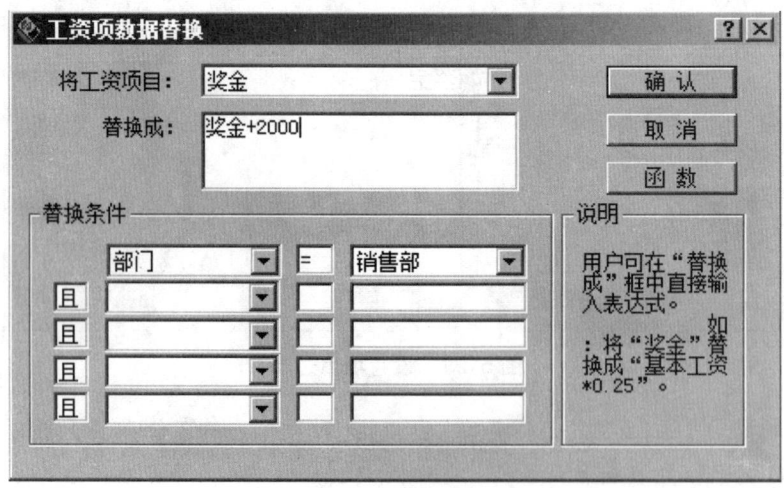

图 5.23 数据替换

③ 单击"确认"按钮,系统弹出"数据替换后将不可恢复。是否继续?"提示框。单击"是"按钮,系统弹出"1条记录被替换,是否重新计算?"提示框。单击"是"按钮,系统自动完成工资计算。

3. 数据计算与汇总

工作过程

① 在"工资变动"窗口中,单击工具栏中的"重新计算"按钮,计算工资数据。
② 单击工具栏中的"汇总"按钮,汇总工资数据。
③ 单击工具栏中的"退出"按钮,退出"工资变动"窗口。

4. 设置个人所得税税率

工作过程

① 选择"工资"|"业务处理"|"扣缴所得税"命令,打开"栏目选择"对话框,选择对应工资项目"计税工资",如图5.24所示。

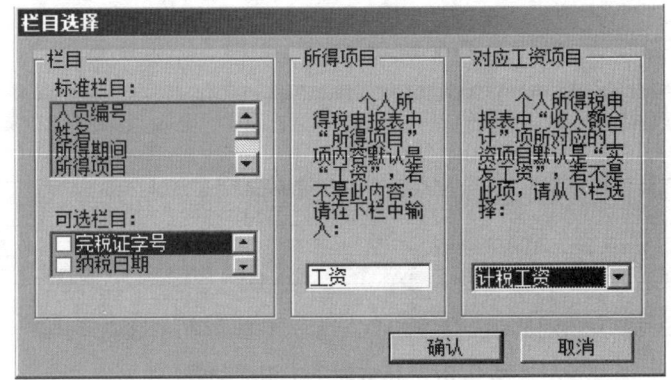

图 5.24 "栏目选择"对话框

② 单击"确认"按钮,打开"个人所得税扣缴申报表——税率表"窗口。单击"税率表"按钮,查看并设置税率表,基数5 000元,附加费用0元,如图5.25所示。

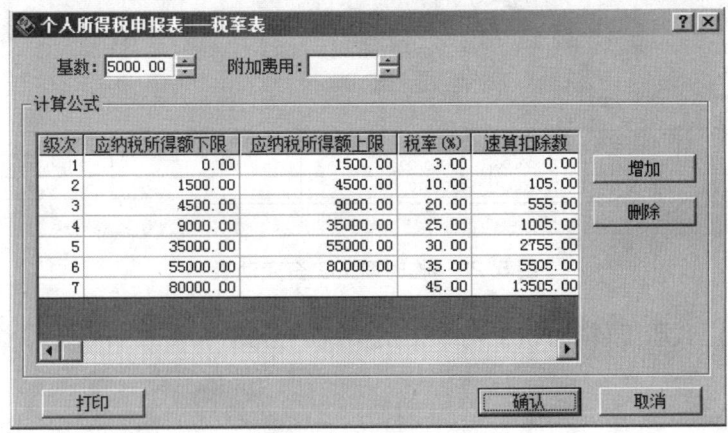

图 5.25 设置税率表

③ 单击"确认"按钮，系统弹出"调整系统表后……是否重新计算个人所得税？"提示框。

④ 单击"是"按钮，返回查看个人所得税扣缴申报表，如图 5.26 所示。

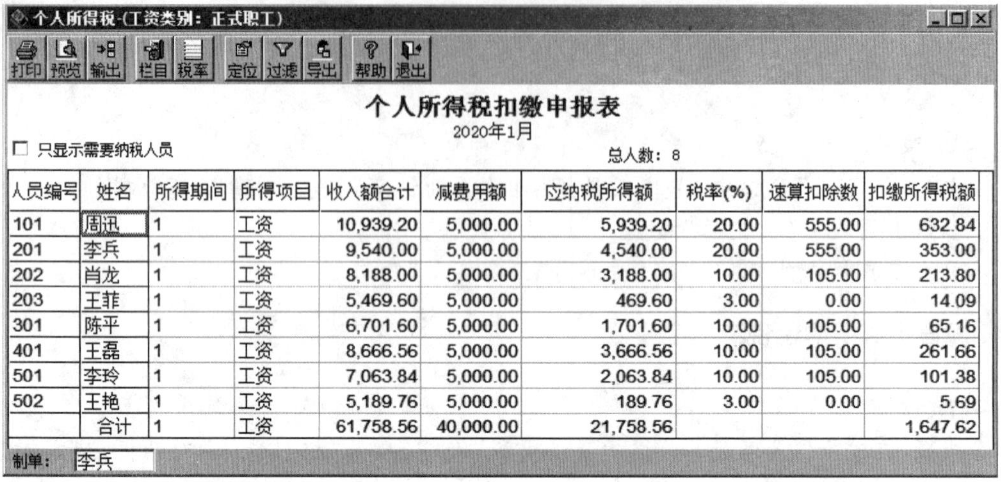

图 5.26 个人所得税扣缴申报表

⑤ 查看正式职工工资类别"工资变动表"结果，如图 5.27 所示。

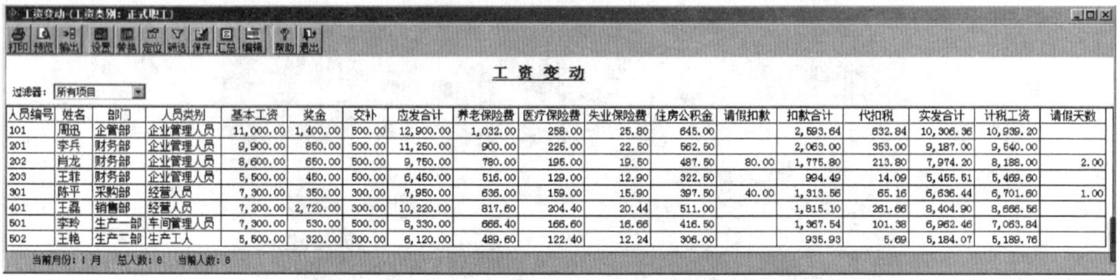

图 5.27 正式职工工资变动表

⑥ 录入临时职工工资数据，设置"个人所得税扣缴申报表——税率表"，查看临时职工工资类别"工资变动表"结果，如图 5.28 所示。

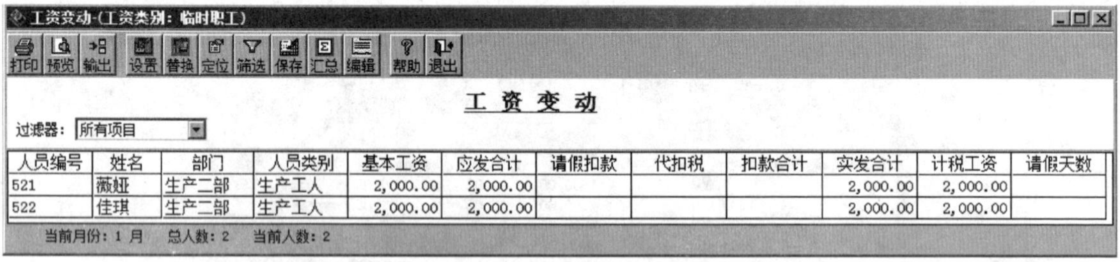

图 5.28 临时职工工资变动表

5. 分别进行正式职工、临时职工两个工资类别的分摊

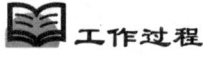

视频演示

在基础设置里增加会计明细科目应付职工薪酬-工资（221101）、应

付职工薪酬-社会保险费(221102)、应付职工薪酬-设定提成计划(221103)、应付职工薪酬-住房公积金(221104)、应付职工薪酬-工会经费(221105)、应付职工薪酬-职工教育经费(221106)、应付职工薪酬-福利费(221107)。

1) 正式职工工资分摊

① 打开工资类别"正式职工",选择"工资"|"业务处理"|"工资分摊"命令,打开"工资分摊"对话框。

② 单击"工资分摊设置"按钮,打开"分摊类型设置"对话框。然后单击"增加"按钮,打开"分摊计提比例设置"对话框。

③ 输入计提类型名称"应付工资",默认分摊计提比例100%,然后单击"下一步"按钮,打开"分摊构成设置"对话框。按表5.6所示的资料进行设置,设置完成后如图5.29所示。

部门名称	人员类别	项目	借方科目	贷方科目
企管部,财务部	企业管理人员	应发合计	660201	221101
生产一部	车间管理人员	应发合计	510101	221101
采购部,销售部	经营人员	应发合计	660101	221101
生产二部	生产工人	应发合计	500102	221101

图5.29 应付工资分摊构成设置

④ 单击"完成"按钮返回"分摊类型设置"对话框,继续设置社会保险、设定提成计划、住房公积金、工会经费、职工教育经费、应付福利费分摊计提项目(正式职工福利费分摊计提比例14%)。设置后单击"返回"按钮,返回"工资分摊"对话框。如图5.30~图5.35所示。

部门名称	人员类别	项目	借方科目	贷方科目
企管部,财务部	企业管理人员	应发合计	660201	221102
生产一部	车间管理人员	应发合计	510101	221102
采购部,销售部	经营人员	应发合计	660101	221102
生产二部	生产工人	应发合计	500102	221102

图5.30 社会保险分摊构成设置

图 5.31　设定提成计划分摊构成设置

图 5.32　住房公积金分摊构成设置

图 5.33　工会经费分摊构成设置

图 5.34 职工教育经费分摊构成设置

图 5.35 应付福利费分摊构成设置

⑤ 选中"计提费用类型"中的"应付工资""社会保险""设定提成计划""住房公积金""工会经费""职工教育经费""福利费"复选框,选择核算部门企管部、财务部、采购部、销售部和生产部,确定分摊计提的月份为2020.01,默认"计提分配方式"为"分配到部门",选中"明细到工资项目"复选框,如图5.36所示。

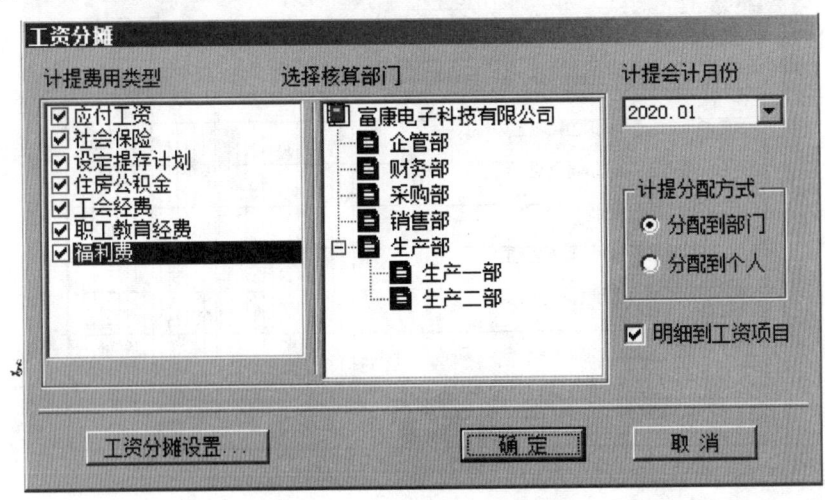

图 5.36 选择工资分摊类型

⑥ 单击"确定"按钮，打开"应付工资一览表"窗口。然后选中"合并科目相同、辅助项相同的分录"复选框，如图5.37所示。

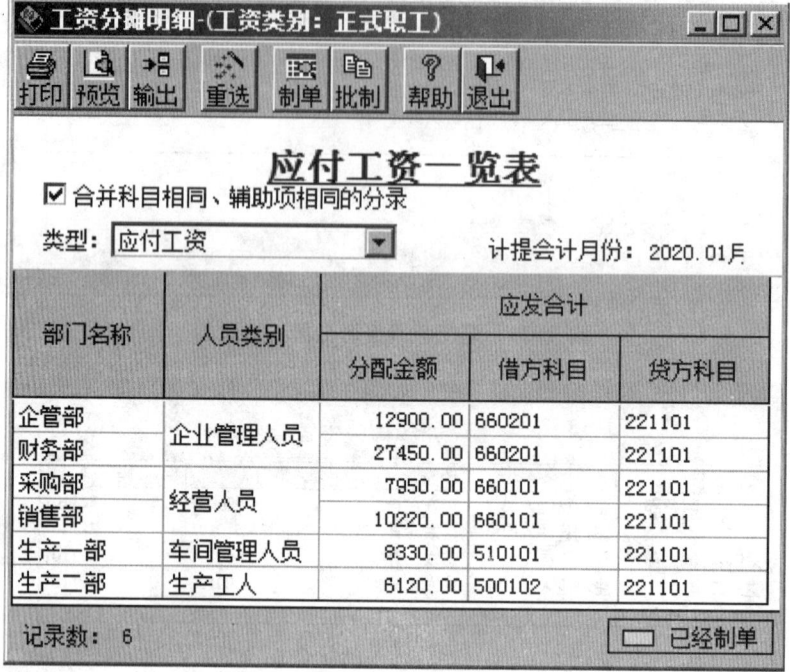

图5.37 工资分摊

⑦ 单击"批量制单"按钮，选择"转 转账凭证"，日期2020.01.05，输入附单据数1，"生产成本/直接人工"的核算项目选择"IC智能卡片"。单击"保存"按钮，凭证出现"已生成"标志，代表该凭证已传递到总账，分摊共产生7张凭证，如图5.38~图5.44所示。

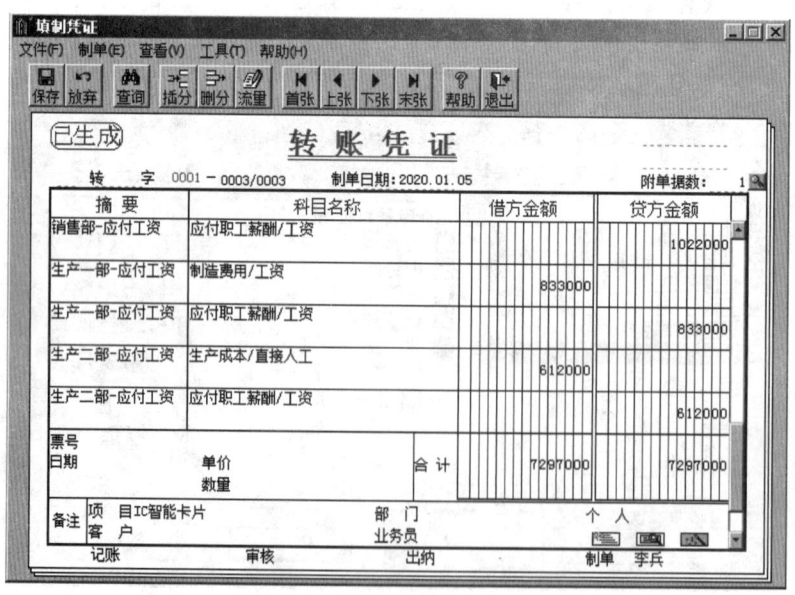

图5.38 工资分摊生成凭证

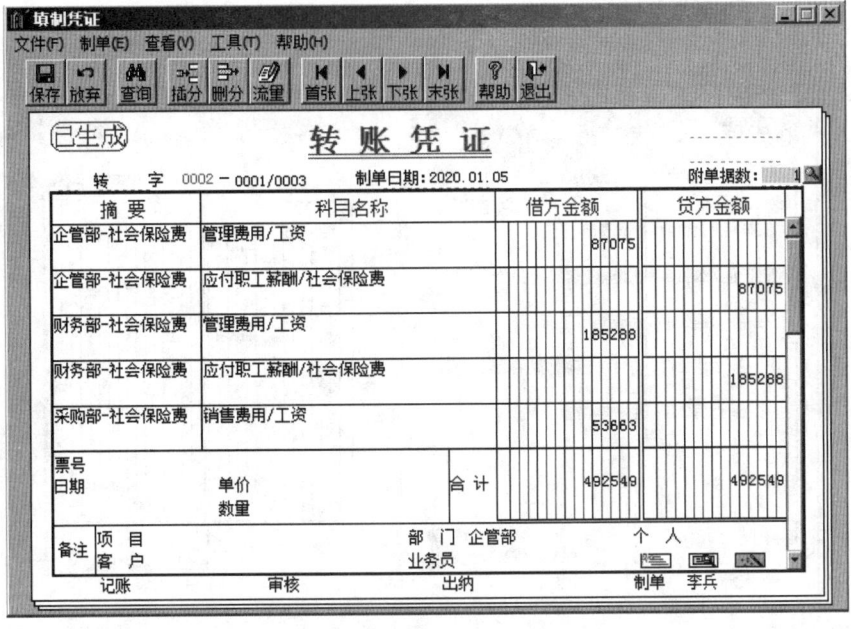

图 5.39 社会保险分摊生成凭证

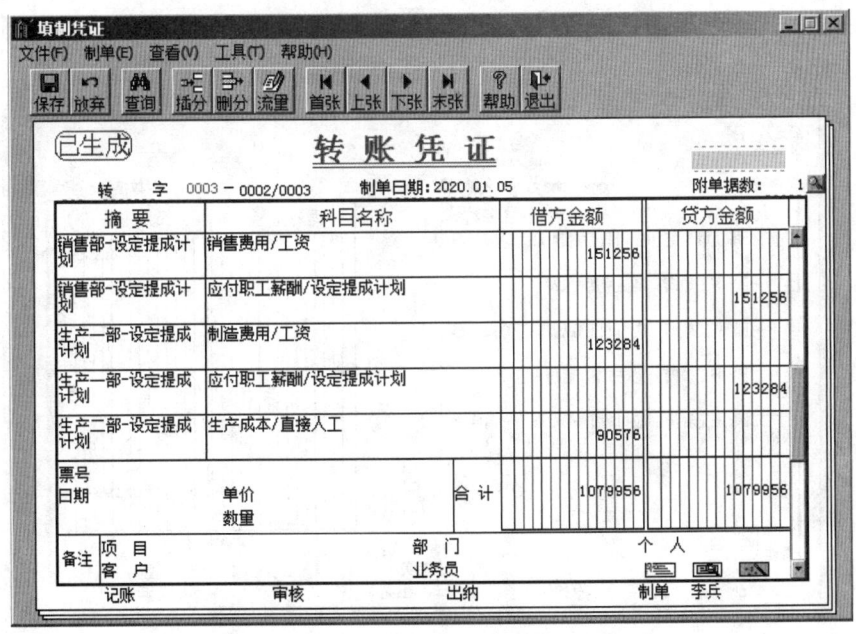

图 5.40 设定提成计划分摊生成凭证

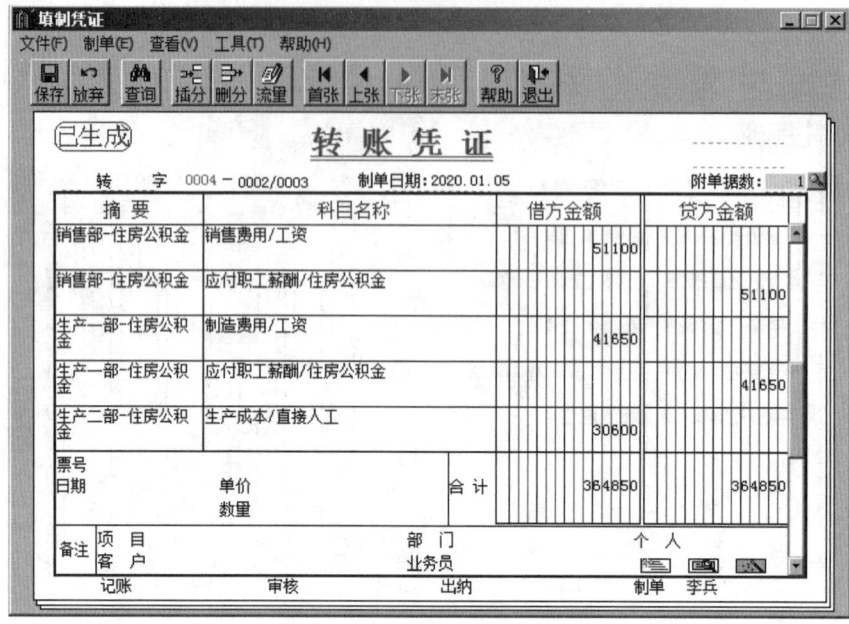

图 5.41 住房公积金分摊生成凭证

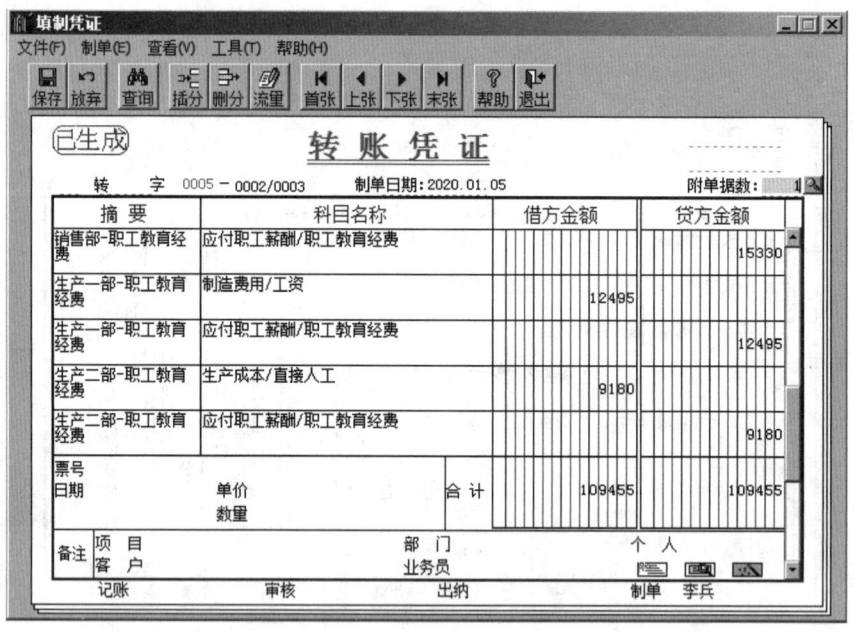

图 5.42 职工教育经费分摊生成凭证

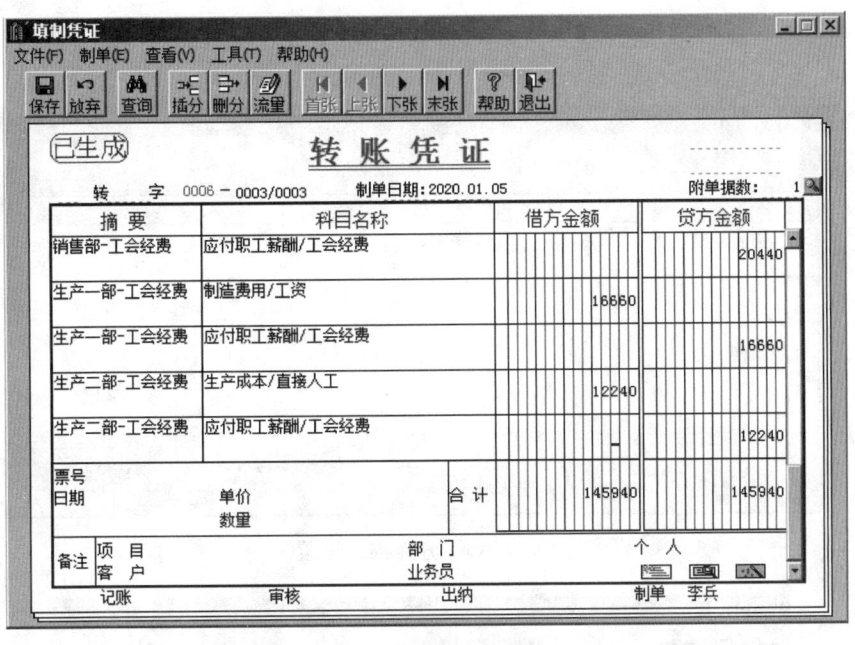

图 5.43 工会经费分摊生成凭证

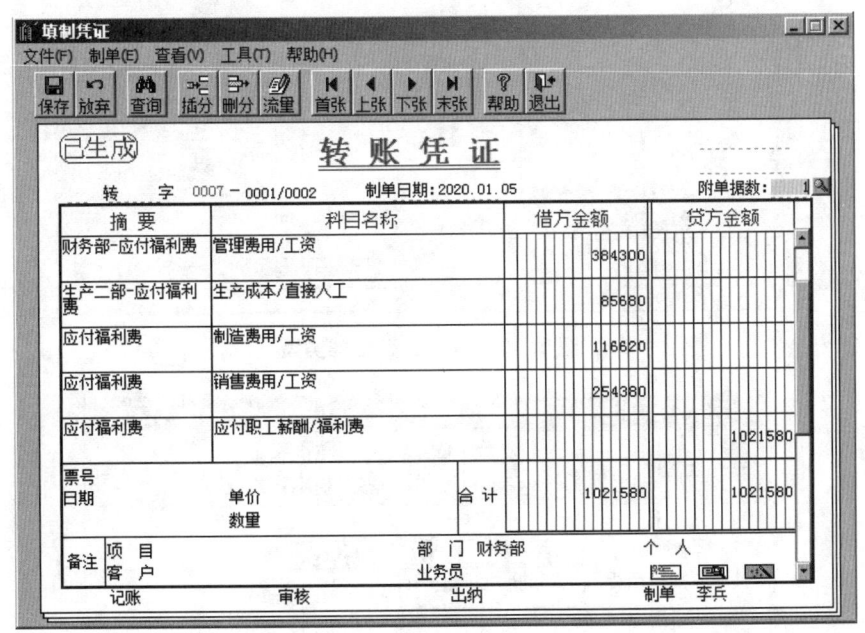

图 5.44 福利费分摊生成凭证

2) 临时职工工资分摊

打开工资类别"临时职工",选择"工资"|"业务处理"|"工资分摊"命令,打开"工资分摊"对话框。临时职工只考虑应付工资分摊,不考虑保险、公积金、教育经费、工会经费、福利费等分摊项目,生成的凭证选择"转 转账凭证",日期 2020.01.05,输入附单据数 1,"生产成本/直接人工"的核算项目选择"IC 智能卡片"。单击"保存"按钮,凭证出

现"已生成"标志,代表该凭证已传递到总账,分摊共产生1张凭证。具体如图5.45~图5.47所示。

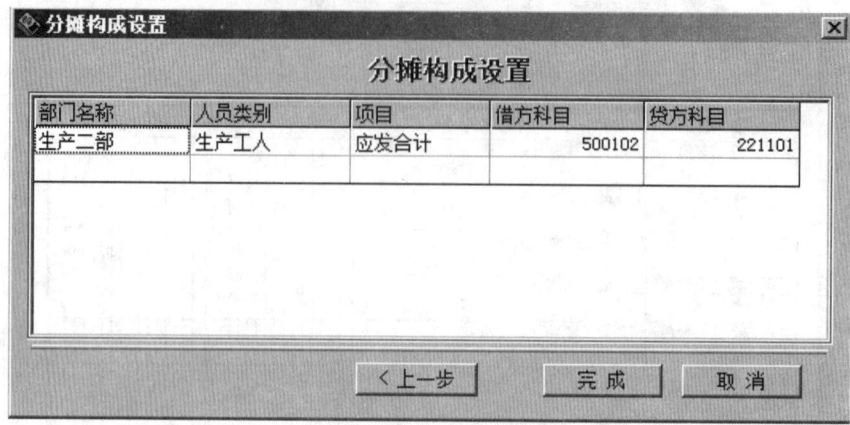

图 5.45 分摊构成设置

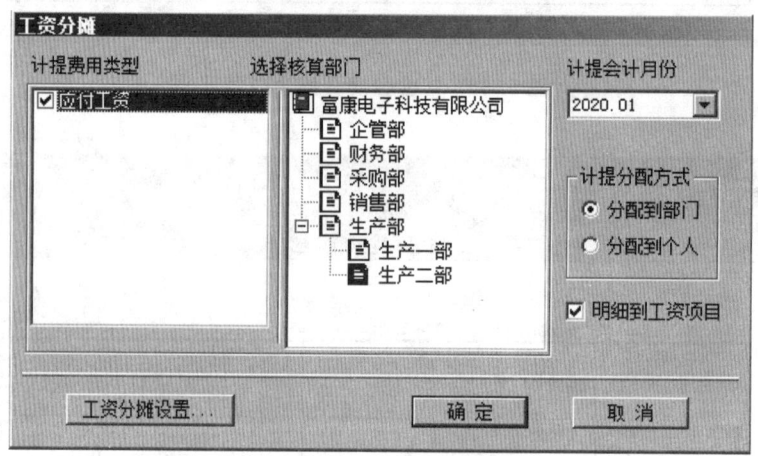

图 5.46 选择工资分摊类型

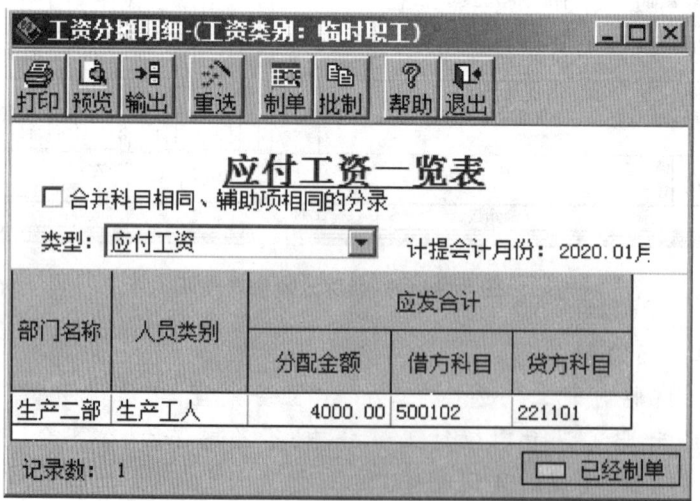

图 5.47 工资分摊

5.2.6 任务6 月末处理——正式职工类别月末处理

工作过程

① 打开正式职工工资类别,选择"工资"|"业务处理"|"月末处理"命令,打开"月末处理"对话框,如图5.48所示。

② 单击"确认"按钮,系统弹出"月末处理之后,本月工资将不许变动!继续月末处理吗?"提示框,单击"是"按钮。系统继续弹出"是否选择清零项?"提示框,单击"是"按钮,打开"选择清零项目"对话框。

③ 在"请选择清零项目"列表框中分别选择"奖金""请假扣款"和"请假天数"选项,并且分别单击 > 按钮,将所选项目移动到右侧的列表框中,如图5.49所示。

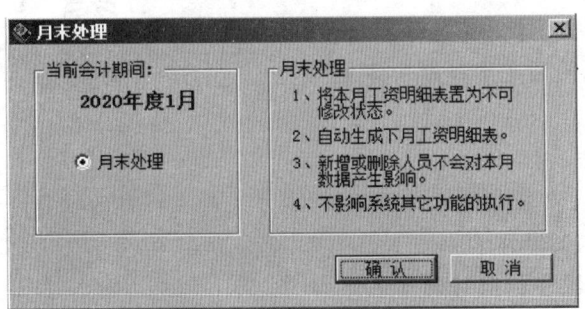

图5.48 "月末处理"对话框

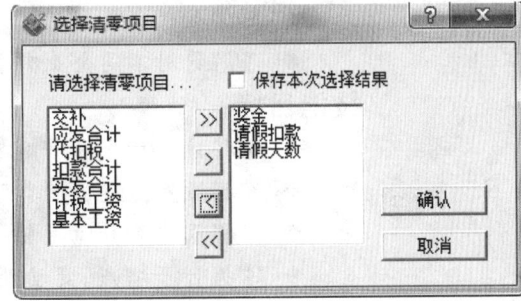

图5.49 选择清零项

④ 单击"确认"按钮,系统弹出"月末处理完毕!"提示框。单击"确定"按钮返回。

5.2.7 任务7 备份"实训6 企业工资管理"账套

实训及其工作过程略。

工作项目小结

在完成本项目各项工作的同时,项目实施小组了解了工资管理系统的主要功能,熟悉了工资系统的操作流程,完成了工资系统的初始化,建立了符合企业需求的工资账套,设置了工资项目与各项工资计算公式,进行了员工工资变动资料的输入,完成了企业月末工资分摊设置与处理的工作,保证了企业对职工工资进行准确、有效的管理。

工作项目 6 固定资产管理

知识目标

- 了解固定资产管理系统的主要功能。
- 熟悉固定资产管理系统的操作流程。
- 熟悉固定资产管理系统初始化的工作内容。
- 掌握利用固定资产系统进行企业固定资产日常管理的方法。
- 了解针对不同企业需求的固定资产解决方案。

思政育人
"环卫天使"李萌

技能目标

- 掌握建立固定资产账套的操作。
- 掌握设置固定资产类别,设置部门折旧科目、增减方式对应科目的操作。
- 掌握固定资产卡片输入的基本操作。
- 掌握资产增减、变动处理和折旧计算等基本操作。

固定资产是企业资产的重要组成部分,固定资产管理是否完善、核算是否正确,不仅关系到企业资产的安全性,也影响到成本费用乃至利润计算的正确性。

为了对富康电子科技有限公司的固定资产进行有效的管理,项目实施小组需要启用固定资产管理系统,并准备企业各固定资产的基本信息和期初余额等信息,将各种信息准确地输入系统中,然后对企业的固定资产日常业务进行核算管理。

6.1 知识准备

6.1.1 固定资产管理系统概述

固定资产管理系统的主要任务是完成企业固定资产日常业务的核算和管理,生成固定资产卡片,按月反映固定资产的增减变动、原值变化及其他变化,按月计提折旧生成折旧分配凭证,协助企业进行成本核算,同时输出一些同设备管理相关的报表和账簿。

1. 固定资产管理系统的主要功能

固定资产管理系统的主要功能包括初始化设置、日常业务处理、凭证处理、信息查询和期末处理等。

1）初始化设置

初始化设置主要包括核算单位的建立,固定资产卡片项目、卡片样式、折旧方法、使用部门、使用状况、增减方式和资产类别等信息的设置,以及固定资产原始卡片的输入。

2）日常业务处理

日常业务处理主要是当固定资产发生增加、减少、原值变动和使用部门转移等变动情况时,更新固定资产卡片,并根据设置的折旧计算方法自动计算折旧,生成折旧清单和折旧分配表。

3）凭证处理

固定资产管理系统根据使用状况和部门对应折旧科目的设置来进行转账凭证的定义。转账凭证可以根据固定资产的业务处理自动生成。转账凭证经过确认后会自动传递到总账管理等系统等待进一步处理。

4）信息查询

固定资产管理系统输出的报表主要有固定资产卡片、固定资产增减变动表、固定资产分类统计表、固定资产折旧计算表和转账数据汇总表等有关账表。

5）期末处理

固定资产管理系统的期末处理主要包括对账和月末结账两部分。

2. 固定资产管理系统与其他子系统的关系

固定资产管理系统与总账管理系统、财务报表系统和核算管理系统存在数据关联性。

1）固定资产管理系统与总账管理系统的关系

固定资产的日常变动数据和计提折旧的数据通过生成的转账凭证传递到总账管理系统。同时,固定资产管理系统可以与总账管理系统针对固定资产和累计折旧进行对账,保证固定资产明细与总账的一致性。

2）固定资产管理系统与核算管理系统的关系

固定资产管理系统为核算管理系统提供其核算所需要的折旧费用数据,是核算管理的基础数据之一。

3）固定资产管理系统与财务报表系统的关系

财务报表系统可以通过函数调用固定资产管理系统的核算数据,编制相关报表。

3. 固定资产管理系统的业务处理流程

固定资产管理系统的业务处理流程大致包括初始化和日常业务处理两部分。初始化主要完成系统参数和基础信息的设置,日常业务处理进行固定资产增减变动、计提折旧和凭证处理等工作。相关业务处理完成后输出固定资产账簿和统计分析报表,并进行月末结账。固定资产管理系统业务处理流程如图6.1所示。

工作项目 6 固定资产管理

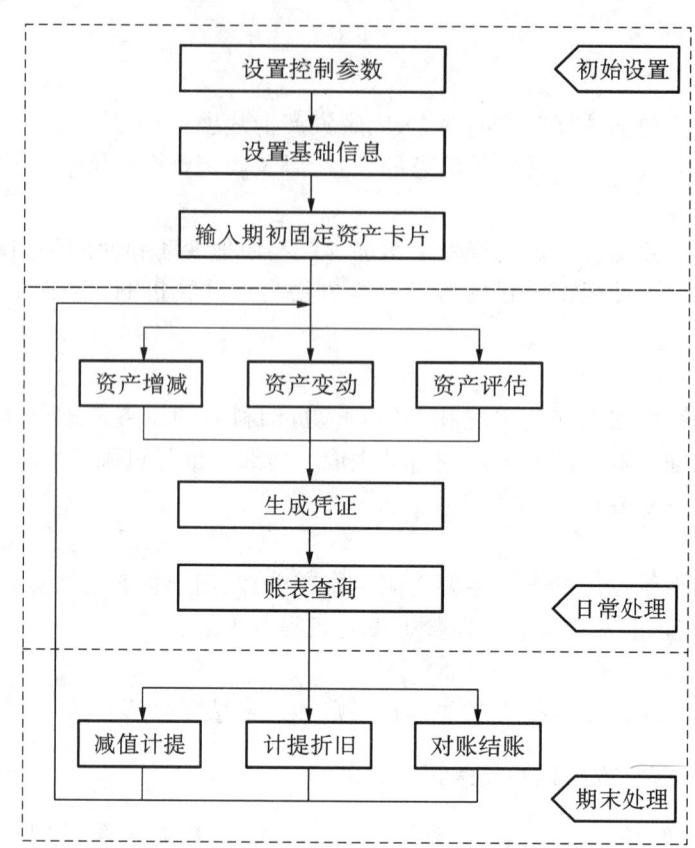

图 6.1 固定资产管理系统业务处理流程

6.1.2 固定资产管理系统初始化

固定资产管理系统初始化的主要内容包括建立固定资产账套、基础信息设置和期初数据输入。

1. 建立固定资产账套

建立固定资产账套是根据企业的具体情况,在已经建立的企业会计核算账套的基础上,设置企业进行固定资产核算的必需参数,包括关于固定资产折旧计算的一些约定及说明、启用月份、折旧信息、编码方式和财务接口等。

建账完成后,当需要对账套中的某些参数进行修改时,可以通过选择"设置"|"选项"命令修改;但也有些参数无法通过"选项"命令修改但又必须改正,这时只能通过"重新初始化"功能实现。重新初始化将清空对该固定资产账套所做的一切操作。

2. 基础信息设置

固定资产管理系统的基础信息设置包括以下各项。

1) 资产类别设置

固定资产种类繁多,规格不一,为强化固定资产管理,及时准确地进行固定资产核算,需建立科学的资产分类核算体系,为固定资产的核算和管理提供依据。企业可以根据自身的特点和要求,参照国家标准,设置较为合理的资产分类。

2) 部门对应折旧科目设置

固定资产计提折旧后,需将折旧费用分配到相应的成本或费用中去,根据不同企业的情况按照部门或类别进行汇总。固定资产折旧费用的分配去向和其所属部门密切相关,如果为每个部门设置对应折旧科目,那么属于该部门的固定资产在计提折旧时,折旧费用将对应分配到其所属的部门。

3) 增减方式设置

固定资产增减方式设置即资产增加的来源和减少的去向设置。增减方式包括增加方式和减少方式两大类。增减方式可根据用户的需要自行增加。在增减方式的设置中,还可以定义不同增减方式的对应入账科目,配合固定资产和累计折旧的入账科目使用,当发生相应的固定资产增减变动时,可以快速生成转账凭证,减少手工输入数据的业务量。

4) 使用状况设置

固定资产的使用状况一般分为使用中、未使用和不需用三大类,不同的使用状况决定了固定资产计提折旧与否。因此,正确定义固定资产的使用状况是准确计算累计折旧,进行资产数据统计分析和提高固定资产管理水平的重要依据。

5) 折旧方法设置

固定资产折旧的计算是固定资产管理系统的重要功能,固定资产折旧的计提由系统根据用户选择的折旧方法自动计算得出,因此折旧方法的定义是计算资产折旧的重要基础。

6) 卡片项目和卡片样式设置

固定资产卡片是固定资产管理系统中重要的管理工具,固定资产卡片文件是重要的数据文件。卡片项目也是固定资产卡片上用来记录固定资产资料的栏目,如原值、资产名称、所属部门、使用年限和折旧方法等是卡片上最基本的项目。

3. 期初数据输入

固定资产系统的初始数据是指系统投入使用前企业现存固定资产的全部有关数据,主要是固定资产原始卡片的有关数据。为了保证所输入的原始卡片的数据准确无误,应该在开始输入前对固定资产进行全面的清查盘点,做到账实相符。

6.1.3 固定资产管理系统的日常业务处理

固定资产管理系统的日常业务处理主要完成固定资产的核算和管理工作,包括固定资产卡片管理、固定资产增减处理、固定资产变动处理、折旧处理、凭证处理、账表查询、期末处理和数据维护等内容。

1. 固定资产卡片管理

卡片是记录固定资产相关资料的载体。无论固定资产增加、减少,还是固定资产变动,都要通过固定资产卡片进行管理。卡片管理包括卡片修改、卡片删除、卡片查询及打印等。

2. 固定资产增减处理

当企业由于各种原因而增加或减少其固定资产时,就需要进行相应的处理,根据固定资产增减变动记录更新固定资产卡片文件,以保证折旧计算的正确性。

1) 固定资产的增加

企业通过购买或其他方式取得固定资产时要进行固定资产增加的处理,填制新的固定资产卡片。一方面要求对新增固定资产按经济用途或其他标准分类,并确定其原始价值;另一方面,要求办理交接手续,填制和审核有关凭证,作为固定资产核算的依据。

2) 固定资产的减少

固定资产的减少是指资产在使用过程中,由于毁损、出售或盘亏等各种原因而被淘汰。此时需进行固定资产减少的处理,输入固定资产减少记录,说明减少的固定资产、减少方式和减少原因等。资产减少信息经过确认后,系统搜索出相应的固定资产卡片,更新卡片文件数据,以反映固定资产减少的相关情况。

3. 固定资产变动处理

固定资产日常使用中出现原值变动、部门转移、使用状况调整、使用年限调整、折旧方法调整、净残值(率)调整、工作总量调整、累计折旧调整或资产类别调整等情况时,需通过变动单进行处理。变动单是指资产在使用过程中由于固定资产卡片上某些项目调整而编制的原始凭证。

1) 原值变动

资产在使用过程中,其原值增减有5种情况:根据国家规定对固定资产重新估价;增加补充设备或改良设备;将固定资产的一部分拆除;根据实际价值调整原来的暂估价值;发现原记录固定资产价值有误。原值变动包括原值增加和原值减少两部分。

2) 部门转移

资产在使用过程中,因内部调配而发生的部门变动应及时处理,否则将影响部门的折旧计算。

3) 使用状况调整

资产使用状况分为在用、未使用和不需用等。在使用过程中,可能会因为某种原因,资产的使用状况发生变化,这种变化会影响到设备折旧的计算,因此应及时调整。

4) 使用年限调整

在使用过程中,资产的使用年限可能会由于资产的重估、大修等原因而调整。进行使用年限调整的资产,在调整的当月就按调整后的使用年限计提折旧。

5) 折旧方法调整

一般来说,资产折旧方法在一年之内很少改变,如有特殊情况确实需要调整改变的,也必须遵循一定的原则。

本月输入的卡片和本月增加的资产,不允许进行变动处理。

4. 折旧处理

折旧处理是固定资产管理系统的基本处理功能之一,主要包括折旧的计提与分配。

1) 折旧计提

根据固定资产卡片中的基本资料,系统自动计算折旧,自动生成折旧分配表,根据折旧分配表编制转账凭证,将本期折旧费用登记入账。

2）折旧分配

计提折旧工作完成后要进行折旧分配形成折旧费用，生成折旧清单。固定资产的使用部门不同，其折旧费用分配的去向也不同，折旧费用与资产使用部门间的对应关系主要通过部门对应折旧科目来实现。系统根据折旧清单及部门对应折旧科目生成折旧分配表，而折旧分配表是将累计折旧分配到成本与费用中，以及编制转账凭证将折旧数据传递到总账管理系统的重要依据。

3）进行折旧处理需注意的问题

固定资产管理系统中进行折旧处理时一般应注意以下几点：

① 如果在一个期间内多次计提折旧，每次计提折旧后，只是将计提的折旧累加到月初的累计折旧上，不会重复累计。计提折旧后又对账套进行了影响折旧计算功能分配的操作，必须重新计提折旧，以保证折旧计算的正确性。

② 如果上一次计提的折旧已经制单但尚未记账，必须删除该凭证；如果已经记账，必须冲销该凭证，重新计提折旧。如果自定义的折旧方法月折旧率或月折旧额出现负数，系统会自动中止计提。

③ 折旧分配表包括部门折旧分配表和类别折旧分配表两种类型。部门折旧分配表中的部门可以不等同于使用部门，使用部门必须是明细部门，而部门折旧分配表中的部门指汇总时使用的部门，因此要在计提折旧后分配折旧费用时做出选择。

④ 当企业中有固定资产按工作量法计提折旧时，在计提折旧之前，需输入该固定资产当期的工作量，为系统提供计算累计折旧所需的信息。

5. 凭证处理

固定资产管理系统的凭证处理功能主要是根据固定资产各项业务数据自动生成转账凭证传递到总账管理系统进行后续处理。一般来说，当固定资产发生资产增加、资产减少、原值变动、累计折旧调整、资产评估（涉及原值和累计折旧时）和计提折旧等业务时就要编制转账凭证。

编制凭证可以采用"立即制单"和"批量制单"两种方法。编制转账凭证的过程中系统会根据固定资产和累计折旧入账科目设置、增减方式设置、部门对应折旧科目设置及业务数据自动生成转账凭证，凭证中不完整的部分可由用户进行补充。

6. 账表查询

固定资产管理系统提供的报表可以分为固定资产账簿、固定资产统计分析表、固定资产统计表、固定资产折旧表四大类。

1）固定资产账簿

固定资产账簿一般用于提供资产管理所需的基本信息，主要包括固定资产总账、固定资产明细账和固定资产登记簿等基础报表。

(1) 固定资产总账

固定资产总账是按部门和类别反映固定资产在一个年度内发生的价值变化的账页。

(2) 单项固定资产明细账

单项固定资产明细账是反映单个资产在查询期间发生的所有业务，包括在该期间的资产增加或资产减少情况。

(3) 固定资产登记簿

固定资产登记簿可按资产所属类别或所属部门显示一定期间范围内发生的所有业务，包括资产增加、资产减少、原值变动和部门转移等信息。

(4) （部门、类别）明细账

（部门、类别）明细账是反映某一类别或部门的固定资产在查询期间内发生的所有业务，包括资产增加、资产减少、原值变动、使用状况变化、部门转移和计提折旧等信息。

2）固定资产统计分析表

固定资产统计分析表用于从资产的构成情况、分布情况和使用状况等角度提供统计分析数据，为管理人员进行决策提供信息。固定资产统计分析表主要包括固定资产部门构成分析表、固定资产使用状况分析表、固定资产价值结构分析表和固定资产类别构成分析表等报表。

(1) 固定资产部门构成分析表

固定资产部门构成分析表是企业内资产在各使用部门之间分布情况的分析统计。

(2) 固定资产使用状况分析表

固定资产使用状况分析表是对企业内所有资产的使用状况所做的分析汇总，使管理者了解资产的总体使用情况，尽快将未使用的资产投入使用，及时处理不需用的资产，提高资产的利用率和发挥应有的效能。

(3) 固定资产价值结构分析表

固定资产价值结构分析表是对企业内各类资产的期末原值和净值、累计折旧净值率等数据分析汇总，使管理者了解资产计提折旧的程度和剩余价值的大小。

(4) 固定资产类别构成分析表

固定资产类别构成分析表是对企业资产的类别分别进行分析的报表。

3）固定资产统计表

固定资产统计表用于提供各种统计信息，主要包括固定资产统计表、逾龄资产统计表、役龄资产统计表、盘盈盘亏报告表和固定资产原值统计表等报表。

(1) 固定资产统计表

固定资产统计表是按部门或类别统计该部门或类别的资产的价值、数量、折旧和新旧程度等指标的统计表。

(2) 逾龄资产统计表

逾龄资产统计表就是统计指定会计期间内已经超过折旧年限的逾龄资产状况。

(3) 役龄资产统计表

役龄资产统计表就是统计指定会计期间内在折旧年限内正常使用的资产状况。

(4) 盘盈盘亏报告表

盘盈盘亏报告表反映企业以盘盈方式增加的资产和以盘亏、毁损方式减少的资产情况。因盘盈、盘亏或毁损属于非正常方式，通过该统计表，可以看出企业对资产的管理情况。

(5) 固定资产原值统计表

固定资产原值统计表是按使用部门和类别交叉汇总显示资产的原值、累计折旧和净值的统计表，便于管理者掌握资产的分布情况。

4）固定资产折旧表

固定资产折旧表用于提供与固定资产折旧相关的明细信息与汇总信息，主要包括部门折旧计算汇总表、固定资产折旧清单表、折旧计算明细表、固定资产及累计折旧表等报表。

(1) 部门折旧计算汇总表

部门折旧计算汇总表反映该账套内各使用部门计提折旧的情况,包括计提原值和计算的折旧额信息。

(2) 固定资产折旧清单表

固定资产折旧清单表用于显示按资产明细列示的折旧数据及累计折旧数据信息,可以根据部门、资产类别提供固定资产的明细折旧数据。

(3) 折旧计算明细表

折旧计算明细表是按类别设立的,反映资产按类别计算折旧的情况,包括上月计提情况、上月原值变动和本月计提情况。

(4) 固定资产及累计折旧表

固定资产及累计折旧表是按期编制的反映各类固定资产的原值、累计折旧和本年累计折旧变动的相关明细情况。

7. 期末处理

固定资产期末处理主要包括对账和月末结转两项工作内容。

1) 对账

对账是将固定资产管理系统中记录的固定资产和累计折旧数额与总账管理系统中固定资产和累计折旧科目的数值核对,验证是否一致,寻找可能产生差异的原因。对账任何时候都可以进行,系统在执行月末结账时自动进行,自动给出对账结果,并可根据初始化中的"在对账不平情况下允许固定资产月末结账"选项设置判断是否允许结账。

2) 月末结转

固定资产管理系统完成当月全部业务后,便可以进行月末结账,以便将当月数据结转至下月。月末结账后,当月数据不允许再进行改动。月末结账后如果发现本月未处理的业务需要修改时,可以通过系统提供的"恢复月末结算前状态"功能进行反结账。

8. 数据维护

1) 数据接口管理

数据接口管理提供了卡片导入的功能。可以将企业使用固定资产管理系统之前已有的固定资产卡片自动导入到系统中,从而减少手工卡片输入的工作量,提高效率。

2) 重新初始化账套

系统在运行过程中发现账簿错误太多,无法通过"反结账"功能纠正时,可以利用"重新初始化账套"功能将该账套内容全部清空,然后重新开始建立账套。

6.2 实训 7 固定资产管理

 实训目的

1. 掌握畅捷通 T3 中有关固定资产管理的相关内容。

工作项目 6 固定资产管理

2. 掌握固定资产管理系统初始化、日常业务处理和月末处理的操作。

 练习重点

1. 固定资产管理系统参数设置、原始卡片输入。
2. 日常业务:资产增减、资产变动、资产评估、生成凭证和账表查询。
3. 月末处理:计提减值准备、计提折旧、对账和结账。

 实训准备

引入"实训6 企业工资管理"账套。

 案例内容

一、固定资产期初控制参数(见表 6.1)

表 6.1 固定资产期初控制参数

控制参数	参数设置
约定及说明	我同意
启用月份	2020.01
折旧信息	本账套计提折旧 折旧方法:平均年限法(一) 折旧汇总分配周期:1 个月 当(月初已计提月份=可使用月份-1)时,将剩余折旧全部提足
编码方式	资产类别编码方式:2112 　　　固定资产编码方式:按"类别编码+部门编码+序号"自动编码。卡片序号长度为3
财务接口	与账务管理系统进行对账 对账科目:固定资产对账科目——1601,固定资产;累计折旧对账科目——1602,累计折旧
补充参数	业务发生后立即制单 月末结账前一定要完成制单登账业务 固定资产默认入账科目——1601,累计折旧默认入账科目——1602

二、企业固定资产类别(见表 6.2)

表 6.2 固定资产类别

编码	类别名称	净残值率	单 位	计提属性
01	交通运输设备	4%正常计提		
011	经营用设备	4%正常计提		

续表

编码	类别名称	净残值率	单位	计提属性
012	非经营用设备	4%		正常计提
02	电子设备及其他通信设备	4%		正常计提
021	经营用设备	4%	台	正常计提
022	非经营用设备	4%	台	正常计提

三、部门及对应折旧科目(见表6.3)

表6.3 部门及对应折旧科目

部门	对应折旧科目	对应科目编码
企管部、财务部、采购部	管理费用——折旧费	660206
销售部	销售费用——折旧费	660106
生产部	制造费用——折旧费	510102

四、增减方式的对应入账科目(见表6.4)

表6.4 增减方式的对应入账科目

增减方式目录	对应入账科目
增加方式	
直接购入	10020101,中行存款——人民币户
减少方式	
毁损	1606,固定资产清理

五、固定资产原始卡片信息(见表6.5)

表6.5 固定资产原始卡片

固定资产名称	类别编号	所在部门	增加方式	使用年限(年)	开始使用日期	原值(元)	累计折旧(元)	对应折旧科目名称
轿车	12	企管部	直接购入	5	2019.01.01	306 800.00	53 996.80	管理费用——折旧费
笔记本电脑	22	企管部	直接购入	5	2019.01.01	22 000.00	3 872.00	管理费用——折旧费
打印机	22	企管部	直接购入	5	2019.01.01	13 500.00	2 376.00	管理费用——折旧费
投影仪	22	企管部	直接购入	5	2019.01.01	8 000.00	1 408.00	管理费用——折旧费
计算机	21	生产部一部	直接购入	5	2019.01.01	6 000.00	1 056.00	制造费用——折旧费
计算机	21	生产部二部	直接购入	5	2019.01.01	6 000.00	1 056.00	制造费用——折旧费
合计						362 300.00	63 764.8	

净残值率均为4%,使用状况均为在用,折旧方法均采用平均年限法(一)。

六、企业 2020 年 1 月份发生以下业务

① 6 日,财务部购买复印机一台,价值 30 000 元,取得增值税普通发票,净残值率 4%,预计使用年限 5 年。以银行转账支票支付,转账支票号为 ZZ0105。

② 6 日,计提本月折旧费用。

③ 6 日,编号为 00005 的计算机损毁,进行资产减少处理。

七、进行固定资产与总账对账,并做月末结账

八、查询部门折旧计提汇总表

九、下月业务

① 2 月 1 日,企管部的轿车添置新配件 12 000 元。以支票支付,支票号为 ZZ0201。

② 2 月 1 日,企管部的打印机移转至采购部。

十、备份"实训 9 固定资产管理"账套

6.2.1 任务1 设置固定资产期初控制参数及补充参数

1. 设置固定资产期初控制参数

① 进入系统管理,恢复"期初余额"账套,启用固定资产管理模块,如图 6.2 所示,然后退出系统管理。

图 6.2 启用固定资产管理模块

② 以账套主管身份进入畅捷通 T3 主窗口,单击"固定资产"菜单项,系统弹出"……是否进行初始化?"提示框,如图 6.3 所示。

③ 单击"是"按钮,打开固定资产初始化向导窗口,在"固定资产初始化向导——约定及说明"对话框中,仔细阅读相关条款,选中"我同意"单选按钮,如图 6.4 所示。

图 6.3 初始化提示

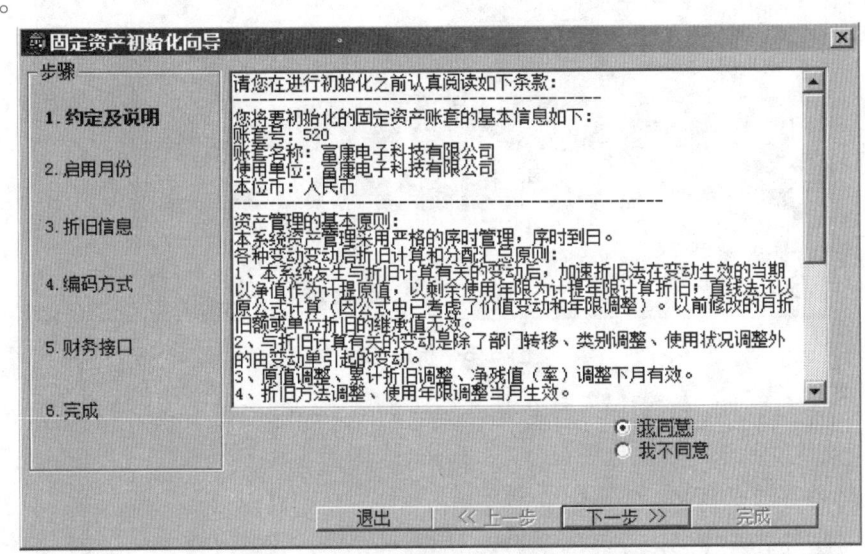

图 6.4 约定及说明

④ 单击"下一步"按钮,打开"固定资产初始化向导——启用月份"对话框,选择账套启用月份 2020.01,如图 6.5 所示。

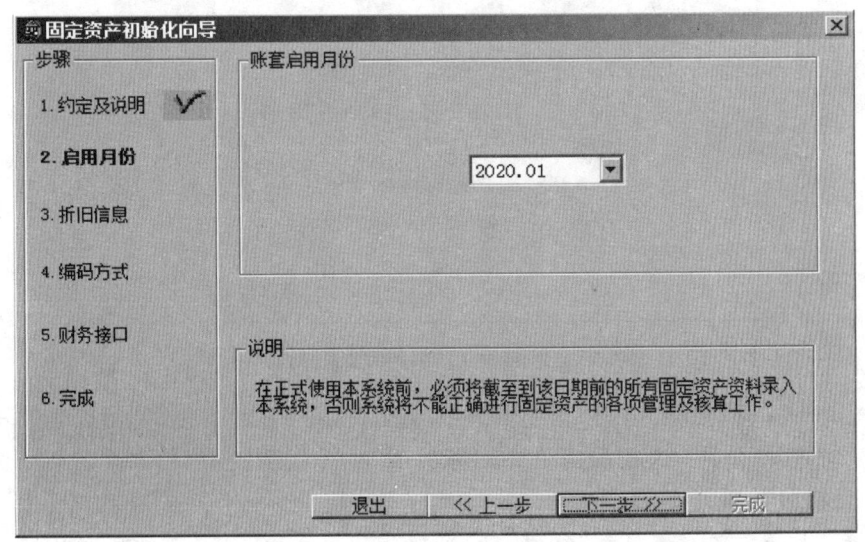

图 6.5 启用月份

⑤ 单击"下一步"按钮,打开"固定资产初始化向导——折旧信息"对话框。选中"本账套计提折旧"复选框。选择主要折旧方法"平均年限法(一)"、折旧汇总分配周期"1"个月,选中"当(月初已计提月份=可使用月份-1)时将剩余折旧全部提足(工作量法除外)"复选框,如图6.6所示。

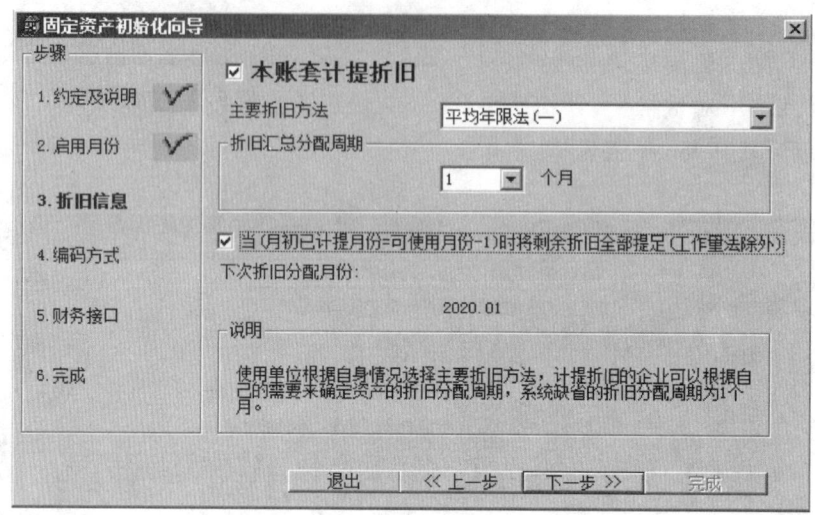

图6.6 折旧信息

⑥ 单击"下一步"按钮,打开"固定资产初始化向导——编码方式"对话框。确定资产类别编码长度为2112,选中"自动编码"单选按钮,选择固定资产编码方式"类别编号+部门编号+序号",选择序号长度3,如图6.7所示。

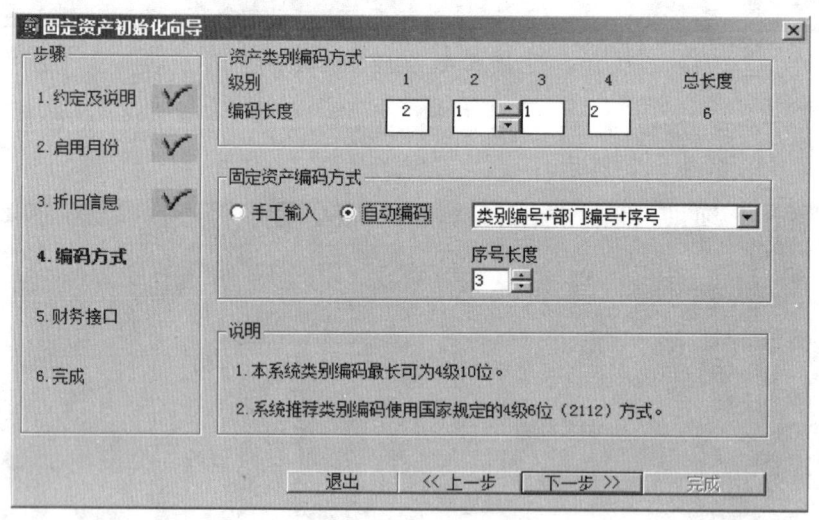

图6.7 编码方式

⑦ 单击"下一步"按钮,打开"固定资产初始化向导——财务接口"对话框。选中"与账务系统进行对账"复选框,选择固定资产对账科目"1601,固定资产""累计折旧对账科目""1602,累计折旧",如图6.8所示。

⑧ 单击"下一步"按钮,打开"固定资产初始化向导——完成"对话框,如图6.9所示。

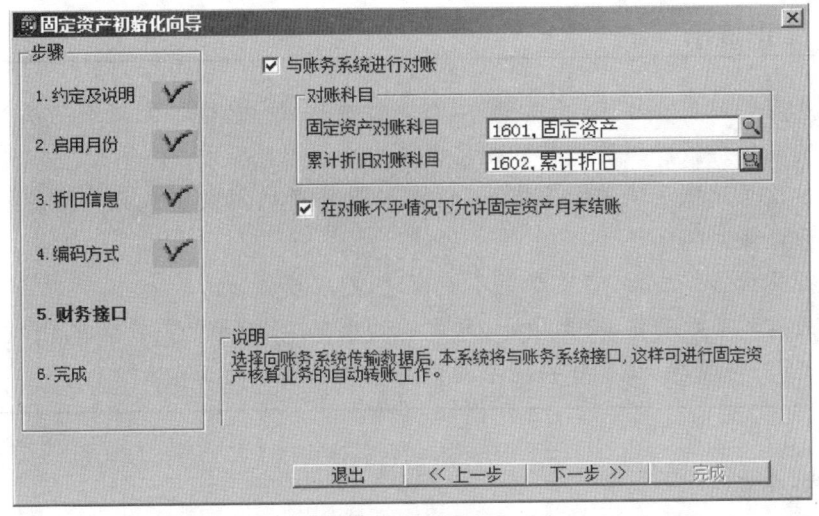

图 6.8 财务接口

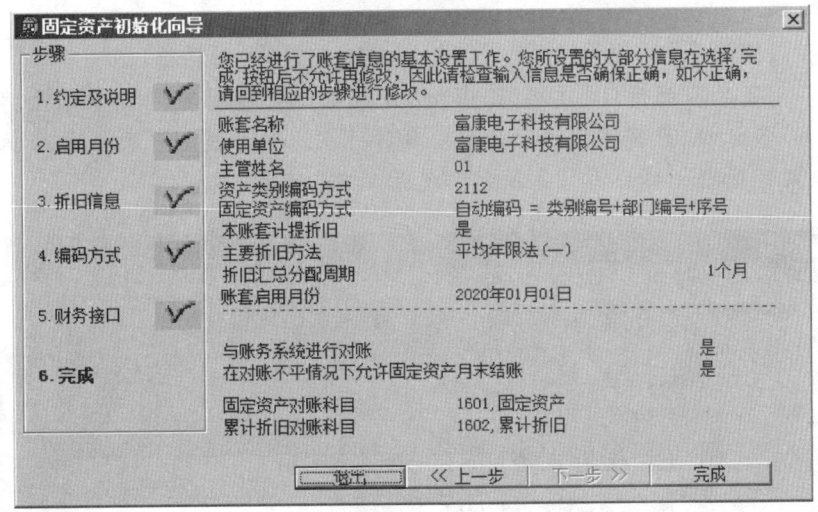

图 6.9 完成

⑨ 单击"完成"按钮,完成本账套的初始化,系统弹出"已经完成了新账套的所有设置工作。是否确定所设置的信息完全正确并保存对新账套的所有设置?"提示框,如图 6.10 所示。

⑩ 单击"是"按钮,系统弹出"已成功初始化本固定资产账套!"提示框,如图 6.11 所示。然后单击"确定"按钮。

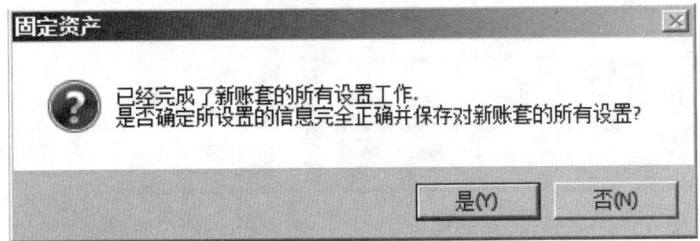

图 6.10 完成设置的提示

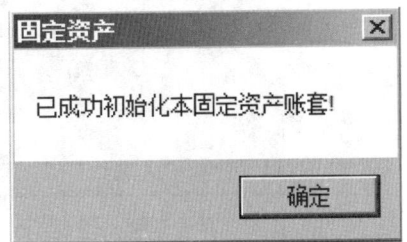

图 6.11 固定资产初始化完成

工作提示

- 如果是行政事业单位，不选中"本账套计提折旧"复选框，则账套内所有与折旧有关的功能屏蔽。该选项在初始化设置完成后不能修改。
- 虽然这里选择了某种折旧方法，但在设置资产类别或定义具体固定资产时可以更改设置。
- 初始化设置完成后，有些参数不能修改，所以要慎重。
- 如果发现参数有错，必须改正，只能通过选择"固定资产"|"维护"|"重新初始化账套"命令实现，该操作将清空对该账套所做的一切工作。

2. 设置补充参数

工作过程

① 选择"固定资产"|"设置"|"选项"命令，打开"选项"对话框。

② 单击"与账务系统接口"标签，选中"业务发生后立即制单""月末结账前一定要完成制单登账业务"复选框，选择固定资产默认入账科目"1601，固定资产"、累计折旧默认入账科目"1602，累计折旧"，如图6.12所示。然后单击"确定"按钮。

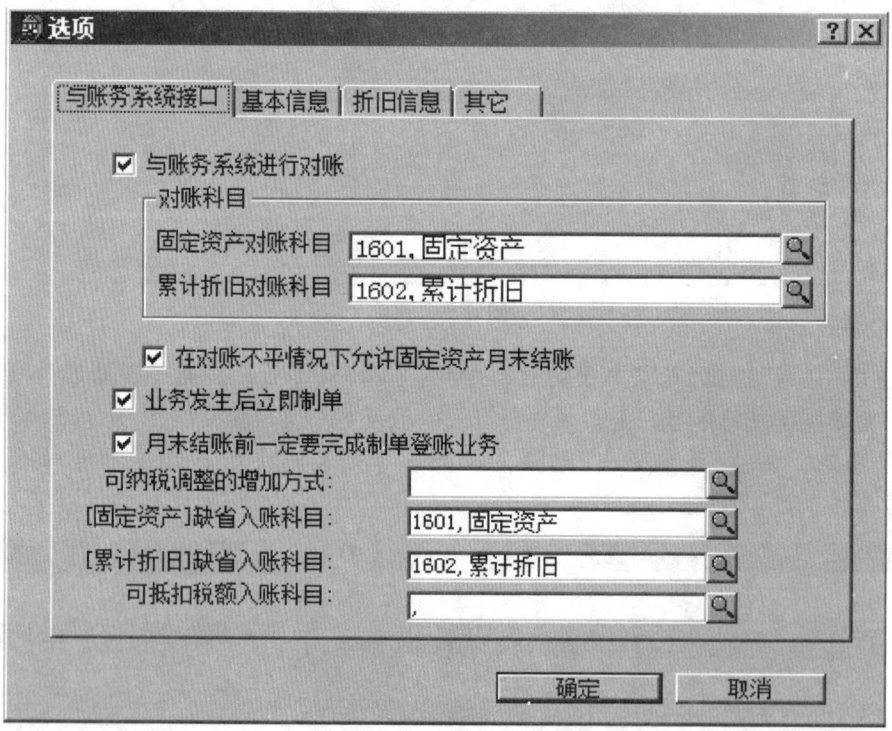

图6.12 "选项"对话框

6.2.2 任务2 输入企业固定资产类别

工作过程

① 选择"固定资产"|"设置"|"资产类别"命令,打开"类别编码表"窗口。

② 单击"增加"按钮,输入类别名称"交通运输设备"、净残值率4%,选择计提属性"正常计提"、折旧方法"平均年限法(一)"、卡片样式"通用样式",如图6.13所示。

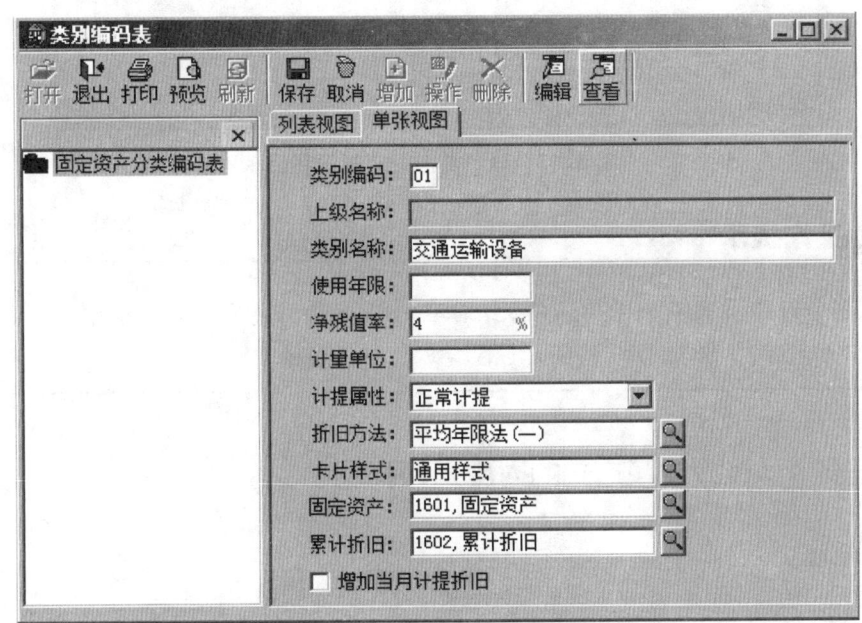

图6.13 设置资产类别

③ 单击"保存"按钮。同理,完成其他资产类别的设置。

工作提示

- 资产类别编码不能重复,同一级的类别名称不能相同。
- 类别编码、名称、计提属性和卡片样式不能为空。
- 已使用过的类别不能设置新下级。

6.2.3 任务3 设置部门及对应折旧科目

工作过程

① 选择"固定资产"|"设置"|"部门对应折旧科目"命令,打开"部门编码表"窗口。

② 选择部门名称"企管部",然后单击"修改"按钮。

③ 选择折旧科目"660206,折旧费",如图6.14所示。

④ 单击"保存"按钮。同理,完成其他部门折旧科目的设置。

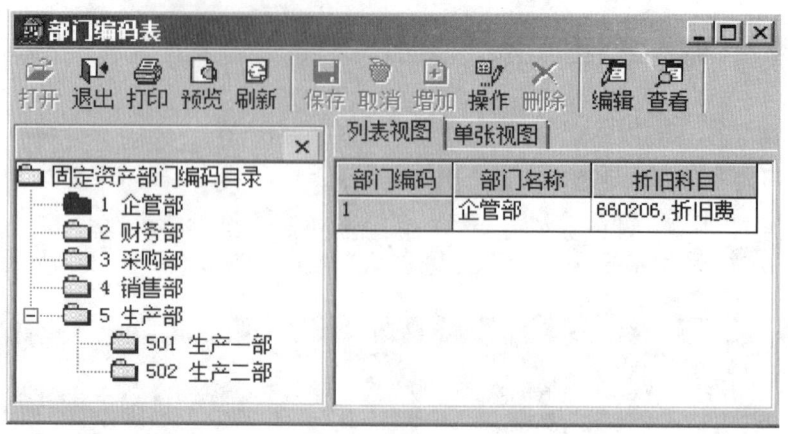

图6.14 设置部门对应折旧科目

工作提示

如果一个部门下有多个下属部门,且对应的折旧科目相同,可以将折旧科目设置在此部门下,保存后,单击"刷新"按钮,其下属部门自动继承。

6.2.4 任务4 设置增减方式的对应入账科目

工作过程

① 选择"固定资产"|"设置"|"增减方式"命令,打开"增减方式"窗口。
② 选择增加方式为"直接购入",然后单击"修改"按钮。
③ 输入对应入账科目"10020101,人民币户",如图6.15所示。然后单击"保存"按钮。

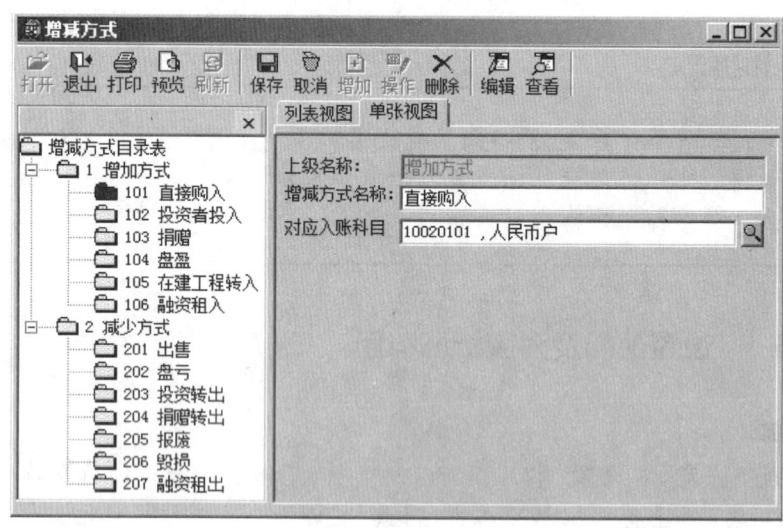

图6.15 设置增减方式

④ 同理，输入减少方式为"损毁"的对应入账科目"1606，固定资产清理"。

工作提示

当固定资产发生增减变动时，系统生成凭证时会默认采用这些科目。

6.2.5 任务5 输入固定资产原始卡片信息，并对账

工作过程

① 选择"固定资产"|"卡片"|"录入原始卡片"命令，打开"资产类别参照"对话框。

② 选择固定资产类别"012 非经营用设备"，如图6.16所示。然后单击"确认"按钮，打开"固定资产卡片"窗口。

③ 输入固定资产名称"轿车"；双击"部门名称"，选择"企管部"；双击"增加方式"，选择"直接购入"；双击"使用状况"，选择"在用"；输入使用年限"5年0月"；输入开始使用日期 2019-01-01；输入原值 306 800.00、累计折旧 53 996.80；其他信息自动算出，如图6.17所示。

④ 单击"保存"按钮，系统弹出"数据成功保存！"提示框，单击"确定"按钮。

⑤ 同理，完成其他固定资产卡片的输入。然后单击"退出"按钮退出。

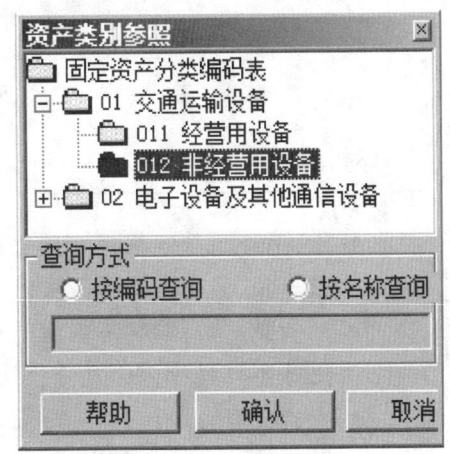

图 6.16 选择资产类别

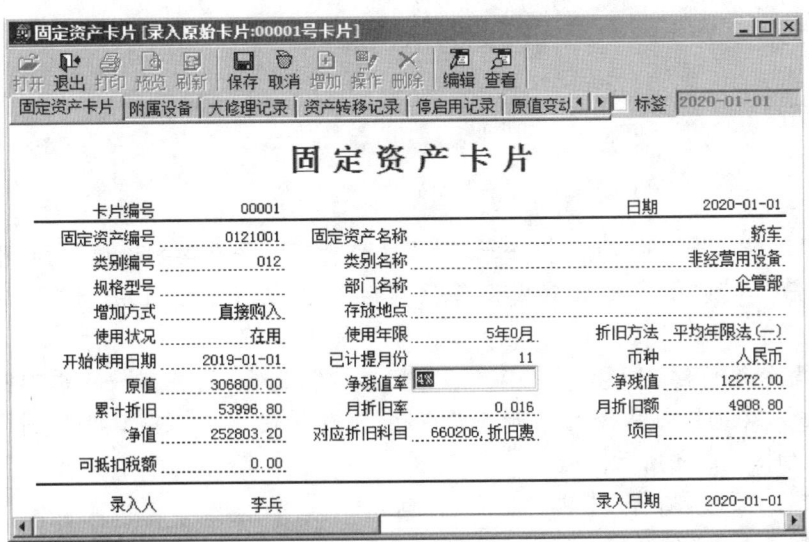

图 6.17 原始卡片输入

⑥ 全部原始卡片输入完成后，选择"固定资产"|"处理"|"对账"命令，将目前固定资产明细账与总账进行对账，以确保固定资产明细账与总账相符。对账结果如图6.18所示。然后单击"确定"按钮，并退出。

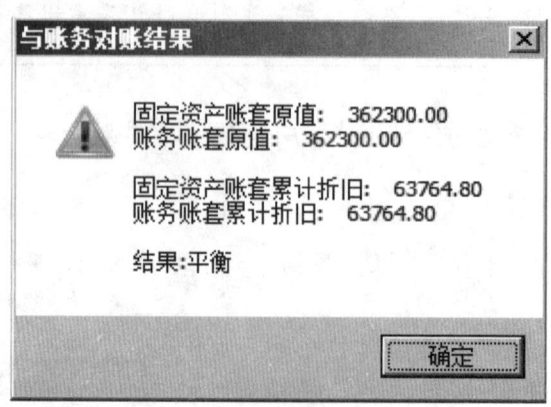

图6.18 固定资产对账

工作提示

- 卡片编号：系统根据初始化时定义的编码方案自动设置，不能修改，如果删除一张卡片，又不是最后一张时，系统将保留空号。
- 已计提月份：系统将根据开始使用日期自动算出，但可以修改，请将使用期间停用等不计提折旧的月份扣除。
- 月折旧率、月折旧额：与计算折旧有关的项目输入后，系统会按照输入的内容自动算出并显示在相应项目内，可与手工计算的值比较，核对是否有错误。

6.2.6 任务6 对1月份发生的业务进行处理

1. 增加资产

工作过程

① 选择"固定资产"|"卡片"|"资产增加"命令，打开"资产类别参照"对话框。
② 选择资产类别"022 非经营用设备"，然后单击"确认"按钮，打开"固定资产卡片"窗口。
③ 输入固定资产名称"复印机"；双击"部门名称"，选择"财务部"；双击"增加方式"，选择"直接购入"；双击"使用状况"，选择"在用"；输入使用年限"5年0月"，输入原值30 000.00，如图6.19所示。
④ 单击"保存"按钮，打开"填制凭证"窗口。
⑤ 选择凭证类型"付 付款凭证"，修改制单日期、附件数及支票信息，然后单击"保存"按钮，生成凭证，如图6.20所示。单击"退出"按钮退出。

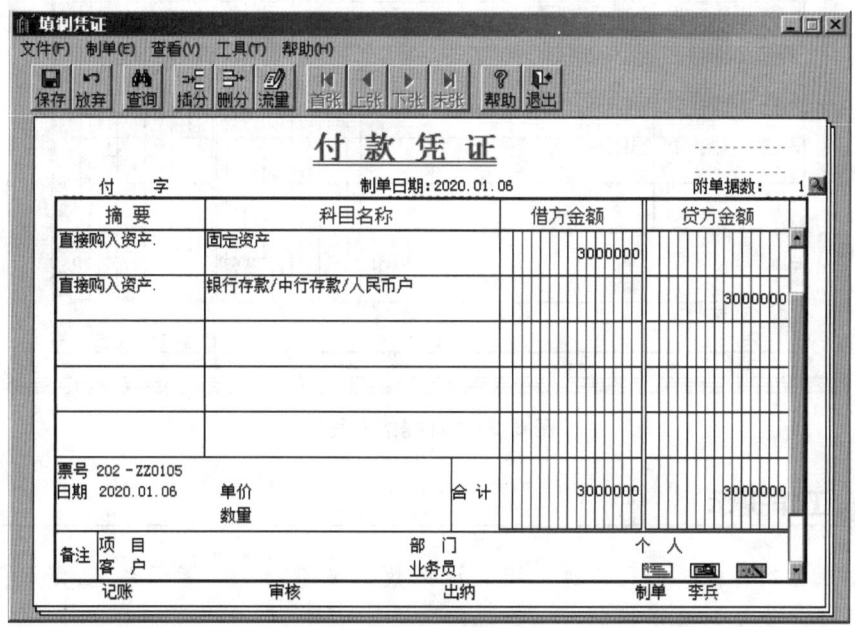

图 6.19 增加固定资产

图 6.20 新增资产生成凭证

工作提示

- 固定资产原值一定要输入卡片并输入月初的价值,否则会出现计算错误。
- 新卡片第一个月不提折旧,累计折旧为空或 0。
- 卡片输入完后,也可以不立即制单,月末可以批量制单。

2. 计提本月折旧费用

工作过程

① 选择"固定资产"|"处理"|"计提本月折旧"命令,系统弹出"本操作将计提本月折旧,并花费一定时间,是否要继续?"提示框。单击"是"按钮,系统弹出"是否要查看折旧清单?"提示框。单击"否"按钮。

② 系统计提折旧完成后打开"折旧分配表"窗口,单击"凭证"按钮,打开"填制凭证"窗口,选择凭证类型"转 转账凭证",修改其他项目,然后单击"保存"按钮,计提折旧凭证如图6.21所示。

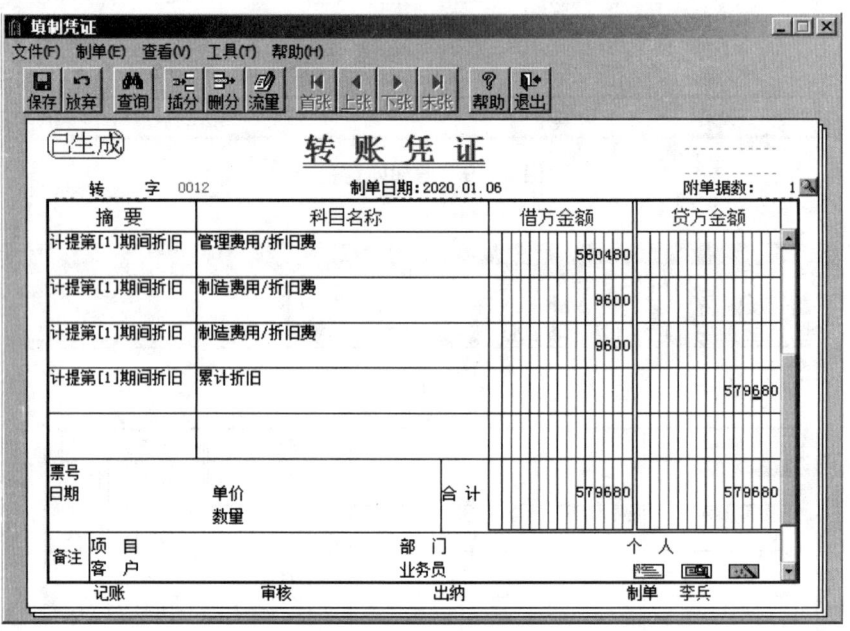

图 6.21 计提折旧凭证

工作提示

- 如果上次计提折旧已通过记账凭证把数据传递到总账管理系统,则必须删除该凭证才能重新计提折旧。
- 计提折旧后又对账套进行了影响折旧计算或分配的操作,必须重新计提折旧,否则系统不允许结账。

3. 资产减少

工作过程

① 选择"固定资产"|"卡片"|"资产减少"命令,打开"资产减少"对话框。

② 选择卡片编号00005,单击"增加"按钮。选择减少方式"毁损",如图6.22所示。

图 6.22 资产减少

③ 单击"确定"按钮,打开"填制凭证"窗口。

④ 选择凭证类型"转 转账凭证",输入附单据数 1,然后单击"保存"按钮,如图 6.23 所示。单击"退出"按钮退出。

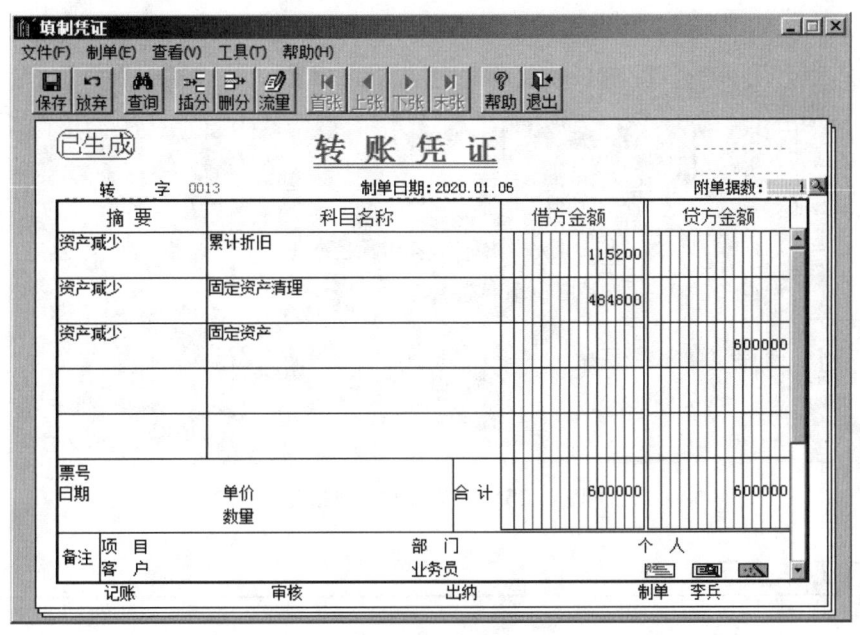

图 6.23 资产减少的生成凭证

工作提示

- 本账套需要进行计提折旧后,才能减少资产。
- 如果要减少的资产较少或没有共同点,则通过输入资产编号或卡片号,单击"增加"按钮,将资产添加到资产减少表中。
- 如果要减少的资产较多并且有共同点,则通过单击"条件"按钮,输入一些查询条件,将符合该条件的资产挑选出来进行批量减少操作。

6.2.7 任务7 进行固定资产与总账对账,并做月末结账

 工作过程

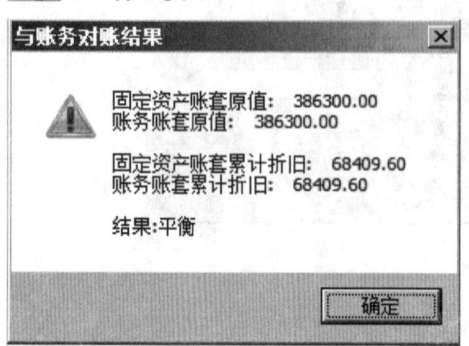

图 6.24 固定资产对账

① 进行固定资产凭证的签字、审核和记账后,选择"固定资产"|"处理"|"对账"命令,系统弹出"与账务对账结果"提示框,如图 6.24 所示。然后单击"确定"按钮。

② 选择"固定资产"|"处理"|"月末结账"命令,打开"月末结账…"对话框,如图 6.25 所示。

③ 单击"开始结账"按钮,系统自动检查与总账管理系统的对账结果,然后打开"与账务对账结果"对话框。单击"确定"按钮后,系统弹出"月末结账成功完成!……"提示框。然后两次单击"确定"按钮。

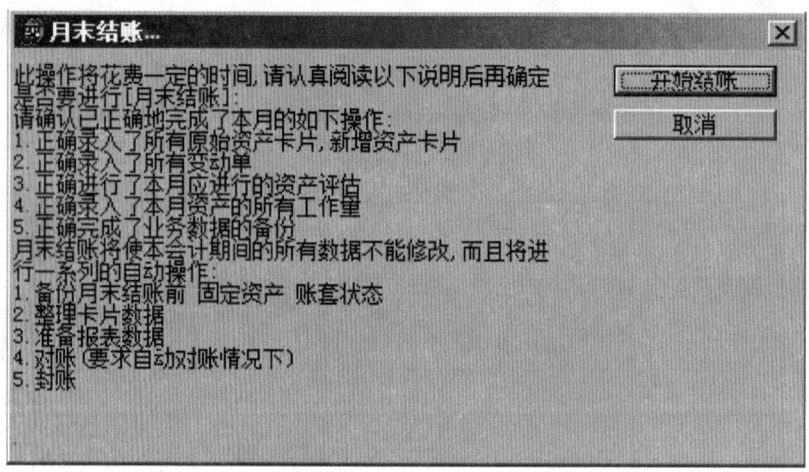

图 6.25 固定资产月末结账

工作提示

- 当总账管理系统记账完毕,固定资产管理系统才可以进行对账。对账平衡,开始月末结账。
- 如果在初始设置时,选择"与账务系统进行对账"功能,对账的操作不限制执行时间,任何时候都可以进行对账。
- 若在财务接口中选中"在对账不平情况下允许固定资产月末结账"复选框,则可以直接进行月末结账。
- 本会计期间做完月末结账工作后,所有数据资料将不能再进行修改。
- 本会计期间不做完月末结账工作,系统将不允许处理下一个会计期间的数据。
- 月末结账前一定要进行数据备份,否则数据一旦丢失,将造成无法挽回的后果。

6.2.8 任务8 查询"(部门)折旧计提汇总表"

工作过程

① 选择"固定资产"|"账表"|"我的账表"命令,打开"报表"窗口。

② 单击"折旧表"选项,在右侧列表框中选择"(部门)折旧计提汇总表"选项,如图6.26所示。

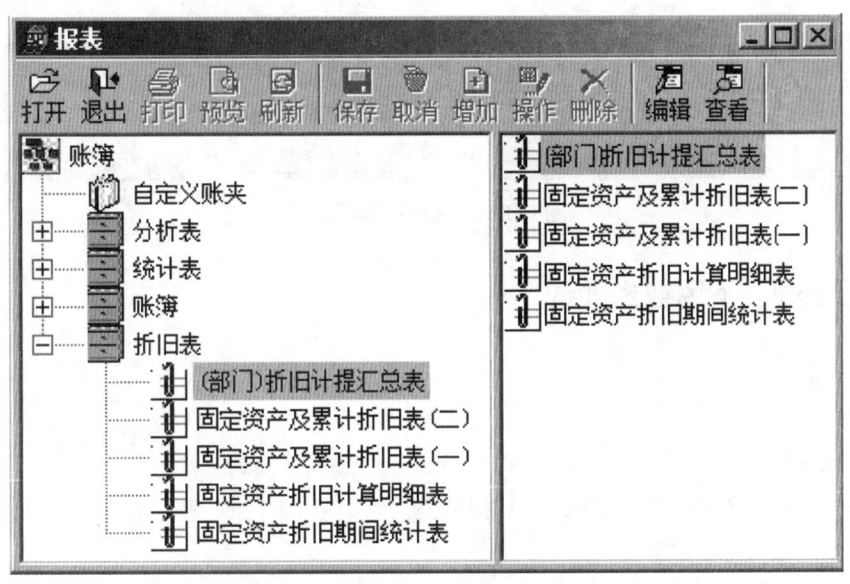

图 6.26 选择"(部门)折旧计提汇总表"

③ 单击"打开"按钮,打开"条件"对话框。

④ 选择期间 2020.01,汇总部门为 1—2,如图 6.27 所示。

⑤ 单击"确定"按钮,打开"查看报表"窗口,如图 6.28 所示。

图 6.27 选择"(部门)折旧计提汇总表"条件

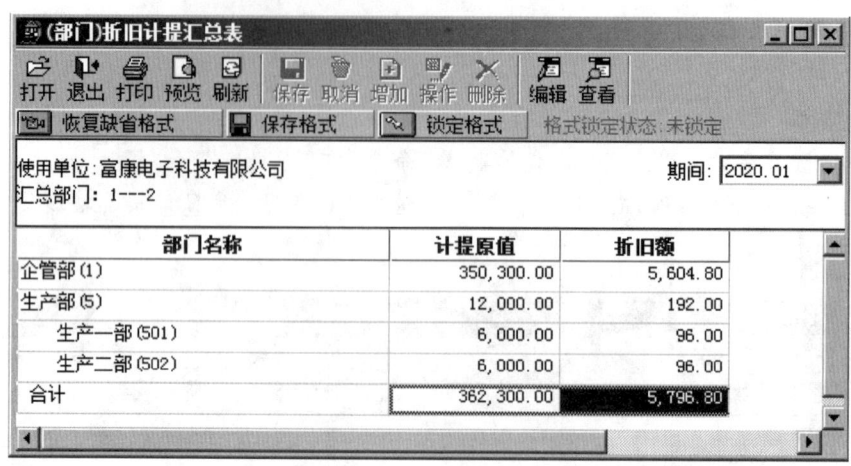

图 6.28 "查看报表"窗口

6.2.9 任务9 下月业务处理

1. 资产增加

① 重新登入账号 2020.2.1,选择"固定资产"|"卡片"|"变动单"|"原值增加"命令,打开"固定资产变动单"窗口。

② 输入卡片编号 00001、增加金额 12 000.00、变动原因"增加配件",如图 6.29 所示。

图 6.29 固定资产变动单

③ 单击"保存"按钮,打开"填制凭证"窗口。

④ 选择凭证类型"付 付款凭证",填写或修改其他项目,然后单击"保存"按钮。

工作项目 **6** 固定资产管理

 工作提示

- 资产变动主要包括原值变动、部门转移、使用状况变动、使用年限调整、折旧方法调整、净残值(率)调整、工作总量调整、累计折旧调整和资产类别调整等。系统对已做出变动的资产,要求输入相应的变动单来记录资产调整结果。
- 变动单不能修改,只有当月可删除重做,所以请仔细检查后再保存。
- 必须保证变动后的净值大于变动后的净残值。

2. 资产部门转移

工作过程

① 选择"固定资产"|"卡片"|"变动单"|"部门转移"命令,打开"固定资产变动单"窗口。

② 输入卡片编号 00003;双击"变动后部门",选择"采购部";输入变动原因"调拨",如图 6.30 所示。单击"保存"按钮,系统弹出"数据成功保存!……"提示框。单击"确定"按钮。最后单击"退出"按钮退出。

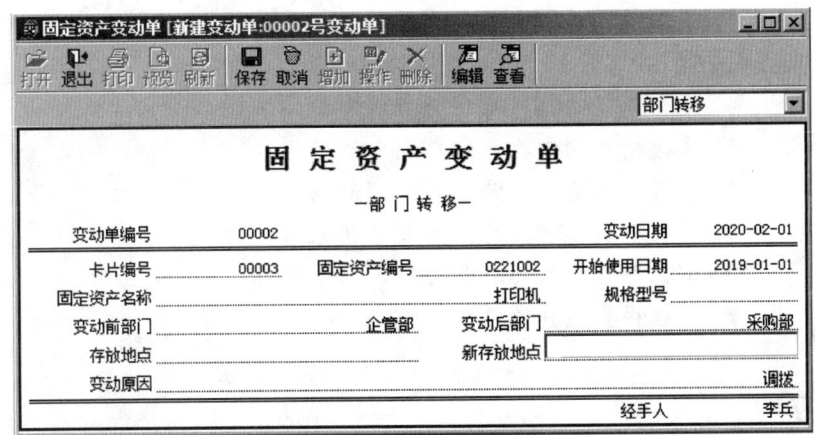

图 6.30 部门转移

6.2.10 任务10 备份"实训7 固定资产管理"账套

实训及其工作过程略。

 **工作项目小结**

在完成本项目各项工作的同时,项目实施小组了解了固定资产管理系统的主要功能,熟悉了固定资产管理系统的操作流程,完成了固定资产管理系统的初始化,并根据企业需求,设置了固定资产类别、部门折旧科目及增减方式对应科目,按照整理完成的企业期初的固定资产资料,进行了系统中固定资产原始卡片输入的工作,并完成了企业的资产增减、变动处理和折旧计算等操作,保证了企业对其固定资产进行准确、有效管理的核算要求。

工作项目 7 购销存管理

知识目标

- 了解购销存管理系统包含的功能模块及应用方案。
- 熟悉购销存管理系统的数据流程。
- 理解购销存管理系统期初数据与财务期初数据的关系。
- 理解存货属性的基本含义。
- 理解设置购销存系统基本科目的意义。
- 熟悉应用购销存管理系统处理不同类型的采购、销售、出入库业务的方法。
- 了解核算系统与其他系统的数据关系。

技能目标

- 学会设置购销存系统的基本科目。
- 掌握输入购销存系统期初数据的方法。
- 掌握不同类型采购业务处理的基本操作。
- 掌握不同类型销售业务处理的基本操作。
- 掌握存货出入库业务处理的基本操作。
- 掌握存货核算的基本操作。

思政育人
扶贫"硬汉"隋耀达

　　购销存管理系统是畅捷通 T3 管理软件的重要组成部分,突破了会计核算软件单一财务管理的局限,实现了从财务管理到企业业务一体化全面管理,实现了物流、资金流、信息流管理的统一。
　　富康电子科技有限公司启用了购销存管理系统,并准备了有关企业购销存业务的各项基本信息及期初数据等信息,由财务人员输入购销存管理系统中,然后对企业日常的购销存业务进行核算管理。

7.1　知识准备

7.1.1　购销存管理概述

1. 购销存管理的功能模块构成

　　畅捷通 T3 购销存管理以企业购销存业务环节中的各项活动为对象,记录各项业务的发生,并有效跟踪其发展过程,为财务核算、业务分析、管理决策提供依据。

畅捷通 T3 购销存管理主要由采购管理、销售管理、库存管理、存货核算几个模块实现。各模块主要功能简述如下。

1）采购管理

采购是企业物资供应部门按已确定的物资供应计划,通过市场采购、加工定制等各种渠道,取得企业生产经营活动所需要的各种物资的经济活动。采购管理追求的目标是保持与供应商的关系,保障供给,降低采购成本。

2）销售管理

销售是企业生产经营成果的实现过程,是企业经营活动的中心。通过各种营销方式实现销售,使生产经营中的耗费及时得到补偿,企业才能实现良性运转。

3）库存管理

存货是指企业在生产经营过程中为销售或耗用而储备的各种资产,包括商品、产成品、半成品、在产品,以及各种材料、燃料、包装物、低值易耗品等。

4）存货核算

存货核算是从资金的角度管理存货的出入库业务,掌握存货耗用情况,及时准确地把各类存货成本归集到各成本项目和成本对象上。

2. 购销存管理应用方案

购销存管理的每个模块既可以单独应用,也可以与相关模块联合应用。购销存管理模块间的数据流程如图 7.1 所示。

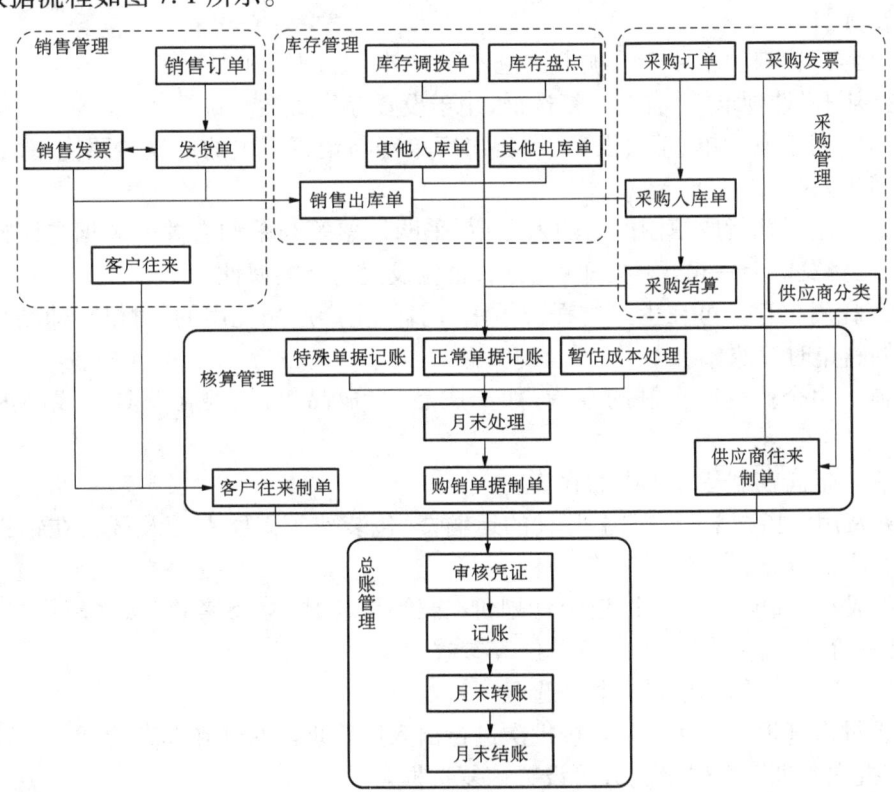

图 7.1 购销存管理模块间的数据流程

7.1.2 购销存管理初始化

购销存管理初始化包括购销存管理系统建账、基础信息设置及期初数据输入几项工作。

1. 购销存管理系统建账

企业建账过程在系统管理中已有描述,在这里只需启用相关模块即可。为了能更清晰地了解各项参数与业务之间的关系,参数设置在业务处理时一并介绍。

2. 基础信息设置

本工作项目之前的实训中,都有基础信息的设置,但基本限于与财务相关的信息。除此以外,购销存管理系统还需要增设与业务处理、查询统计、财务链接相关的基础信息。

1) 基础档案信息

(1) 存货分类

存货分类是指按照存货固有的特征或属性将存货划分为不同的类别,以便于分类核算与统计。

(2) 计量单位

企业中存货种类繁多,不同的存货存在不同的计量单位,因此,在开展企业日常业务之前,需要定义存货的计量单位。

(3) 存货档案

"存货档案"窗口包括 4 个选项卡:"基本""成本""控制"和"其他"。

① 在"基本"选项卡中,有 6 个复选框,用于设置存货属性。

a. 销售。用于发货单、销售发票、销售出库单等与销售有关的单据参照使用,表示该存货可用于销售。

b. 外购。用于购货所填制的采购入库单、采购发票等与采购有关的单据参照使用。在采购发票、运费发票上一起开具的采购费用,也应设置为外购属性。

c. 生产耗用。存货可在生产过程被领用、消耗,生产产品耗用的原材料、辅助材料等在开具材料领料单时参照。

d. 自制。由企业生产自制的存货,如产成品、半成品等,主要在开具产成品入库单时参照。

e. 在制。指尚在制造加工中的存货。

f. 劳务费用。指在采购发票上开具的运输费、包装费等采购费用及开具在销售发票或发货单上的应税劳务、非应税劳务等。

② 在"成本"选项卡中,可以设定计划价/售价、参考成本、参考售价、最新成本、最低售价、最低批发价、最高进价、主要供货单位等参数。

③ 在"控制"选项卡中,有两个复选框。

a. 是否批次管理。对存货是否按批次进行出入库管理。必须在库存管理系统账套参数中选中"有批次管理"复选框后,方可设置该复选框。

b. 是否保质期管理。有保质期管理的存货必须有批次管理。因此,必须在库存系统账套参数中选中"有批次管理"复选框后,方可设置该复选框。

④ 在"其他"选项卡中,可以设定单位重量、体积、启用日期、停用日期和质量要求。

（4）仓库档案

存货一般存放在仓库保管。对存货进行核算管理,就必须建立仓库档案。

（5）收发类别

收发类别用来表示存货的出入库类型,便于对存货的出入库情况进行分类汇总统计。

（6）采购类型/销售类型

定义采购类型和销售类型,能够按采购、销售类型对采购、销售业务数据进行统计和分析。采购类型和销售类型均不分级次,根据实际需要设立。

（7）产品结构

产品结构用来定义产品的组成,包括组成成分和数量关系,以便用于配比出库、组装拆卸、计算消耗定额、计算产品材料成本、制订采购计划、进行成本核算等时引用。产品结构中引用的物料必须首先在存货档案中定义。

（8）费用项目

销售过程中有很多不同的费用发生,如代垫费用、销售支出等,在系统中将其设为费用项目,以方便记录和统计。

2）设置库存管理系统业务科目

（1）设置存货科目

存货科目是设置生成凭证所需要的各种存货科目和差异科目。存货科目既可以按仓库也可以按存货分类分别进行设置。

（2）设置对方科目

对方科目是设置生成凭证所需要的存货对方科目,可以按收发类别设置。

3. 期初数据输入

在购销存管理系统中,期初数据输入是一个非常关键的环节。期初数据的输入内容及顺序如表7.1所示。

表 7.1 购销存系统期初数据

系统名称	操 作	内 容	说 明
采购管理	输入	期初暂估入库 期初在途存货	暂估入库是指货到票未到 在途存货是指票到货未到
	期初记账	采购期初数据	没有期初数据也要执行期初记账, 否则不能开始日常业务
销售管理	输入并审核	期初发货单 期初委托代销发货单 期初分期收款发货单	已发货、出库,但未开票 已发货未结算的数量 已发货未结算的数量
库存管理	输入（取数）审核	库存期初余额 不合格品期初	库存和存货共用期初数据 未处理的不合格品结存量
存货核算	输入（取数）记账	存货期初余额 期初分期收款发出商品余额	

7.1.3 采购与应付管理

采购管理是对采购业务全流程的管理,具体包括采购订货处理,动态掌握订单执行情况;处理采购入库单、采购发票,通过采购结算确认采购入库成本;根据采购发票确认应付;对供应商付款;相关单据查询及账表统计。

1. 采购管理与购销存其他系统的数据关联

采购管理与库存管理系统联合使用可以随时掌握存货的现存量信息,从而减少盲目采购,避免库存积压;与核算管理系统一起使用可以为核算提供采购入库成本,便于财务部门及时地掌握存货采购成本。

采购管理与库存管理、核算管理系统集成使用时,采购管理系统中填制的采购入库单,在库存管理系统中审核确认,在核算管理系统中记账;采购管理系统中没有结算的入库单,核算管理系统可做暂估入库记账处理;采购管理系统中填制的采购发票,可随时调阅登记应付账款信息。采购管理系统的采购入库单、采购结算单、采购发票,在核算管理系统中生成记账凭证,传递给总账管理系统。

2. 采购业务处理

采购业务包括采购入库业务、采购退货业务、委托代销业务等。

1) 采购入库处理流程

采购入库是指通过购买的方式取得企业所需存货且存货已验收入库的经济活动。按照货物和发票到达的先后,可以将采购入库业务划分为单货同行、货到票未到(暂估业务)和票到货未到(在途存货)3种类型。不同业务类型对应的处理方式有所不同。下面仅以单货同行这种最常见的普通采购入库业务为例讲解采购入库的业务处理流程,如图7.2所示。

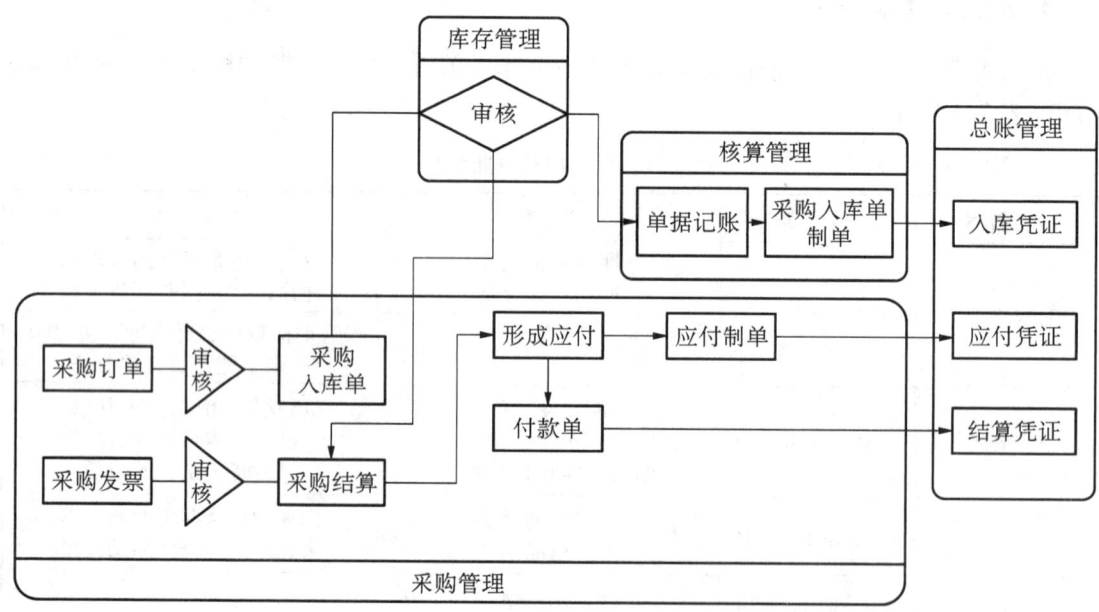

图7.2 普通采购业务处理流程

2) 普通采购入库业务处理

(1) 采购订货

采购订货是指企业根据采购计划与供应商签订采购意向协议,确认要货需求。

在畅捷通 T3 中订货确认后需要在系统中输入采购订单,采购订单上记录采购了哪些货物、采购多少、价格、到货时间、由谁供货等关键信息。供应商依据采购订单组织供货,仓管人员根据采购订单进行货物的验收。

当与供货单位签订采购意向协议时,可以将采购协议以订单的形式输入系统中,由采购主管审批。采购订单经过审核才能在填制采购入库单、开具采购发票环节被参照。

(2) 采购入库

采购入库单是根据采购到货签收的实收数量填制的单据。采购入库单可以直接输入,也可以参照采购订单或采购发票产生。

如果因种种原因发生采购退货,需要在此填制退货单,即红字入库单。

采购入库单的审核表示确认存货已入库。只有审核后的采购入库单才能在核算管理系统中进行单据记账。

(3) 收到采购发票

采购发票是供货单位开出的销售货物的凭证。系统根据采购发票确认采购成本确认应付。采购发票按发票类型分为增值税专用发票、普通发票和运费发票;按业务性质分为蓝字发票和红字发票。

在收到发票后,需确认应付及采购成本,记材料明细账。

(4) 采购结算

采购结算也称采购报账,是根据采购发票确认其采购成本。采购结算有自动结算和手工结算两种方式。自动结算是由计算机自动将相同供货单位、相同数量存货的采购入库单和采购发票进行结算。

(5) 生成入库凭证

经过审核的采购入库单应及时登记存货明细账,并生成入库凭证反映到总账。

(6) 采购发票制单

采购结算后生成的应付款项应及时制单。

(7) 付款结算,核销应付

货到票到,财务部门核对无误之后,需要按照合同约定向供应商支付货款。

核销是指用对该供应商的付款冲销对该供应商的应付。及时核销才能进行精确的账龄分析。

在畅捷通 T3 中,输入的付款单可以与采购发票、应付单记录的应付进行核销。如果支付的货款等于应付款,可以完全核销;如果支付的款项小于应付款,只能部分核销;如果支付的款项大于应付款,那么余款可以转为预付款。

3) 采购现付业务处理

与普通采购业务不同的是,采购现付业务是收到发票的当时即支付货款。

4) 采购运费处理

在企业采购业务活动中,如果有关采购发生的费用按照会计制度的规定允许计入采购成本,那么可以按以下情况进行区别处理。

一种情况是,费用发票与货物发票一起报账时,可利用手工结算功能将采购入库单和货物发票及运费发票一起结算;另外一种情况是,费用发票滞后报账。如果该费用只由一种存货负担,可以将费用票据输入计算机后用手工结算功能单独进行报账;如果是多笔采购业务、多仓库、多存货承担的费用发票,可以在费用折扣结算功能中实现。

5) 暂估入库报销处理

暂估入库是指本月存货已经入库,但采购发票尚未收到,不能确定存货的入库成本。月底时为了正确核算企业的库存成本,需要将这部分存货暂估入账,形成暂估凭证。对暂估入库业务,系统提供了3种不同的处理方法。

(1) 月初回冲

进入下月后,核算管理系统自动生成与暂估入库单完全相同的红字回冲单,同时登记相应的存货明细账,冲回存货明细账中上月的暂估入库。对红字回冲单制单,冲回上月的暂估凭证。

收到采购发票后,输入采购发票,对采购入库单和采购发票做采购结算。结算完毕,进入核算管理系统,执行"暂估入库成本处理"功能。进行暂估处理后,系统根据发票自动生成一张蓝字回冲单,其上的金额为发票上的报销金额。同时登记存货明细账,使库存增加。最后对蓝字回冲单制单,生成采购入库凭证。

(2) 单到回冲

下月初不做处理,采购发票收到后,先在采购管理系统中输入并进行采购结算,再到核算管理系统中进行暂估入库成本处理,系统自动生成红字回冲单、蓝字回冲单,同时据以登记存货明细账。红字回冲单的入库金额为上月暂估金额,蓝字回冲单的入库金额为发票上的报销金额。在"核算"|"生成凭证"中,选择红字回冲单、蓝字回冲单制单,生成凭证,传递到总账。

(3) 单到补差

下月初不做处理,收到采购发票后,先在采购管理系统中输入并进行采购结算,再到核算管理系统中进行暂估入库成本处理。如果报销金额与暂估金额的差额不为零,则生成调整单,一张采购入库单生成一张调整单,用户确定后,自动记入存货明细账;如果差额为零,则不生成调整单。最后对调整单制单,生成凭证,传递到总账。

以单到回冲为例,暂估处理的业务流程如图 7.3 所示。

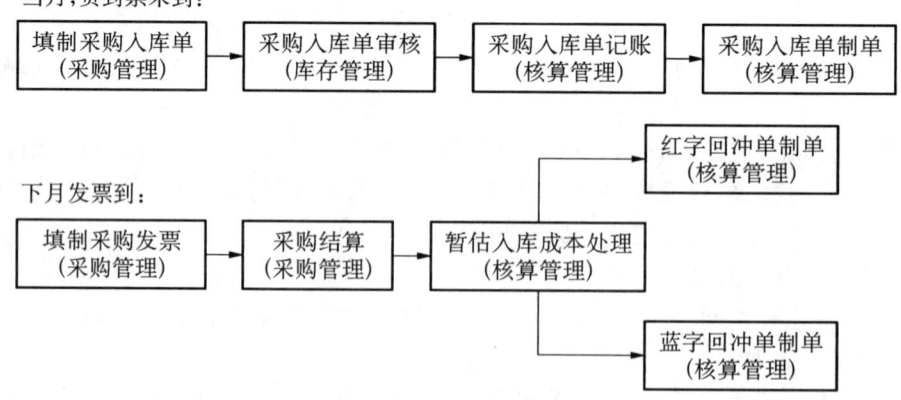

图 7.3 暂估业务处理流程

对于暂估业务要注意的是,在月末暂估入库单记账前,要将所有的没有结算的入库单填入暂估单价,然后才能记账。

6) 预付款业务处理

付款单用来记录企业支付的供应商往来款项,款项性质包括应付款和预付款。其中,应付款、预付款性质的付款单将与发票、应付单进行核销处理。

应付款系统的收款单用来记录发生采购退货时企业收到的供应商退付的款项。

7) 转账业务处理

转账处理是在日常业务处理中经常发生的应付冲应收、应付冲应付、预付冲应付及红票对冲的业务处理。

(1) 应付冲应收

应付冲应收是指用某供应商的应付账款冲抵某客户的应收款项。系统通过应付冲应收功能将应付款业务在供应商和客户之间进行转账,实现应付业务的调整,解决应付债务与应收债权的冲抵。

(2) 应付冲应付

应付冲应付是指将一家供应商的应付款转到另一家供应商中。通过应付冲应付功能可将应付款业务在供应商之间进行转入、转出,实现应付业务的调整,解决应付款业务在不同供应商之间入错户或合并户问题。

(3) 预付冲应付

预付冲应付是指处理供应商的预付款和该供应商应付欠款的转账核销业务,即某一个供应商有预付款时,可用该供应商的一笔预付款冲其一笔应付款。

(4) 红票对冲

红票对冲可实现某供应商的红字应付单与其蓝字应付单、付款单与收款单之间的冲抵。例如,当发生退票时,用红字发票对冲蓝字发票。红票对冲通常可以分为系统自动冲销和手工冲销两种处理方式。自动冲销可同时对多个供应商依据红票对冲规则进行红票对冲,提高红票对冲的效率;手工冲销可对一个供应商进行红票对冲,并自行选择红票对冲的单据,提高红票对冲的灵活性。

7.1.4 销售与应收管理

销售是企业生产经营成果的实现,是企业利润的直接来源,因此在企业中销售是最受关注的业务领域。产品销售出去要及时收回货款,同时维护好企业的客户关系。

1. 销售管理与购销存其他系统的数据关联

销售管理系统的发货单、销售发票新增后冲减库存管理系统的货物现存量,经审核后自动生成销售出库单传递给库存管理系统。库存管理系统为销售管理系统提供各种可用于销售的存货的现存量。

销售管理系统的发货单、销售发票经审核后自动生成销售出库单,销售出库单或销售发票传给核算管理系统。核算管理系统将计算出来的存货的销售成本传递给销售管理系统。

2. 销售业务处理

销售业务包括销售出库业务、销售退货业务、受托代销业务等。

销售业务管理主要处理销售报价、销售订货、销售发货、销售开票、销售调拨、销售退回、发货折扣、委托代销、零售等业务,并根据审核后的发票或发货单自动生成销售出库单,处理随同货物销售所发生的各种代垫费用,以及在货物销售过程中发生的各种销售支出。

在销售管理系统中,可以处理普通销售、委托代销、直运销售、分期收款销售、销售调拨及零售业务等业务类型。

销售管理系统可以提供各种销售明细账、销售明细表及各种统计表,还提供各种销售分析及综合查询统计分析。

3. 普通销售业务处理

在企业日常销售业务中一般有两种处理模式:先发货后开票和开票直接发货。不同业务模式对应的处理流程有所不同。

1)先发货后开票

以先发货后开票为例,业务流程如图7.4所示。

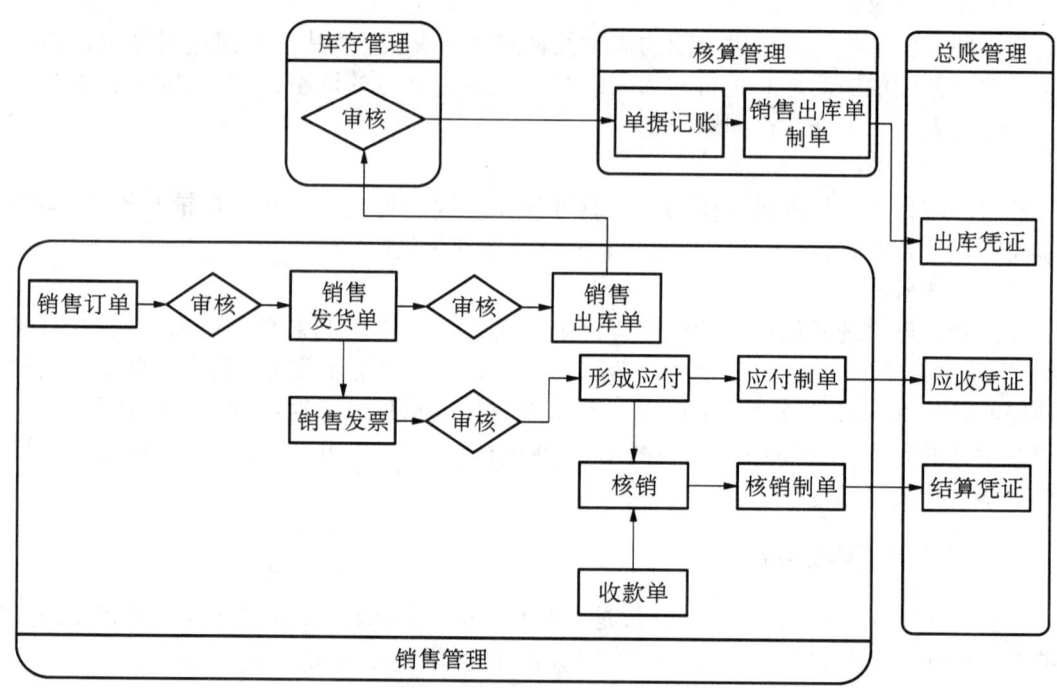

图7.4 先发货后开票业务处理流程

(1)销售订货

销售订货处理是指企业与客户签订销售合同,在销售管理系统中体现为销售订单。

销售订单经过审核后,可以参照生成销售发货单或销售发票。

已审核未关闭的销售订单可以参照生成销售发货单或销售发票。

(2)销售发货及出库

当客户订单交期来临时,相关人员应根据订单进行发货。销售发货是企业执行与客户签订的销售合同或销售订单,将货物发往客户的行为,是销售业务的执行阶段。发货单保存后,需要在库存管理系统中进行审核。

销售出库是销售业务处理的必要环节,在库存管理系统中用于存货出库数量核算,在存货核算系统中用于存货出库成本核算。对于用先进先出、后进先出、移动平均、个别计价这4种计价方式计价的存货,在存货核算系统进行单据记账时进行出库成本核算;而用全月平均、计划价/售价法计价的存货在期末处理时进行出库成本核算。

销售发货单既可以直接填制,也可以通过复制销售订单生成。

销售发货单保存后,需要在库存管理系统中进行审核,审核后生成销售出库单。

（3）销售开票

销售开票是指在销售过程中企业给客户开具销售发票及其所附清单的过程。它是销售收入确定、销售成本计算、应交销售税金确定和应收账款确定的依据,是销售业务的必要环节。

销售发票是销售收入确认、销售成本计算和应收账款确认的依据。销售发票既可以直接填制,也可以参照销售订单或销售发货单生成。参照发货单开票时,多张发货单可以汇总开票,一张发货单也可拆单生成多张销售发票。

在先发货后开票业务模式下,销售发票根据销售发货单汇总产生,销售发票经审核后形成应收账款。

（4）收款结算

及时收款才能使企业正常运转。收到的款项应及时与应收进行核销,以进行精确的账龄分析,并提供适时的催款依据,提高资金周转率。

2）开票直接发货

开票直接发货的业务模式是指根据销售订单或其他销售合同、协议,向客户开具销售发票,客户根据发票到指定仓库提货。

4. 销售现收业务处理

现收业务是指在销售货物的同时向客户收取货币资金的行为,其流程如图7.5所示。

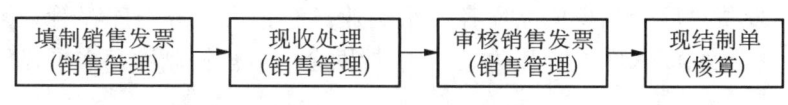

图7.5 现收业务流程

5. 代垫费用处理

代垫费用是指在销售业务中,随货物销售所发生的(如运杂费、保险费等)暂时代垫、将来需向对方单位收取的费用项目。代垫费用实际上形成了用户对客户的应收款。

代垫费用处理的业务流程如图7.6所示。

6. 预收款业务处理

应收款系统的收款单用来记录企业所收到的客户款项,款项性质包括应收款、预收款等。

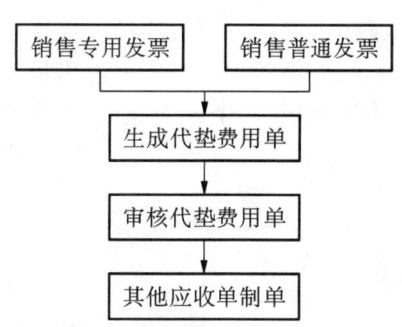

图7.6 代垫费用处理业务流程

7. 转账业务处理

转账处理是在日常业务处理中经常发生的应收冲应付、应收冲应收、预收冲应收及红票对冲的业务处理。

1) 应收冲应付

应收冲应付是指用某客户的应收账款冲抵某供应商的应付款项。系统通过应收冲应付功能将应收款业务在客户和供应商之间进行转账，实现应收业务的调整，解决应收债权与应付债务的冲抵。

2) 应收冲应收

应收冲应收是指将一家客户的应收款转到另一家客户中。通过应收冲应收功能可将应收款业务在客商之间进行转入、转出，实现应收业务的调整，解决应收款业务在不同客商之间入错户或合并户问题。

3) 预收冲应收

预收冲应收是指处理客户的预收款和该客户应收欠款的转账核销业务。即某一个客户有预收款时，可用该客户的一笔预收款冲其一笔应收款。

4) 红票对冲

红票对冲可实现某客户的红字应收单与其蓝字应收单、收款单与付款单之间的冲抵。例如，当发生退票时，用红字发票对冲蓝字发票。红票对冲通常可以分为系统自动冲销和手工冲销两种处理方式。自动冲销可同时对多个客户依据红票对冲规则进行红票对冲，提高红票对冲的效率；手工冲销可对一个客户进行红票对冲，并自行选择红票对冲的单据，提高红票对冲的灵活性。

7.1.5 库存管理

企业采购业务引起库存增加，生产加工耗用材料会引起原料库存减少，加工完成会增加成品库存，销售发货之后会减少成品库存。采购业务和销售业务与库存管理紧密相关。从库存管理的角度全面、深入地了解其功能，更能帮助企业合理控制库存水平，降低运营成本。

1. 库存管理系统与购销存其他系统数据关联

库存管理系统对采购管理系统输入的采购入库单进行审核确认。如果是库存管理系统生成销售出库单，那么可以根据销售管理系统的发货单、发票生成销售出库单并审核；如果是销售管理系统生成销售出库单，可以对销售出库单进行审核。库存管理系统为销售管理系统提供各种存货的可销售量信息。库存管理系统中的各种出入库单据需要在核算管理系统进行记账、生成凭证；核算系统为各种出入库单据提供成本信息，如图7.7所示。

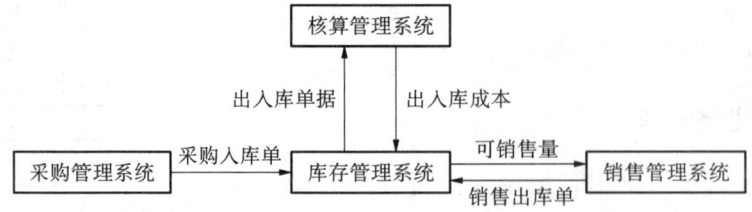

图7.7 库存管理系统与购销存其他系统的数据关联

2. 库存管理系统的功能

1）日常收发存业务处理

库存管理系统的主要功能是对采购管理系统、销售管理系统及库存管理系统填制的各种出入库单据进行审核,并对存货的出入库数量进行管理。

除管理采购业务、销售业务形成的入库和出库业务外,还可以处理仓库间的调拨业务、盘点业务、组装拆卸业务、形态转换业务等。

2）库存控制

库存管理系统支持批次跟踪、保质期管理、现存量(可用量)管理、最高最低库存管理。

3）库存账簿及统计分析

通过查询库存管理系统提供的库存账、批次账、统计表,实现对库存业务的实时管理,通过储备分析提供存货的超储、短缺、呆滞积压等管理信息。

3. 入库业务处理

存货是企业的一项重要的流动资产。存货入库业务主要包括采购入库、产成品入库和其他入库。

1）采购入库

采购货物到达企业后,采购员在采购管理系统中填制采购入库单,然后到库房办理入库。仓库保管员对采购的实际到货情况进行质量、数量的检验和签收,然后对采购入库单进行审核。

2）产成品入库

产成品入库单是管理工业企业的产成品入库、退回业务的单据。工业企业对原材料及半成品进行一系列的加工后,形成可销售的产品,然后验收入库。只有工业企业才有产成品入库单,商业企业没有此单据。

一般在入库时是无法确定产成品的总成本和单位成本的,因此,在填制产成品入库单时,一般只有数量,没有单价和金额。

产成品入库的业务流程如图 7.8 所示。

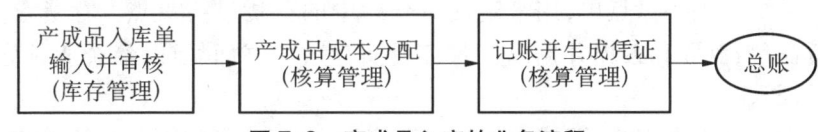

图 7.8　产成品入库的业务流程

3）其他入库

其他入库是指除了采购入库、产成品入库之外的其他入库,如调拨入库、盘盈入库、组装拆卸入库、形态转换入库等业务形成的入库单。

需要注意的是,调拨入库、盘盈入库、组装拆卸入库、形态转换入库等业务可以自动形成相应的入库单,除此之外的其他入库单由用户填制。

4. 出库业务处理

库存管理系统的出库业务主要包括以下几类。

1）销售出库

如果在选项中设置了库存生成出库单，那么在库存管理系统中可以参照销售管理系统填制的销售发票、发货单生成出库单，然后进行审核。如果在选项中设置了销售生成出库单，那么销售出库单可以在销售管理系统生成后传递到库存管理系统，再由库存管理系统进行审核。

2）材料领用出库

材料出库单是工业企业领用材料时所填制的出库单据，材料出库单也是进行日常业务处理和记账的主要原始单据之一。只有工业企业才有材料出库单，商业企业没有此单据。材料领用出库业务处理流程如图7.9所示。

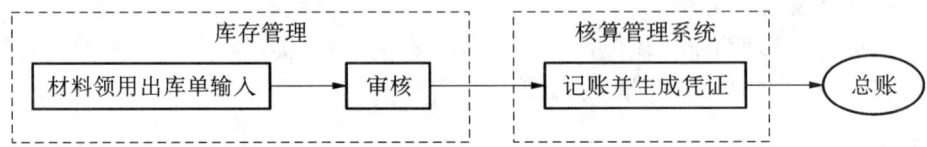

图7.9　材料领用出库业务处理流程

3）其他出库

其他出库是指除销售出库、材料出库之外的其他出库业务，如维修、办公耗用、调拨出库、盘亏出库、组装拆卸出库、形态转换出库等。

需要注意的是，调拨出库、盘盈出库、组装出库、拆卸出库、形态转换出库等业务可以自动形成相应的出库单，除此之外的其他出库单由用户填制。

5. 调拨业务

库存管理系统提供了调拨单，用于处理仓库之间存货的转库业务或部门之间的存货调拨业务。如果调拨单上的转出部门和转入部门不同，就表示是部门之间的调拨业务；如果转出部门和转入部门相同，但转出仓库和转入仓库不同，就表示是仓库之间的转库业务。

6. 盘点业务

库存管理系统提供了盘点单，用来定期对仓库中的存货进行盘点。存货盘点报告表是证明企业存货盘盈、盘亏和毁损并据以调整存货实存数的书面凭证，经企业领导批准后，即可作为原始凭证入账。

本功能提供两种盘点方法，即按仓库盘点和按批次盘点，还可对各仓库或批次中的全部或部分存货进行盘点，盘盈、盘亏的结果可自动生成出入库单。

7.1.6　存货核算

在企业中，存货成本直接影响利润水平，尤其在市场经济条件下，存货品种日益更新，存货价格变化较快，管理层更为关心存货的资金占用及周转情况，因此存货核算是企业会计核算的一项重要内容。

存货核算系统主要针对企业存货的收发存业务进行核算，掌握存货的耗用情况，及时准确地把各类存货成本归集到各成本项目和成本对象上，为企业的成本核算提供基础数据。

1. 核算管理系统与畅捷通 T3 其他系统数据关联

核算管理系统可对采购管理系统暂估入库的采购入库单、对销售管理系统生成的销售出库单、对库存管理系统的各种出入库单据进行记账处理；并针对购销业务、客户往来业务、供应商往来业务制单生成凭证传递给总账管理系统。

核算管理系统与畅捷通 T3 其他系统的数据关联如图 7.10 所示。

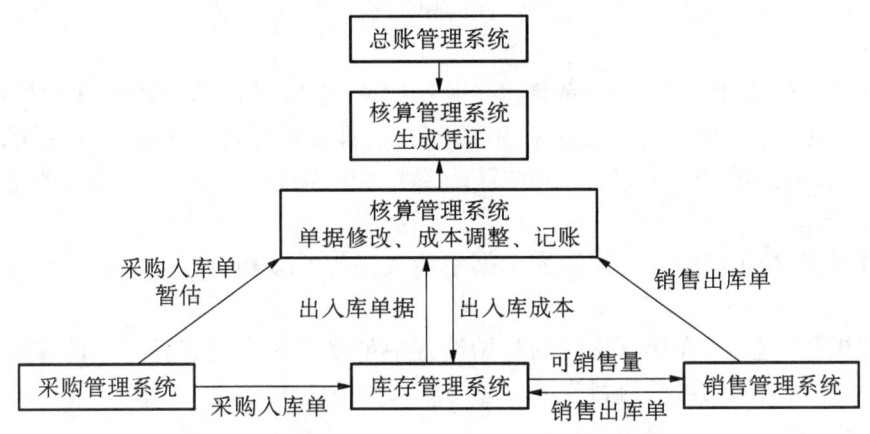

图 7.10　核算系统与畅捷通 T3 其他系统的数据关联

2. 核算管理系统的功能

1）入库业务处理

入库业务包括采购入库、产成品入库和其他入库。

采购入库单在库存管理系统中输入，在核算管理系统中可以修改采购入库单上的入库金额，采购入库单上数量的修改只能在该单据填制的系统进行。

产成品入库单在填制时一般只填写数量，单价与金额既可以通过修改产成品入库单直接填入，也可以由核算系统的产成品成本分配功能自动计算填入。

大部分其他入库单都是由相关业务直接生成的，如果与库存管理系统集成使用，可以通过修改其他入库单的操作对盘盈入库业务生成的其他入库单的单价进行输入或修改。

2）出库业务处理

出库单据包括销售出库、材料出库和其他出库。在核算系统修改出库单据上的单价或金额。

3）单据记账

单据记账是将所输入的各种出入库单据记入存货明细账、差异明细账等。单据记账应注意以下几点：

① 无单价的入库单据不能记账，因此记账前应对暂估入库的成本、产成品入库单的成本进行确认或修改。

② 各个仓库的单据应该按照实践顺序记账。

③ 已记账单据不能修改和删除。如果发现已记账单据有错误，在本月未结账状态下可以取消记账。如果已记账单据已生成凭证，就不能取消记账，除非先删除相关凭证。

4）调整业务

出入库单据记账后,如果发现单据金额输入错误,通常采用修改方式进行调整。但如果遇到由于暂估入库后发生零出库业务等原因所造成的出库成本不准确或库存数量为零而仍有库存金额的情况,就需要利用调整单据进行调整。

调整单据包括入库调整单和出库调整单。它们都只针对当月存货的出入库成本进行调整,并且只调整存货的金额,不调整存货的数量。

出入库调整单保存即记账,因此已保存的单据不可修改、删除。

5）暂估处理

核算系统中对采购暂估入库业务提供了月初回冲、单到回冲、单到补差3种处理方式,暂估处理方式一旦选择不可修改。无论采用哪种方式,都要遵循这些步骤,即待采购发票到达后,在采购管理系统填制发票并进行采购结算,然后在核算系统中完成暂估入库业务成本处理。

6）生成凭证

在核算系统中,可以将各种出入库单据中涉及存货增减和价值变动的单据生成凭证传递到总账。

对比较规范的业务,在核算系统的初始设置中可以事先设置好凭证上的存货科目和对方科目,系统将自动采用这些科目生成相应的出入库凭证,并传送到总账。

7）综合查询

核算系统中提供了存货明细账、总账、出入库流水账、入库汇总表、出库汇总表、差异(差价)分摊表、收发存汇总表、存货周转率分析表、入库成本分析表、暂估材料余额分析表等多种分析统计账表。

7.2 实训8 购销存初始化

 **实训目的**

1. 掌握畅捷通T3管理软件中购销存管理的相关内容。
2. 掌握购销存管理系统基础信息设置、期初余额输入的操作方法。

 **练习重点**

1. 购销存管理系统基础信息设置。
2. 购销存管理系统期初数据输入。

 **实训准备**

引入"实训7 固定资产管理"账套。

案例内容

一、存货分类(见表7.2)

表7.2 存货分类

存货类别编码	存货类别名称
1	原材料
2	产成品

二、存货档案(见表7.3)

表7.3 存货档案

编码	存货名称	计量单位	所属分类	税率	存货属性	参考成本(元)
101	芯片	个	1	13%	外购、生产耗用	20.00
102	PVC卡片	个	1	13%	外购、生产耗用	8.00
201	IC智能卡片	个	2	13%	自制、销售	40
202	ID智能卡片	个	2	13%	外购、销售	37.00

三、仓库档案(见表7.4)

表7.4 仓库档案

仓库编码	仓库名称	所属部门	负责人	计价方式
1	材料一库	采购部	陈平	先进先出法
2	材料二库	采购部	陈平	先进先出法
3	成品库	生产部一部	李玲	先进先出法

四、收发类别(见表7.5)

表7.5 收发类别

收发类别编码	收发类别名称	收发标志	收发类别编码	收发类别名称	收发标志
1	入库	收	2	出库	发
11	采购入库	收	21	销售出库	发
12	产成品入库	收	22	材料领用出库	发

五、采购、销售类型(见表7.6)

表7.6 采购、销售类型

采购类型编码	采购类型名称	入库类别	是否默认值
1	材料采购	采购入库	是

续表

采购类型编码	采购类型名称	入库类别	是否默认值
2	商品采购	采购入库	否
销售类型编码	销售类型名称	出库类别	是否默认值
1	批发	销售出库	是
2	零售	销售出库	否

六、存货科目(见表7.7)

表7.7 存货科目

仓库编码	仓库名称	存货编码及名称	存货科目编码及名称
1	材料一库	01 原材料	原材料——芯片(140301)
2	材料二库	01 原材料	原材料——PVC卡片(140302)
3	成品库	02 产成品	库存商品(1405)

七、存货对方科目(见表7.8)

表7.8 存货对方科目

收发类别	对方科目
采购入库	材料采购(1401)
产成品入库	生产成本——直接材料(500101)
销售出库	主营业务成本(6401)
材料领用出库	生产成本——直接材料(500101)

八、设置客户与供应商往来科目

1. 应收款(客户)管理相关科目

基本科目设置:应收科目为1122,预收科目为2203,销售收入科目为6001,应交增值税科目为22210105。

2. 应付款(供应商)管理相关科目

基本科目设置:应付科目为2202,预付科目为1123,采购科目为1401,采购税金科目为22210101。

两科目结算方式科目设置:现金结算对应1001,转账支票对应10020101,现金支票对应10020101。

九、期初数据

① 2019年12月28日,采购部收到中环电子提供的芯片1 000个,暂估单价为20元,商品已验收入材料一库,未收到发票,输入各相关系统期初余额。

② 2019年12月31日,企业对各个仓库进行了盘点,结果如表7.9所示。按资料进行库存期初余额设置。

表7.9 库存期初余额

仓库名称	存货编码	存货名称	数 量	单 价	金额(元)	合计(元)
材料一库	101	芯片	5 000	20	10 000	144 000
材料二库	102	PVC卡片	5 500	8.00	44 000	
成品库	201	IC智能卡片	7 075	40	283 000	320 000
成品库	202	ID智能卡片	1 000	37	37 000	

③ 应收账款(1122)期初余额借方60 000元,2019年12月26日,深圳微电购买IC智能卡片1 000套,每套价格60元,开具普通销售发票,发票号为66801016。此笔业务由销售部王磊负责。

④ 应付账款(2202)期初余额贷方10 000元。

2019年12月28日,收到中环电子提供的芯片400个,每个价格为20元;PVC卡片250个,每个价格为8元,开具了普通发票,发票号为19601963,货款未付。

十、备份"实训8 购销存初始化"账套。

实训指导

7.2.1 任务1 设置存货分类

工作过程

① 进入系统管理恢复账套,启用核算及购销存模块,以账套主管身份进入畅捷通T3系统,选择"基础设置"|"存货"|"存货分类"命令,打开"存货分类"窗口。

② 单击"增加"按钮,输入存货类别信息,单击"保存"按钮。所有存货分类资料输入后,如图7.11所示。单击"退出"按钮退出。

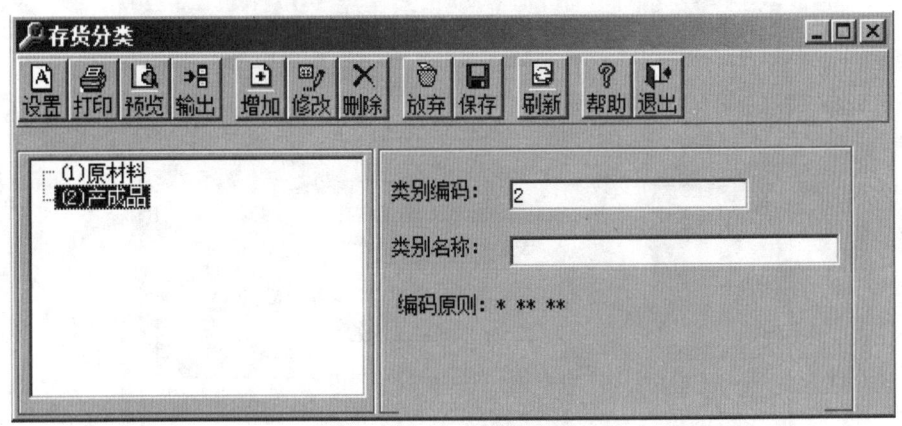

图7.11 设置存货分类

7.2.2 任务2 设置存货档案

工作过程

① 选择"基础设置"|"存货"|"存货档案"命令,打开"存货档案"窗口。

② 在左边窗口选择"原材料",单击"增加"按钮,在"基本"页中输入存货编号101、存货名称"芯片"、计量单位"个"、所属分类码"1"、税率"13"等信息,并选择"外购""生产耗用"复选框,如图7.12所示。

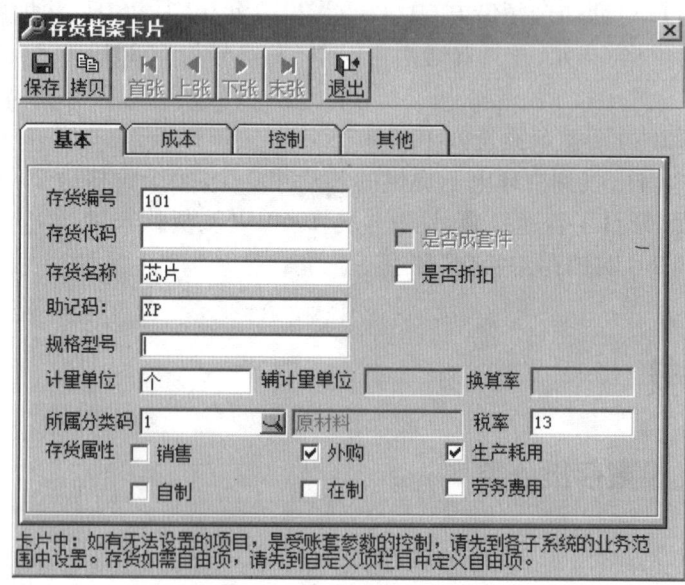

图7.12 存货档案——基本页

③ 单击"成本"页,输入参考成本20,如图7.13所示。然后单击"保存"按钮。

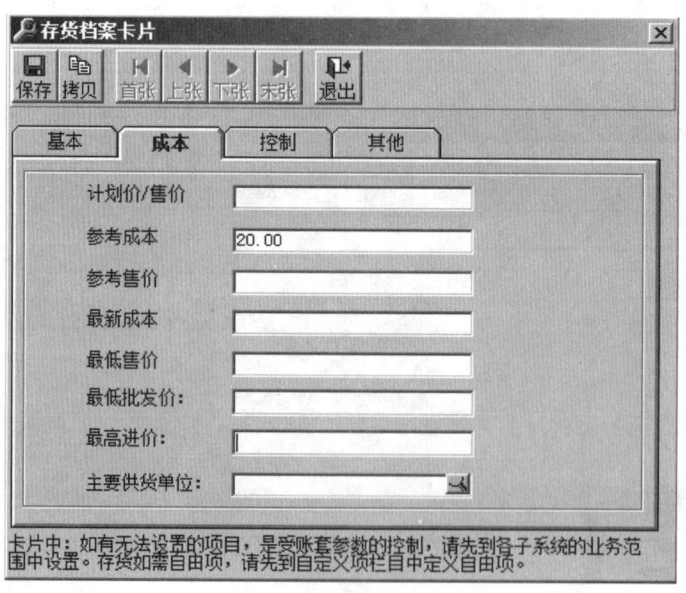

图7.13 存货档案——成本页

④ 按资料继续输入其他档案。完毕，单击"退出"按钮，可以看到存货档案，如图7.14所示。

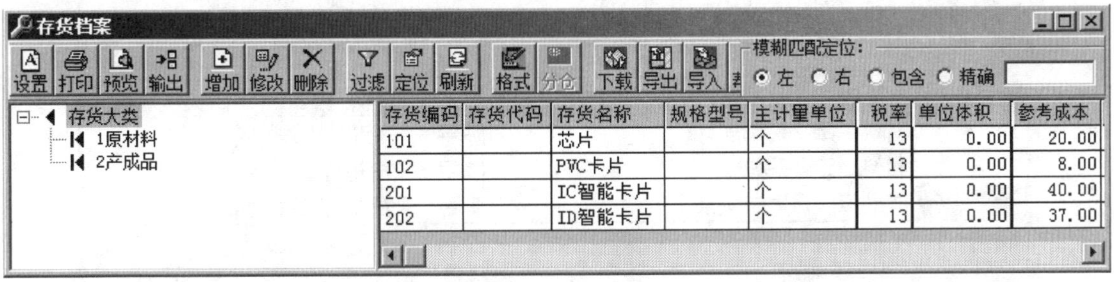

图7.14 存货档案

7.2.3 任务3 设置仓库档案

工作过程

① 选择"基础设置"|"购销存"|"仓库档案"命令，打开"仓库档案"窗口。

② 单击"增加"按钮，输入仓库编码、仓库名称、所属部门、负责人及计价方式等信息，如图7.15所示。然后单击"保存"按钮。

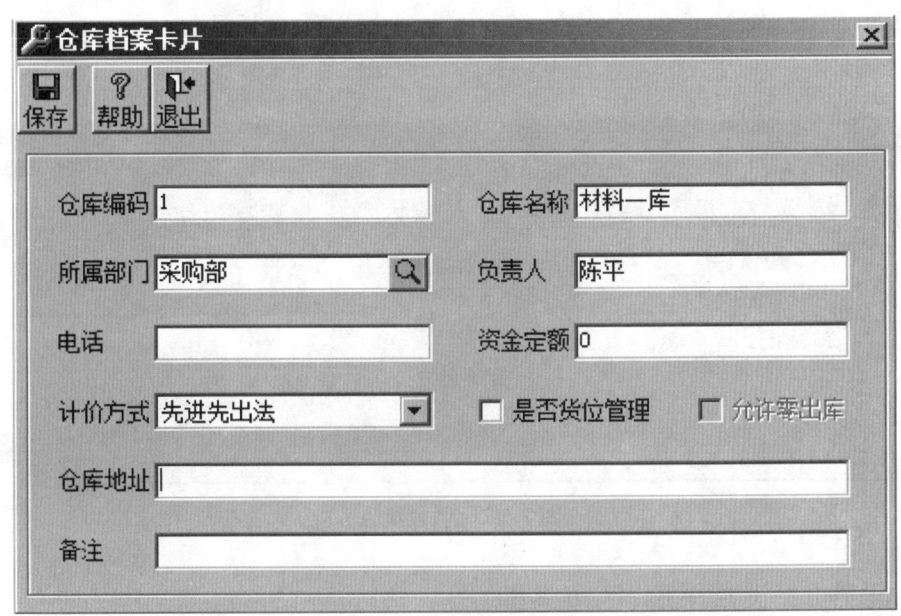

图7.15 仓库档案卡片

③ 按资料输入其他仓库资料，保存后，单击"退出"按钮，回到"仓库档案"窗口，如图7.16所示。然后单击"退出"按钮。

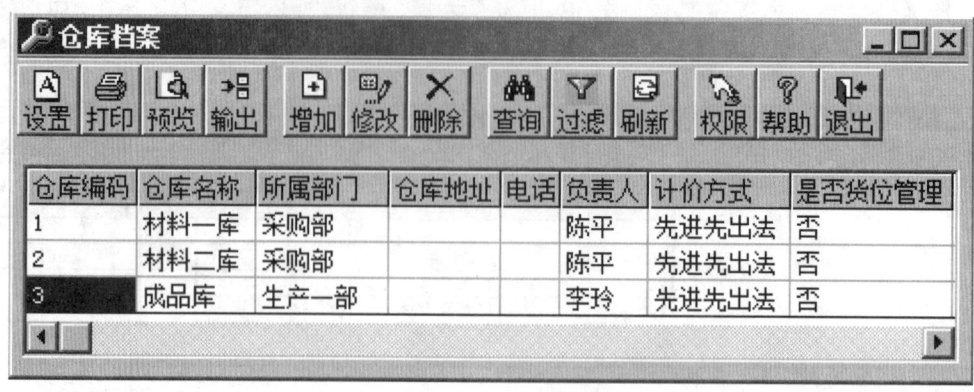

图 7.16　仓库档案

7.2.4　任务 4　设置收发类别

① 选择"基础设置"|"购销存"|"收发类别"命令,打开"收发类别"窗口。

② 单击"(1)入库"类别,单击"修改"按钮,修改类别名称为"入库",单击"保存"按钮。

③ 根据资料内容,进行增加、修改、删除操作。完成后,如图 7.17 所示。然后单击"退出"按钮。

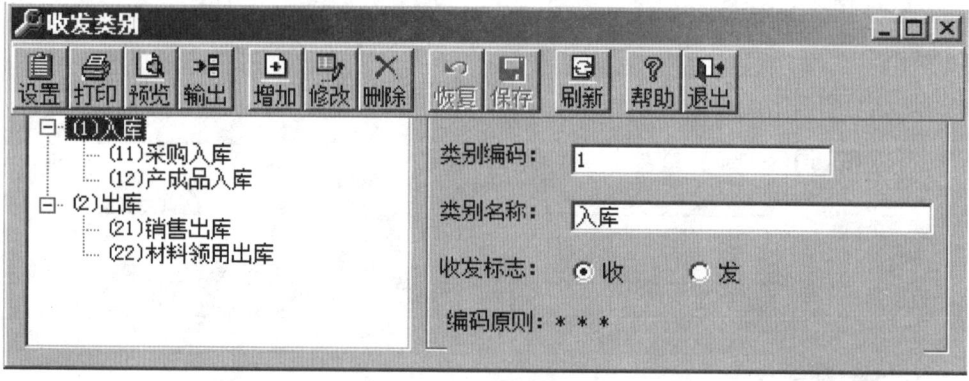

图 7.17　收发类别

7.2.5　任务 5　设置采购、销售类型

① 选择"基础设置"|"购销存"|"采购类型"命令,打开"采购类型"窗口。

② 按资料输入采购类型,保存,并删除不需要的类型,如图 7.18 所示。然后单击"退出"按钮退出。

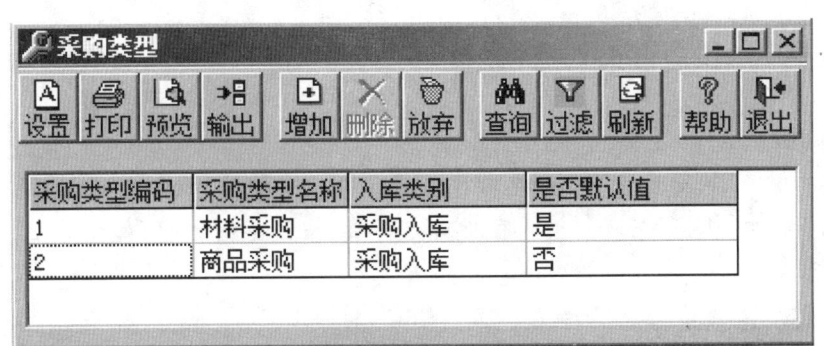

图 7.18　采购类型

③ 选择"基础设置"|"购销存"|"销售类型"命令,打开"销售类型"窗口。

④ 按资料输入销售类型,保存,并删除不需要的类型,如图 7.19 所示。然后单击"退出"按钮退出。

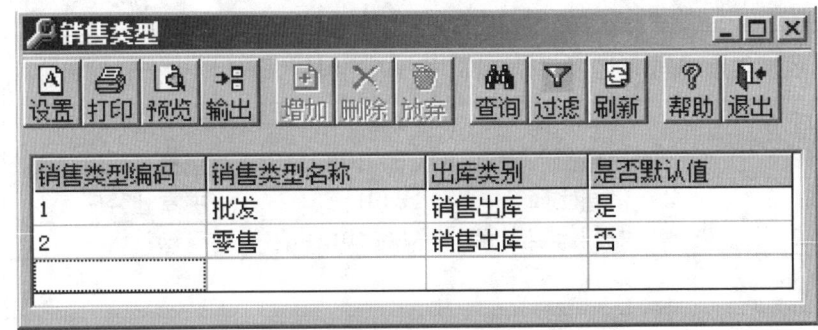

图 7.19　销售类型

7.2.6　任务6　设置存货科目

工作过程

① 选择"核算"|"科目设置"|"存货科目"命令,打开"存货科目"窗口。

② 按资料输入存货科目,单击"保存"按钮,如图 7.20 所示。然后单击"退出"按钮。

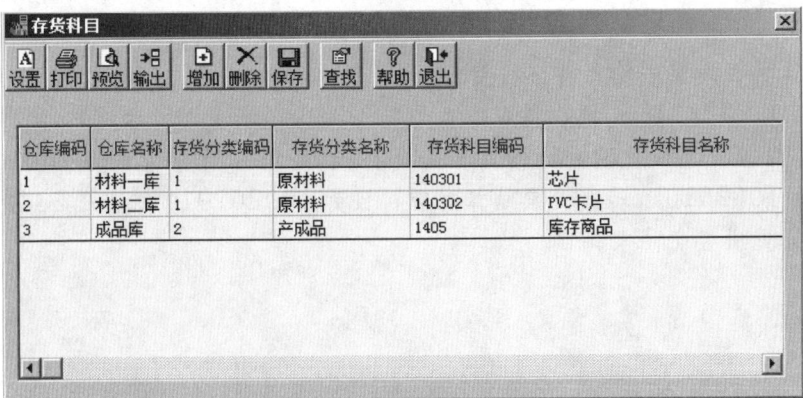

图 7.20　存货科目

7.2.7 任务7 设置存货对方科目

工作过程

① 选择"核算"|"科目设置"|"存货对方科目"命令,打开"对方科目设置"窗口。

② 单击"增加"按钮,按资料输入存货对方科目,按回车键保存,如图7.21所示。然后单击"退出"按钮。

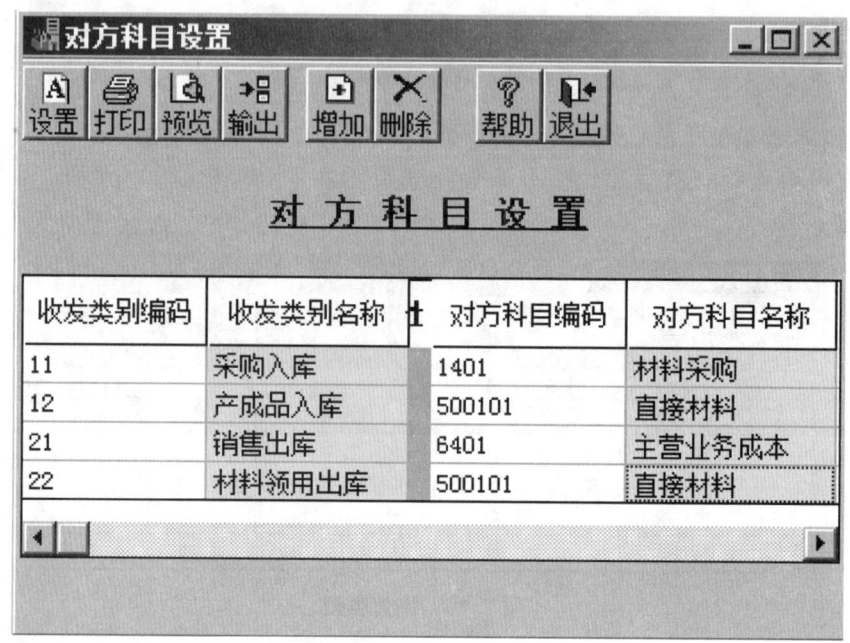

图7.21 对方科目设置

7.2.8 任务8 设置客户与供应商往来科目

工作过程

① 选择"核算"|"科目设置"|"客户往来科目"命令,打开"客户往来科目设置"窗口。

② 在基本科目设置中输入对应科目,应收科目本币为1122,销售收入科目为6001,应交增值税科目为22210105,预收科目本币为2203,如图7.22所示。

③ 单击"结算方式科目设置",输入相应资料,现金结算对应科目为1001,现金支票结算对应科目为10020101,转账支票结算对应科目为10020101,如图7.23所示。

④ 同理设置供应商往来科目。

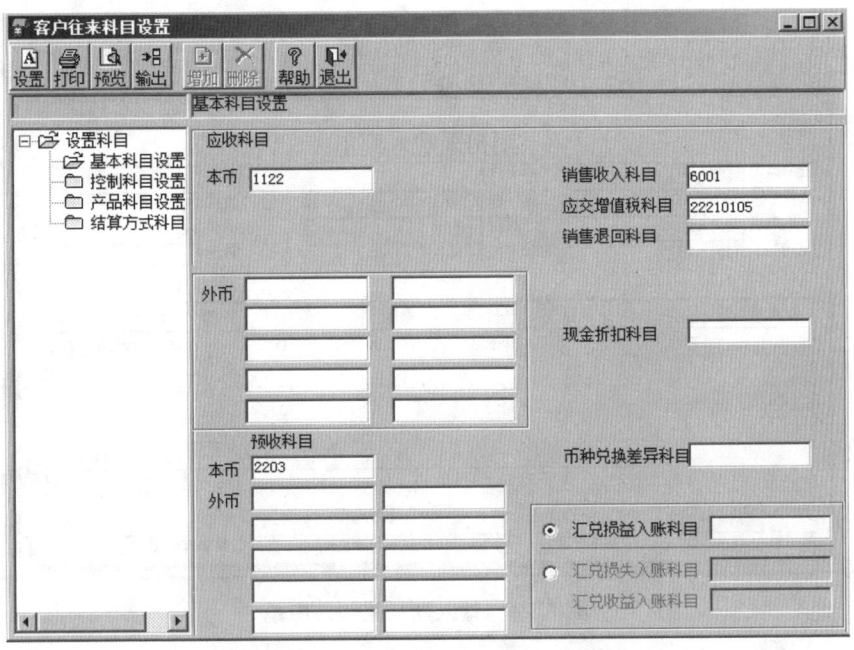

图 7.22 设置客户往来科目——基本科目

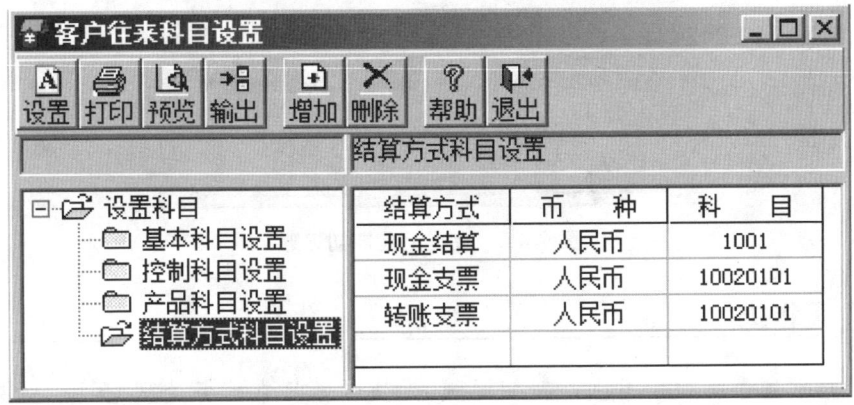

图 7.23 设置客户往来科目——结算方式科目

7.2.9 任务 9 期初数据

1. 采购期初输入及采购期初记账

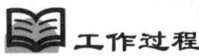

① 选择"采购"|"采购入库单"命令,打开"采购入库"窗口。

② 单击"增加"按钮,输入入库日期 2019-12-28,选择仓库"材料一库"、部门"采购部"、供货单位"中环电子"、入库类别"采购入库"、采购类型"材料采购"。选择存货编码101,输入数量1 000.00、单价20,单击"保存"按钮,如图7.24所示。然后单击"退出"按钮。

③ 选择"采购"|"期初记账"命令,弹出"期初记账"提示框,如图7.25所示。单击"记账"按钮,完成期初记账。

工作项目 7 购销存管理

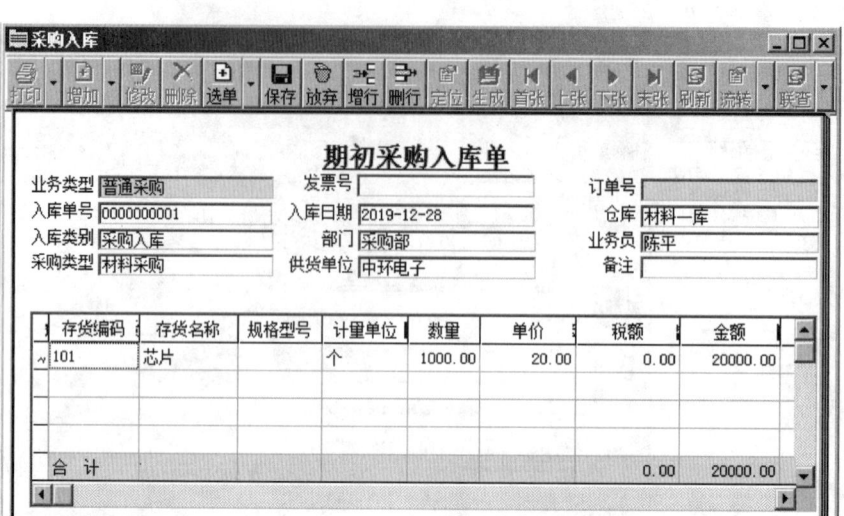

图 7.24 输入期初采购入库单

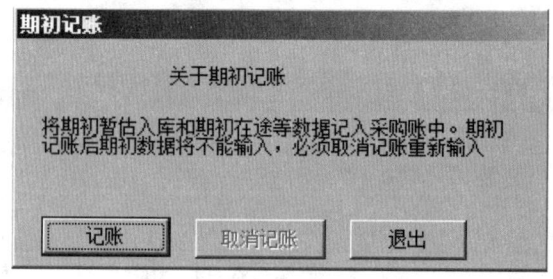

图 7.25 完成采购期初记账

工作提示

- 采购管理系统如果不执行期初记账,无法开始日常业务处理,因此,如果没有期初数据,也要执行期初记账。
- 采购管理系统如果不执行期初记账,库存管理系统和核算系统不能记账。
- 采购管理若要取消期初记账,选择"采购"|"期初记账"命令,在弹出的"期初记账"对话框中单击其中的"取消记账"按钮即可。

2. 库存期初输入

工作过程

① 重新注册进入畅捷通 T3 软件(或注销其他正在使用的系统),选择"核算"|"期初数据"|"期初余额"命令,打开"期初余额"窗口。

② 选择仓库"材料一库",然后单击"增加"按钮,输入存货编码 101、期初数据,如图 7.26 所示,单击"保存"按钮。

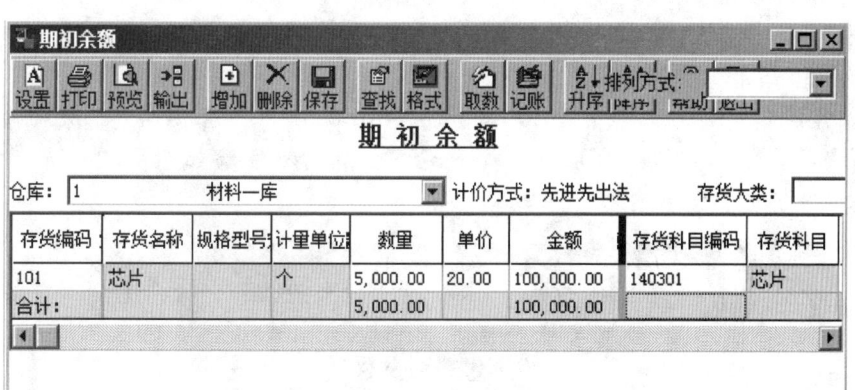

图 7.26　输入库存/存货期初数据

③ 继续输入完其他原材料期初余额后,单击"记账"按钮,系统对所有仓库进行记账,完成后,提示"期初记账成功!"。

④ 选择"库存"|"期初数据"|"库存期初"命令,打开"期初余额"窗口,查看期初数据(已自动获得),如图 7.27 所示。

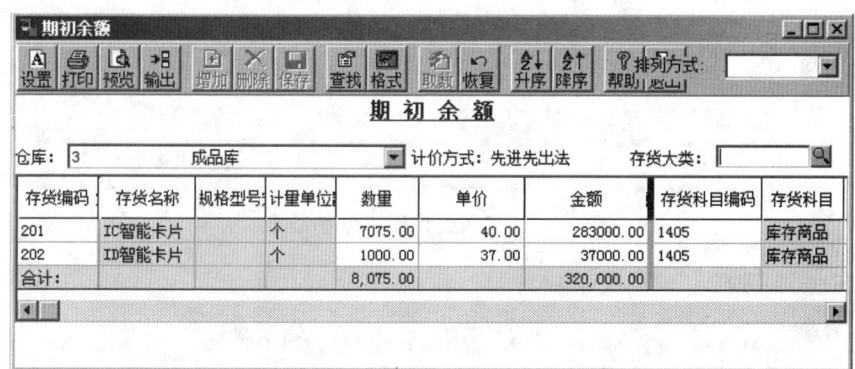

图 7.27　查看库存/存货期初数据

工作提示

- 各个仓库存货的期初余额既可以在库存模块输入,也可以在核算模块中输入。只要在其中一个模块输入,另一模块便自动获得期初库存数据。这里在核算模块中输入。
- 在期初记账前需注销其他正在使用的系统。

3. 输入客户往来期初

工作过程

① 选择"销售"|"客户往来"|"客户往来期初"命令,打开"期初余额——查询"对话框。单击"确认"按钮,打开"期初余额"窗口。

② 单击“增加”按钮,打开“单据类别”对话框,选择单据类型“普通发票”,单击“确认”按钮,打开“销售普通发票”窗口。

③ 输入开票日期 2019－12－26、发票号“66801016”、客户名称“深圳微电”、科目 1122、货品编码 201、数量 1 000.00、单价 60.00,保存,设置如图 7.28 所示。单击“退出”按钮,进入“期初余额明细表”窗口。

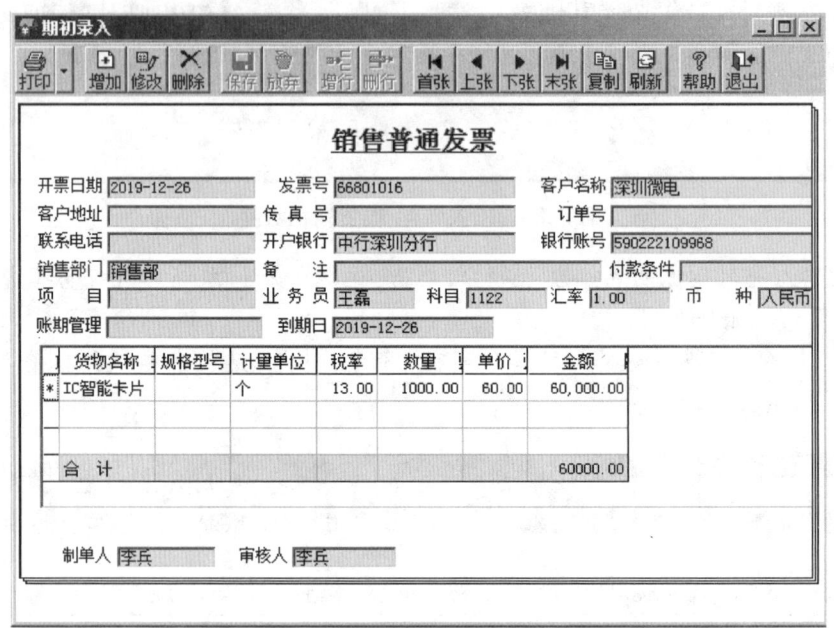

图 7.28　输入客户往来期初数据

④ 单击“对账”按钮,与总账系统进行对账,如图 7.29 所示。

科目		应收期初		总账期初		差额	
编号	名称	原币	本币	原币	本币	原币	本币
1122	应收账款	60,000.00	60,000.00	60,000.00	60,000.00	0.00	0.00
2203	预收账款	0.00	0.00	0.00	0.00	0.00	0.00
	合计		60,000.00		60,000.00		0.00

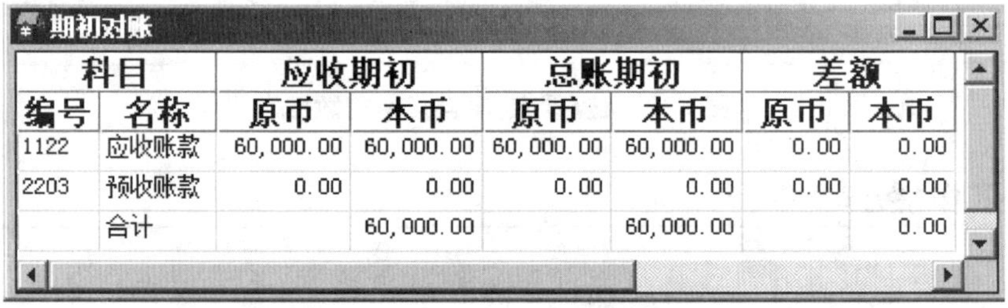

图 7.29　应收与总账期初对账

4. 输入供应商往来期初

工作过程

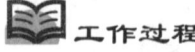

① 选择“采购”|“供应商往来”|“供应商往来期初”命令,打开提示框,单击“是”按钮,打开“期初余额——查询”对话框,单击“确认”按钮,打开“期初余额”窗口。与客户往来期初数据输入一样,如图 7.30 所示。

② 单击“退出”按钮,进入“期初余额明细表”窗口 。单击“对账”按钮,与总账系统进行对账,如图 7.31 所示。

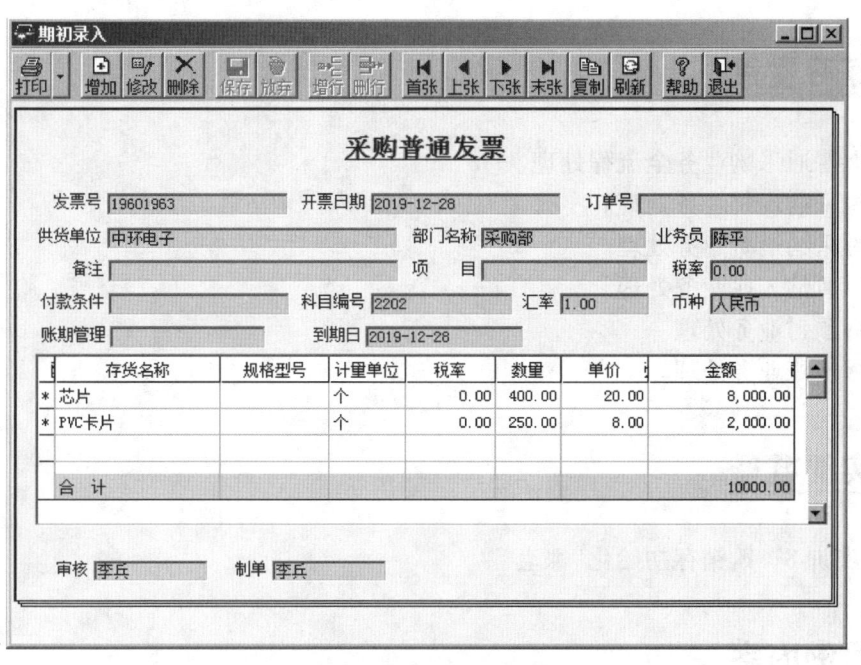

图 7.30 输入供应商往来期初数据

图 7.31 应付与总账期初对账

7.2.10 任务 10 备份"实训 8 购销存初始化"账套

实训及其工作过程略。

7.3 实训 9 采购与应付管理

 实训目的

1. 掌握畅捷通 T3 管理软件中采购管理的相关内容。
2. 熟悉不同类型采购业务的处理流程。
3. 理解采购结算的含义。
4. 理解核销的含义。

 **练习重点**

1. 掌握普通采购业务全流程处理。
2. 掌握采购现付业务处理。
3. 掌握采购运费业务处理。
4. 掌握暂估入库业务处理。
5. 掌握预付业务处理。
6. 掌握转账业务处理。

 **实训准备**

引入"实训8 购销存初始化"账套。

 **案例内容**

一、普通采购业务

① 6日，采购部陈平向中环电子询问ID智能卡片价格（37元/套），评估后，确认该价格合理，随即向公司上级主管提出请购要求，请购数量为500套。业务员据此填写请购单。当日，上级主管同意订购，要求到货日期为1月10日以前。

② 9日，收到中环电子ID智能卡片500套，以及一张专用发票（适用税率13%，发票号为19600103），材料直接入库，货款以银行存款支付。（转账支票号ZZ200102）

二、采购现付业务

9日，采购部陈平向中环电子公司采购芯片1 000张，单价为20元，同时收到一张专用发票，发票号为19609933，财务部立即以转账支票形式支付货款，转账支票号为ZZ200103。本公司银行账号为99571226966337019。

三、采购运费

9日收到运费专用发票一张，发票号为15987739，不含税金额200元，税率为9%，合计218元，为1月6日向中环电子公司采购ID智能卡片所发生的运费。

由于有运费发生，需增加存货分类，编号为3，名称为应税劳务，并增加存货档案，编号为301，存货名称为运输费用，计量单位为千米，所属分类为3，税率为9%，存货属性为"外购、销售、劳务费用"。

四、暂估入库报销

9日，收到中环电子公司提供的上月已验收入库的1 000个芯片的专用发票一张，发票号为19607631，发票不含税单价为20元，进行暂估报销处理，确定采购成本及应付账款。

五、预付款业务

10日，财务部开出转账支票一张，支票号为ZZ200115，作为向中环电子公司采购芯片的订金，金额为3 000元。

六、转账业务处理

11日,用预付给中环电子公司的3 000元订金,冲抵其期初部分应付款3 000元。

七、备份"实训9 采购与应付管理"账套。

实训指导

7.3.1 任务1 普通采购业务

1. 采购订货

视频演示

① 以系统管理员身份进入系统管理,恢复"购销存初始化"账套。(为方便起见,以下所有操作均以账套主管身份进行)

② 6日,以账套主管身份进入畅捷通T3系统,选择"采购"|"采购订单"命令,打开"采购订单"窗口。

③ 单击"增加"按钮,输入相关信息,如图7.32所示。

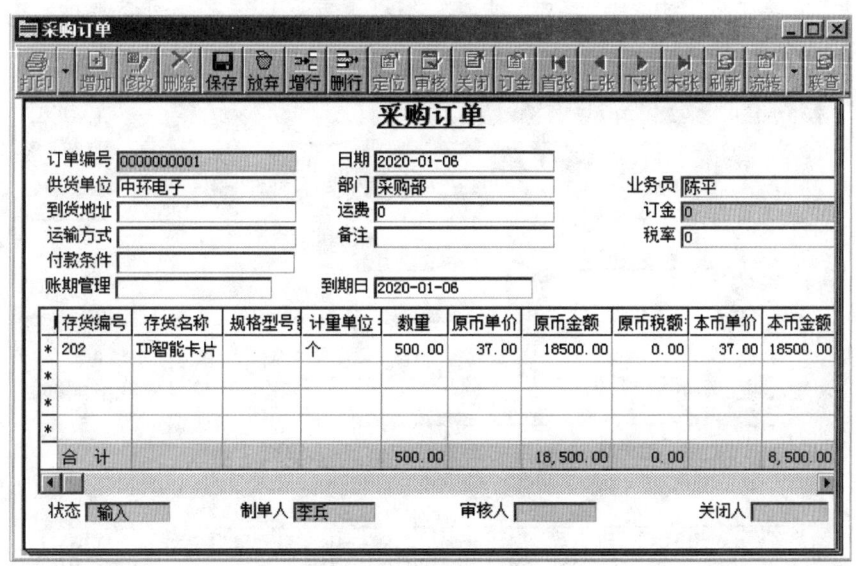

图7.32 采购订单

④ 单击"保存"按钮,再单击"审核"按钮。订单只有经过审核,才能在填制采购入库单和采购发票时参照使用。

2. 采购入库

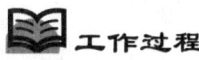

① 9日,进入畅捷通T3系统,在采购管理系统中,选择"采购"|"采购入库单"命令,打开"采购入库单"窗口。

② 单击"增加"按钮,选择仓库"成品库",供货单位"中环电子",单击"选单"右侧的下拉按钮选择"采购订单"选项,如图7.33所示。

图7.33　参照采购订单生成采购入库单

③ 打开"订单列表"对话框,单击"过滤"按钮,下方窗口中显示可参照的订单,选择欲参照的采购订单,如图7.34所示。

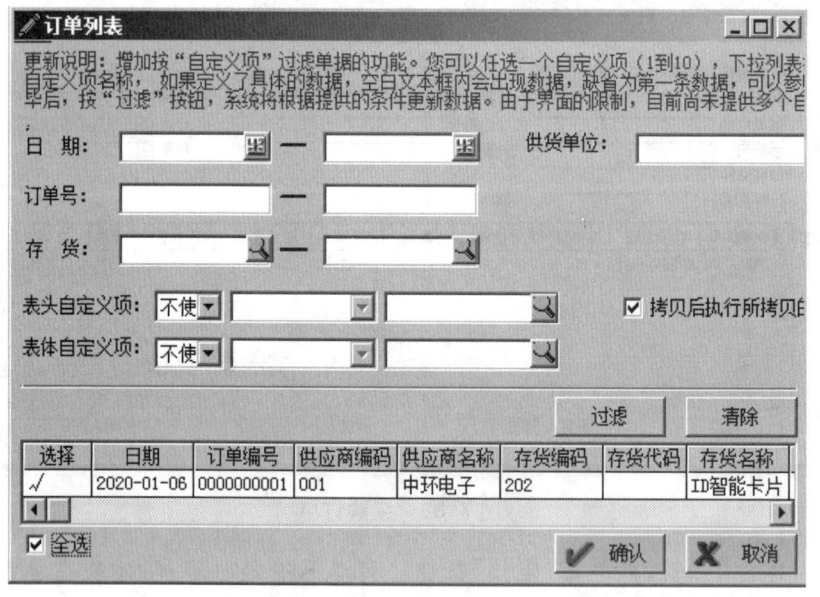

图7.34　显示可参照的订单

④ 单击"确认"按钮,将采购订单相关信息导入采购入库单,修改采购类型为"商品采购",如图7.35所示。然后单击"保存"按钮。

⑤ 在库存管理系统中,选择"采购入库单审核"命令,选择相应的采购入库单,单击"审核"按钮,对采购入库单进行审核。

图 7.35 采购入库单

3. 收到发票,进行采购结算,确认应付账款,记材料明细账

① 在采购管理系统中,选择"采购发票"命令,打开"采购普通发票"窗口。

② 单击"增加"右侧的下拉按钮选择"专用发票",单击"选单"右侧的下拉按钮选择"采购订单",打开"订单列表"对话框,单击"过滤"按钮,显示可参照的订单列表。选中要参照的订单,单击"确认"按钮,将采购订单信息导入采购专用发票。

③ 输入发票号"19600103"。输入税率 13.00,系统提示"表头税率修改,是否修改表体税率?",单击"是"按钮。修改到期日,单击"保存"按钮,如图 7.36 所示。

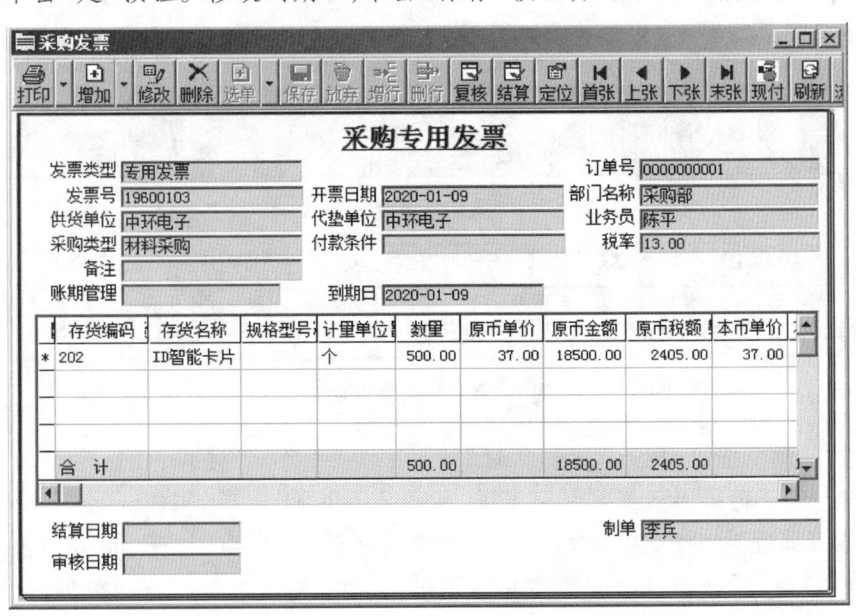

图 7.36 采购专用发票

④ 单击"复核"按钮,系统弹出"复核将发票登记应付账款,请在往来账中查询该数据,是否只处理当前账?"提示框,单击"是"按钮。发票左上角显示"已审核"字样。

⑤ 单击"结算"按钮,打开"自动结算"对话框,如图7.37所示。单击"确认"按钮,系统弹出"全部成功,共处理了[1]张单据"信息提示框,单击"确定"按钮返回。发票左上角显示"已结算"字样。

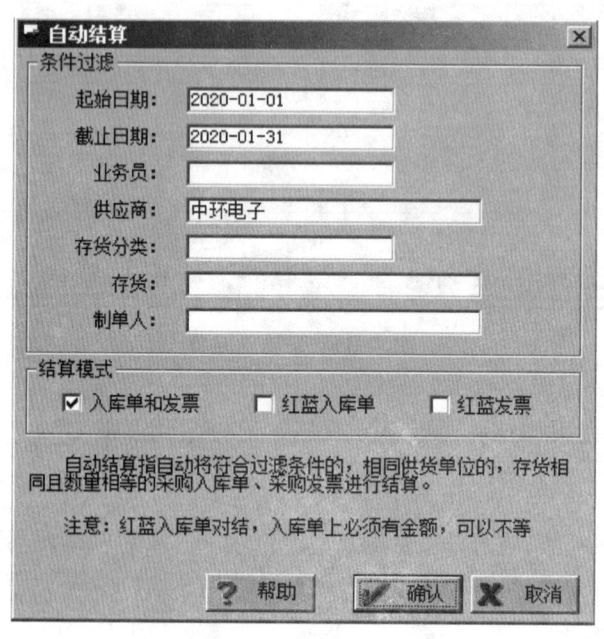

图7.37 "自动结算"对话框

⑥ 在核算管理系统中,选择"凭证"|"供应商往来制单"命令,打开"供应商制单查询"对话框。选择"发票制单",单击"确认"按钮进入"采购发票制单"窗口。修改凭证为"转账凭证",选择要制单的单据,如图7.38所示。

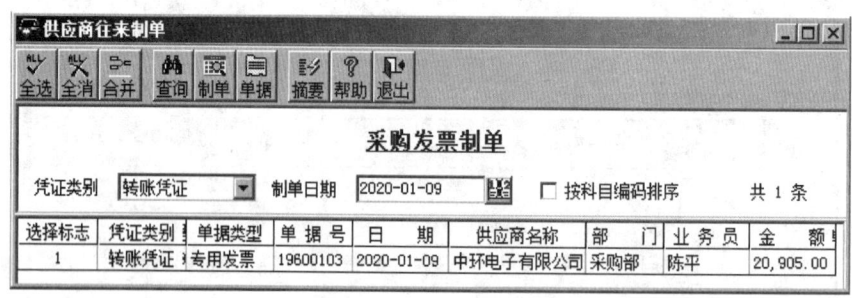

图7.38 采购发票制单

⑦ 单击"制单"按钮,打开"填制凭证"窗口,单击"保存"按钮,凭证左上角显示"已生成"字样,表示凭证已传递到总账管理系统,如图7.39所示。

⑧ 在核算管理系统中,选择"核算"|"正常单据记账"命令,打开"正常单据记账条件"对话框。单击"确定"按钮,进入"正常单据记账"窗口。选择需要记账的单据,如图7.40所示。单击"记账"按钮。记账完成后单据不在该窗口中显示。

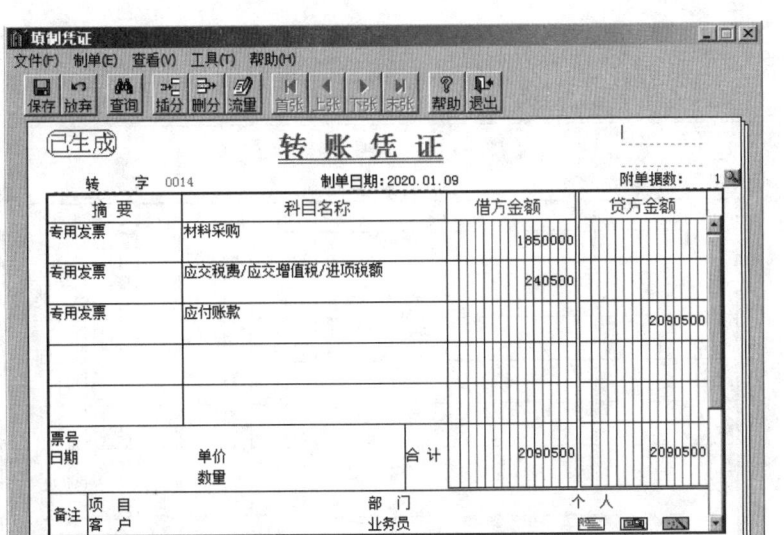

图 7.39 发票制单生成的凭证

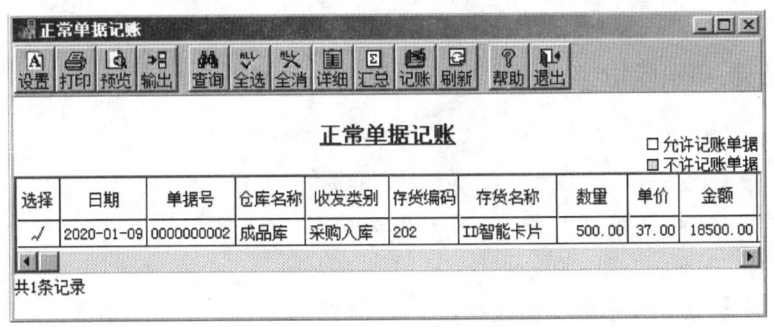

图 7.40 选择采购入库单记账

⑨ 选择"核算"|"凭证"|"购销单据制单"命令,进入"生成凭证"窗口。单击"选择"按钮,打开"查询条件"对话框,选择"采购入库单(报销记账)"选项,单击"确认"按钮,进入"未生成凭证单据一览表"窗口。选择要制单的单据行,单击"确定"按钮,进入"生成凭证"窗口,选择凭证类型为"转账凭证",如图 7.41 所示。

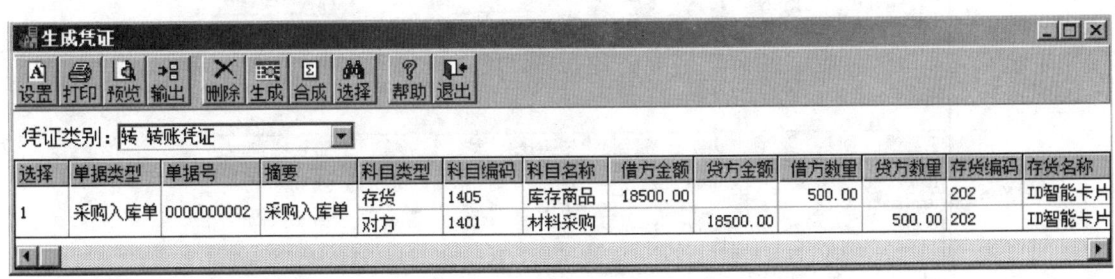

图 7.41 采购入库单生成凭证

⑩ 单击"生成"按钮,打开"填制凭证"窗口,单击"保存"按钮,生成入库凭证,如图 7.42 所示。

工作项目 7 购销存管理

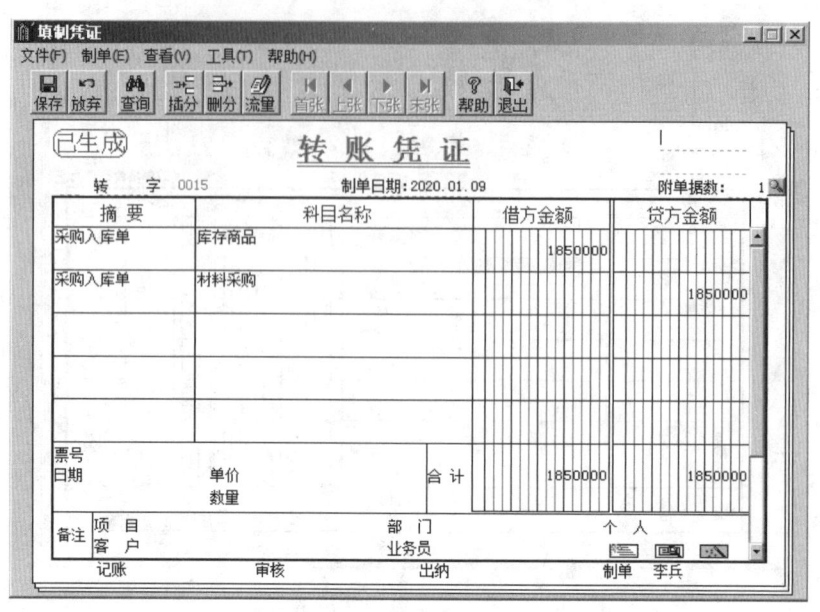

图 7.42 入库凭证

4. 付款结算,核销应付

📖 **工作过程**

① 在采购管理系统中,选择"供应商往来"|"付款结算"命令,打开"付款单"窗口。

② 选择供应商"中环电子",单击"增加"按钮,输入结算方式 202、结算金额 20 905,票据号"ZZ200102",单击"保存"按钮。

③ 单击"核销"按钮,系统调出该供应商未核销的单据,在相应单据的"本次结算"栏中输入 12 430.00,单击"保存"按钮,如图 7.43 所示。

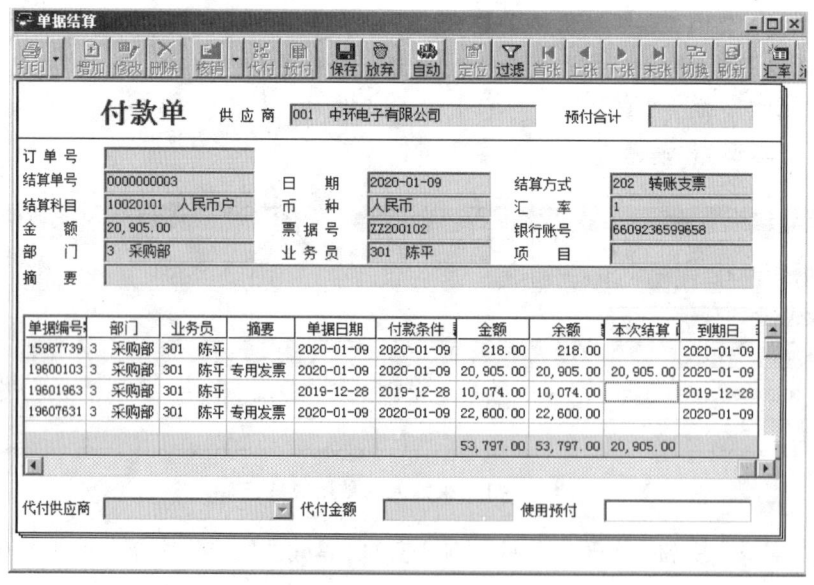

图 7.43 输入付款单并核销

④ 在核算管理系统中，选择"凭证"|"供应商往来制单"命令，打开"供应商制单查询"对话框。选中"核销制单"复选框，单击"确认"按钮，打开"核销制单"窗口。修改凭证类型为"付款凭证"，选择要制单的单据，单击"制单"按钮，打开"填制凭证"窗口，单击"保存"按钮，如图7.44所示。

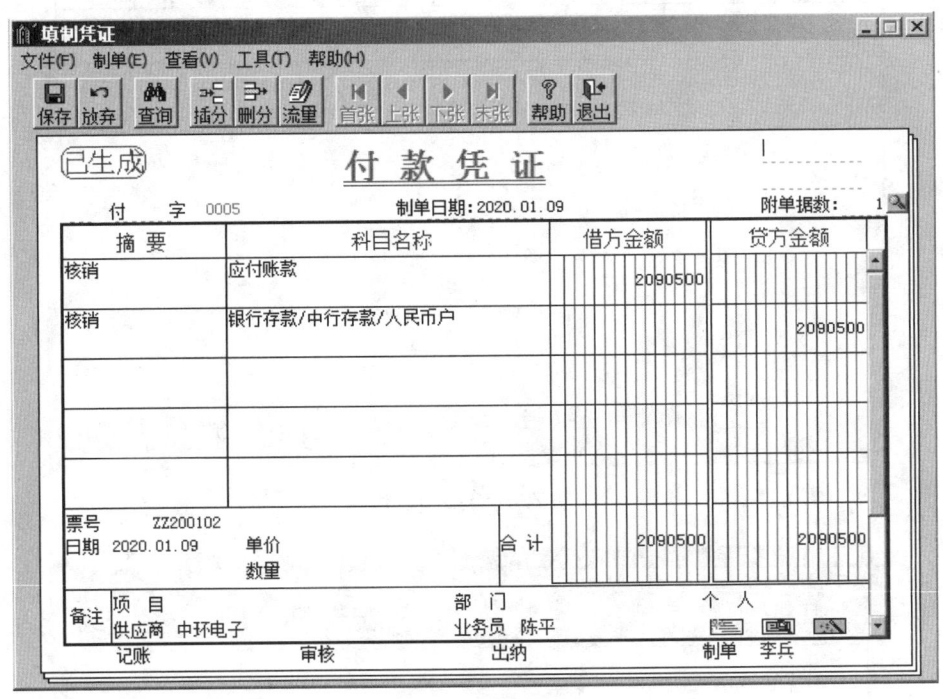

图7.44 核销制单

7.3.2 任务2 采购现付业务

工作过程

① 在采购管理系统中填制采购入库单。
② 在库存管理系统中审核采购入库单。
③ 在采购管理系统中填制采购专用发票，并与采购入库单进行结算。
④ 对采购专用发票进行现付处理。在采购管理系统采购专用发票窗口中，单击"现付"按钮，打开"采购现付"对话框，输入各项付款信息，如图7.45所示。单击"确定"按钮，系统弹出"现结记录已保存！"提示框，单击"确定"按钮，再单击"退出"按钮返回。系统提示"现付成功！"。采购专用发票左上角显示"已现付"字样。复核发票。
⑤ 在核算管理系统中对采购入库单进行记账，生成入库凭证。
⑥ 在核算管理系统中，选择"凭证"|"供应商往来制单"命令，打开"供应商制单查询"对话框。选择"现结制单"选项，单击"确认"按钮，选择凭证类别为"付款凭证"，生成采购现付凭证，如图7.46所示。

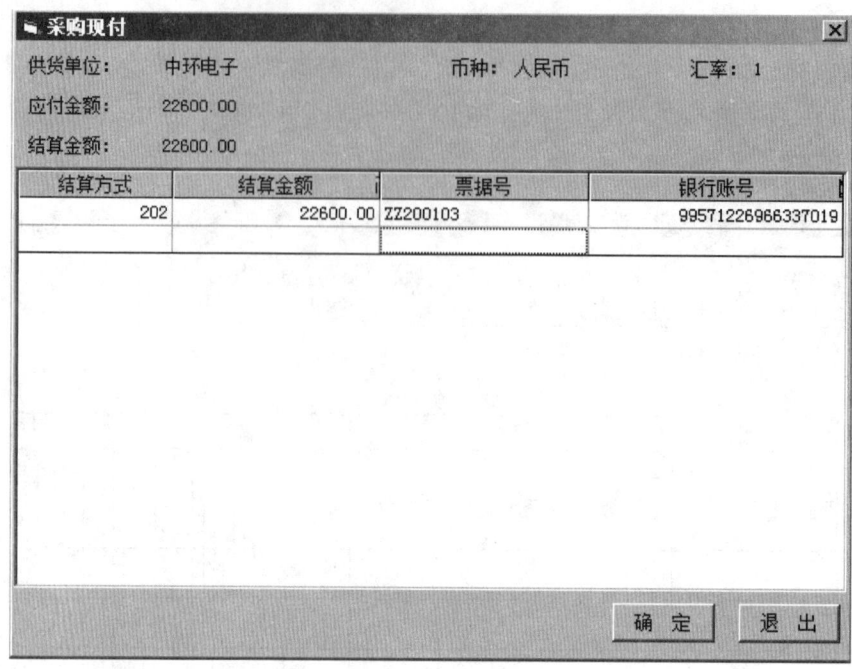

图 7.45 采购现付

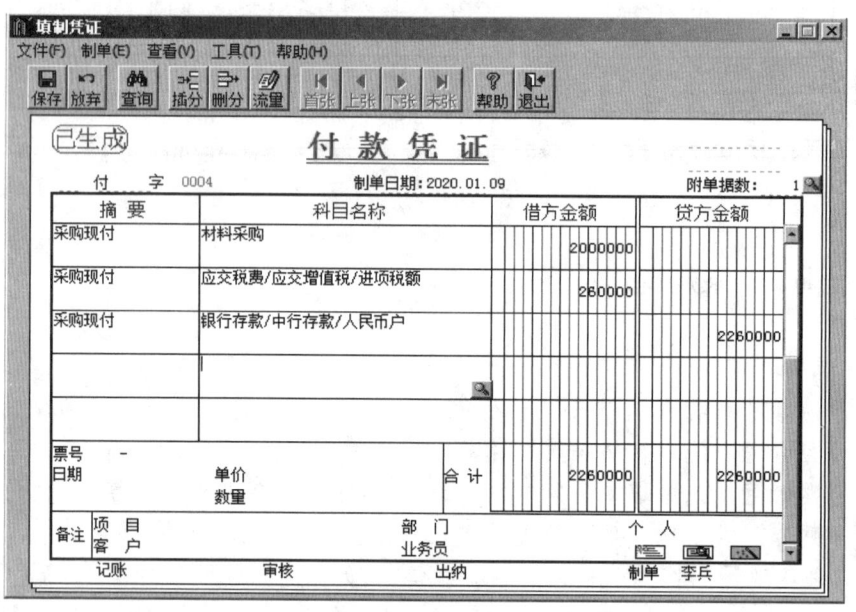

图 7.46 采购现付凭证

7.3.3 任务3 采购运费

 工作过程

① 在基础档案中增加存货分类及存货档案。

② 在采购管理系统中,选择"采购发票"命令,打开"采购发票"窗口。单击"增加"按

钮,选择"运费发票",打开"采购运费发票"窗口。输入各项信息,单击"保存"按钮,单击"复核"按钮。(如果系统显示专用发票号码是自动编码,不可以按实际填写,需要进行单据编号设置,选择"基础设置"|"单据编码设置"|"采购"|"采购专用运输发票"|"修改",勾选"完全手工编号"按钮,单击"保存"按钮)

③ 在采购管理系统中,选择"采购结算"|"费用折扣结算"命令,打开"条件输入"对话框。单击"确认"按钮,打开"入库单和发票选择"窗口。

④ 选择要结算的入库单和运费发票,单击"确认"按钮后返回"费用折扣结算"窗口,如图 7.47 所示。

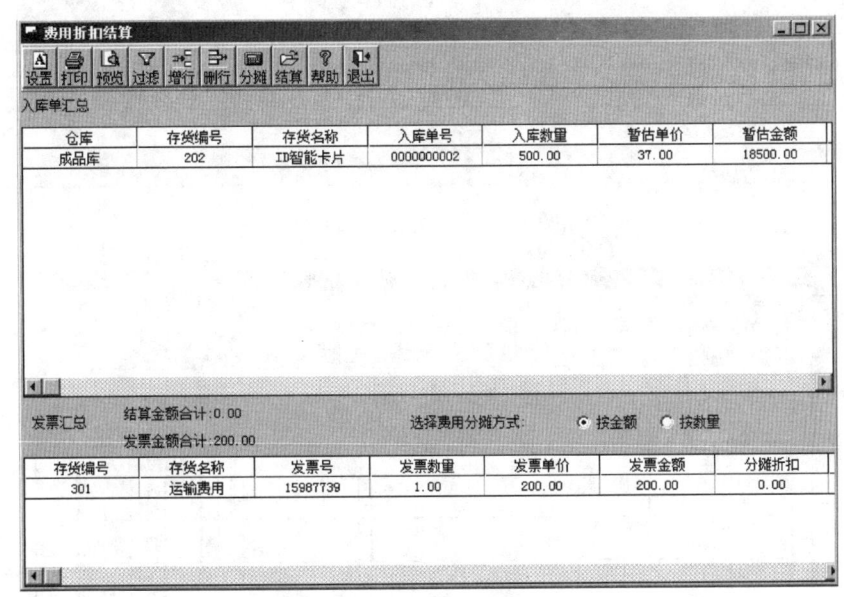

图 7.47　费用发票单独结算到存货

⑤ 单击"分摊"按钮,再单击"结算"按钮,系统弹出"结算成功!"提示框,单击"确定"按钮返回。

7.3.4　任务4　暂估入库报销——设置收发类别暂估入库报销处理

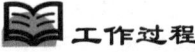

① 在采购管理系统中填制采购发票并复核。

② 在采购管理系统中选择"采购结算"|"手工结算"命令,打开"条件输入"对话框。输入条件:日期范围 2019-12-01 到 2020-01-31,供应商"中环电子有限公司",单击"确认"按钮,打开"入库单和发票选择"窗口。选择要结算的入库单和发票,单击"确认"按钮,返回"手工结算"窗口。单击"结算"按钮,系统弹出"完成结算!"提示框,单击"确定"按钮返回。

③ 在核算管理系统中,选择"核算"|"暂估入库成本处理"命令,打开"暂估处理查询"对话框。选择"材料一库",单击"确认"按钮,进入"暂估结算表"窗口,选择需要进行暂估结算的单据,如图 7.48 所示。单击"暂估"按钮返回。

④ 选择"核算"|"凭证"|"购销单据制单"命令,打开"生成凭证"窗口。单击"选择"按

钮,打开"查询条件"对话框,选择"红字回冲单"选项,单击"确认"按钮返回。单击"全选"按钮,单击"确定"按钮,进入"生成凭证"窗口。选择"转账凭证",输入红字回冲单对方科目"1401 材料采购",单击"生成"按钮,进入"填制凭证"窗口。单击"保存"按钮,保存红字回冲单生成的凭证。同理,选择"蓝字回冲单(报销)"选项,生成凭证,保存蓝字回冲单生成的凭证,如图 7.49 所示。

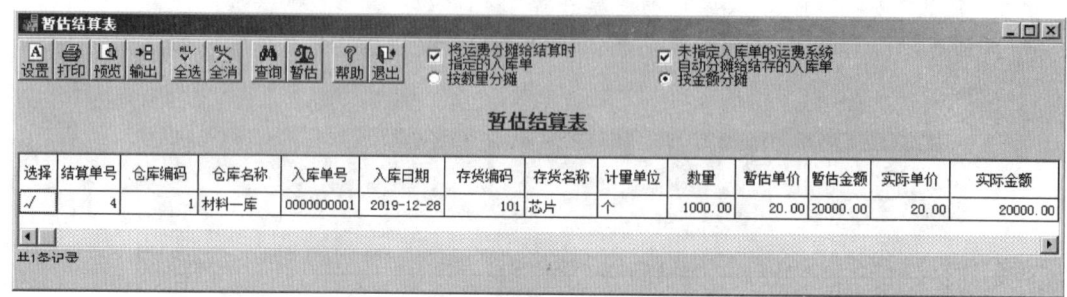

图 7.48　结算成本处理

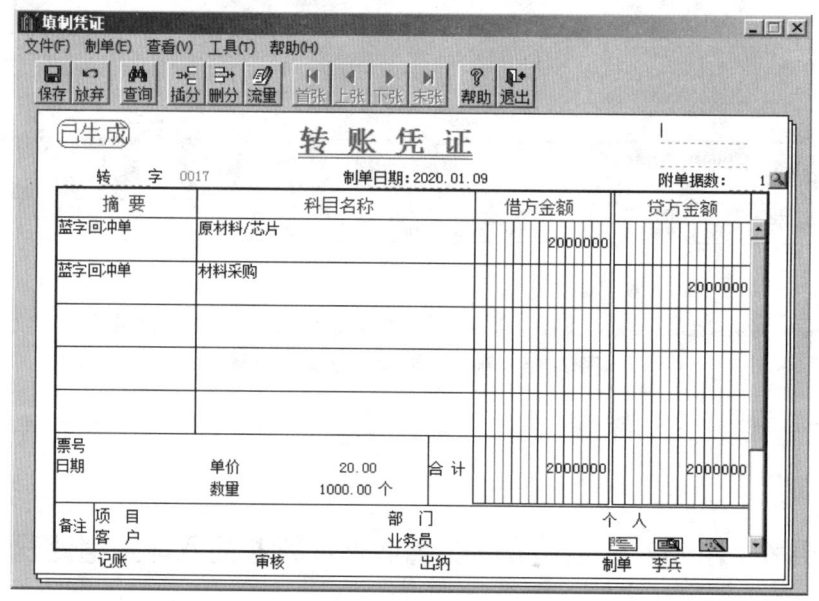

图 7.49　蓝字回冲单生成凭证

⑤ 在核算管理系统中进行发票制单处理。

7.3.5　任务 5　预付款业务

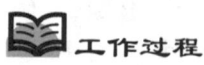工作过程

① 10 日,进入畅捷通 T3 系统,在采购管理系统中,选择"供应商往来"|"付款结算"命令,打开"付款单"窗口。

② 选择供应商"001　中环电子有限公司",单击"增加"按钮,选择结算方式"202 转账支票"、票据号"ZZ200115"、金额 3 000.00,单击"保存"按钮,如图 7.50 所示。

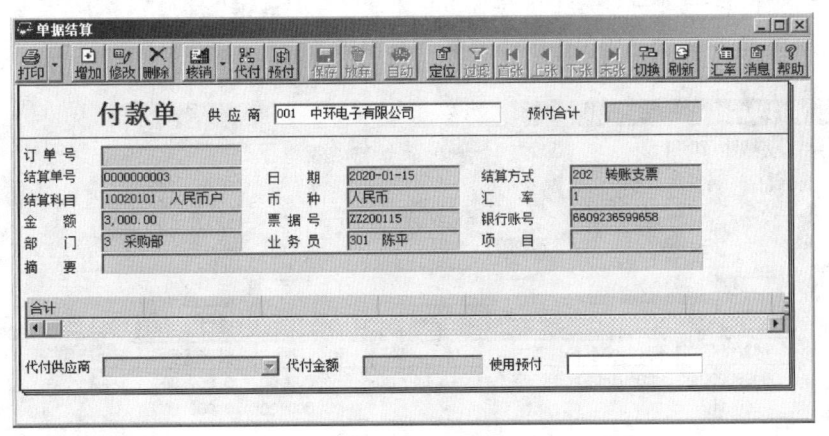

图 7.50 付款单

③ 单击"预付"按钮,系统将 3 000 元作为预付款。

④ 在核算管理系统中,选择"凭证"|"供应商往来制单"命令,打开"供应商制单查询"对话框。

⑤ 选择"核销制单",单击"确认"按钮,打开"核销制单"窗口。修改凭证类型,选择要制单的单据,单击"制单"按钮,打开"填制凭证"窗口,单击"保存"按钮,如图 7.51 所示。

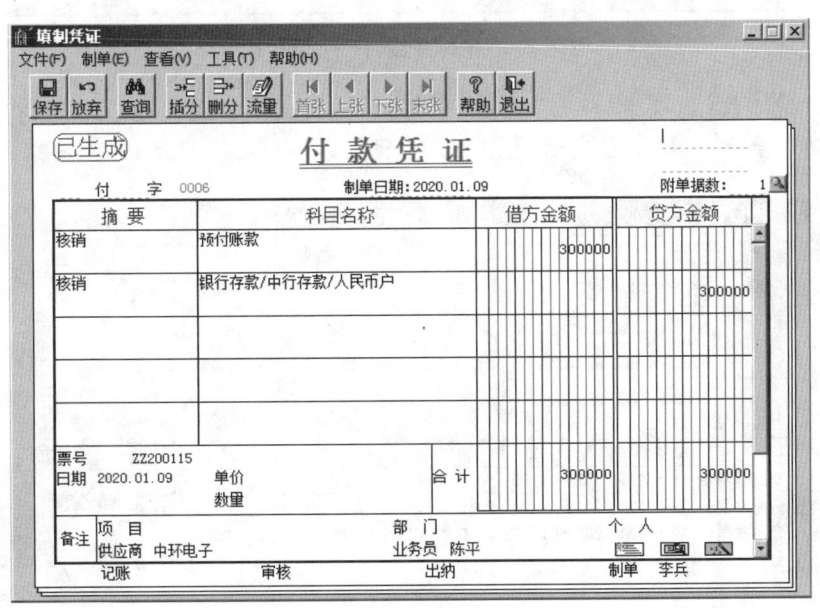

图 7.51 预付款生成凭证

7.3.6 任务 6 转账业务

① 11 日进入畅捷通 T3 系统,在采购管理系统中,选择"供应商往来"|"预付冲应付"命令,进入"预付冲应付"窗口。

② 打开"预付款"选项卡,选择供应商"中环电子"。单击"过滤"按钮,系统列出该供应商的预付款,输入转账金额3 000.00,如图7.52所示。

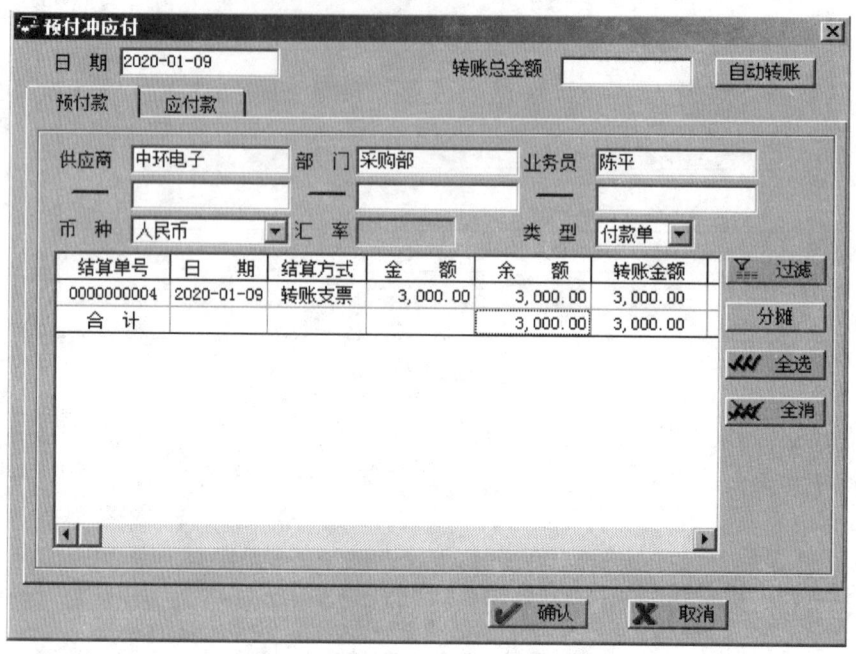

图7.52 预付冲应付——预付款

③ 打开"应付款"选项卡,单击"过滤"按钮,系统列出该供应商的应付款,在期初应付款记录行输入转账金额3 000.00,如图7.53所示。

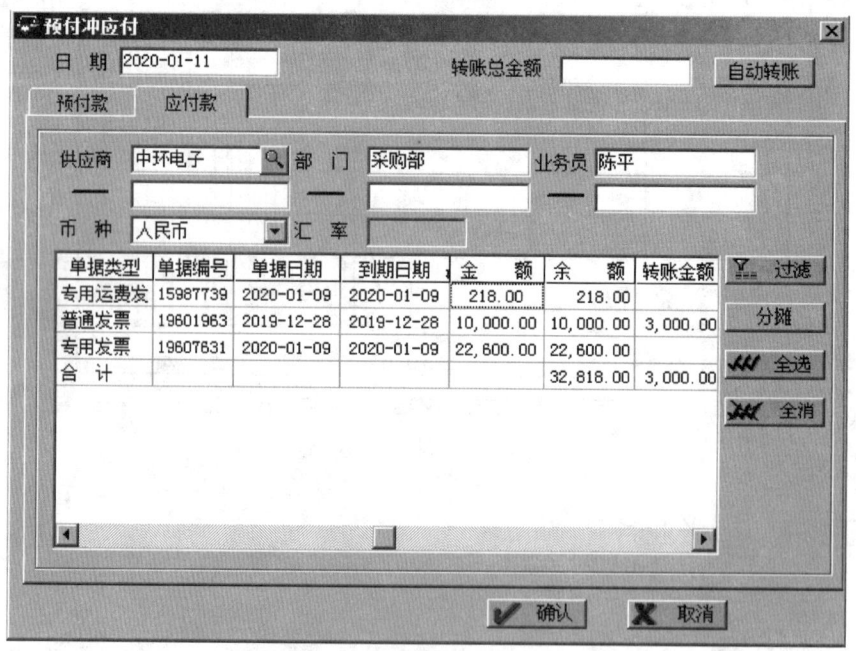

图7.53 预付冲应付——应付款

④ 单击"确认"按钮,系统弹出"操作成功!"提示框,单击"确定"按钮返回。

7.3.7 任务7 备份"实训9 采购与应付管理"账套

实训及其工作过程略。

7.4 实训10 销售与应收管理

实训目的

1. 掌握畅捷通 T3 管理软件中购销售管理的相关内容。
2. 熟悉不同类型销售业务的处理流程。
3. 理解核销和转账的含义。

练习重点

1. 掌握普通销售业务全流程处理。
2. 掌握销售现结业务处理。
3. 掌握代垫运费业务处理。
4. 掌握开票直接发货业务处理。
5. 掌握预收业务处理。
6. 掌握转账业务处理。

实训准备

引入"实训9 采购与应付管理"账套。

案例内容

一、普通销售业务

① 12 日,深圳微电集团预购买 200 套 IC 智能卡片,向销售部了解价格,销售部报价为 80 元/套,填制报价单。当日,该客户了解情况后,要求订购 300 套,要求在 2020 年 1 月 15 日前发货,填制并审核销售订单。

② 15 日,销售部从成品库向深圳微电集团发出其所订货物,并开具了此笔交易的专用销售发票一张,发票号为 19600106。业务部门将销售发票交给财务部门,财务部门结转此业务的收入及成本。

③ 15 日，财务部收到深圳微电集团转账支票一张，转账支票号为 ZZ200127，金额为 27 120 元。财务部进行结算。

二、销售现收业务

① 16 日，销售部向深圳微电集团销售 IC 智能卡片 2 000 套，报价为 70 元/套，货品从成品库发出。

② 17 日，根据上述发货单开具专用发票一张，发票号为 19600107，同时收到客户以转账支票所支付全部货款，转账支票号为 ZZ200128，公司银行账号为 590222109968。

三、代垫运费

16 日在向深圳微电集团销售商品过程中，发生了一笔代垫运费 50 元。客户尚未支付该笔款项。

由于产生了代垫运费，需要增加费用项目。费用项目为："01 运费"。

四、开票直接发货

16 日，销售部向上海中芯销售 ID 智能卡片 100 套，无税单价为 70 元，当日由成品库发出，并据此开具了销售专用发票一张，发票号为 19600108。

五、预收款业务

17 日，收到深圳微电集团转账支票一张，转账支票号为 ZZ200129，金额为 80 000 元，用以归还 2019 年 12 月前欠货款，余款转为预收款。

六、转账业务处理

18 日，将深圳微电集团的 50 元运费转给上海中芯。

七、备份"实训 10　销售与应收管理"账套

实训指导

7.4.1　任务 1　普通销售业务

1. 销售订货

 工作过程

视频演示

① 恢复账套数据后，以业务日期进入畅捷通 T3 系统，在销售管理系统中，选择"销售订单"命令，打开"销售订单"窗口。

② 单击"增加"按钮，输入日期 2020 - 01 - 12，选择销售类型"批发"、客户名称"深圳微电"、到期日 2020 - 01 - 12。

③ 选择货物名称"IC 智能卡片"，输入数量 300.00、报价 80.00 元、预发货日期 2020 - 01 - 15，单击"保存"按钮，如图 7.54 所示。

④ 单击"审核"按钮，系统弹出"是否只处理当前张？"提示框，单击"是"按钮，审核销售订单。

图 7.54 销售订单

 工作提示

- 已保存的销售订单可以修改、删除,但不允许修改他人填制的销售订单。
- 系统自动生成订单编号,可以手工修改。订单编号不能重复。
- 如果企业要按业务员进行销售业绩考核,必须输入"业务员"信息。

2. 销售发货、出库、记账并生成出库凭证

工作过程

① 填制并审核销售发货单。

a. 15 日,进入畅捷通 T3 系统,在销售管理系统中,选择"销售发货单"命令,打开"发货单"窗口。

b. 单击"增加"按钮,打开"选择订单"对话框,单击"显示"按钮,选择销售订单,选择相应的订单号及存货编码,如图 7.55 所示。

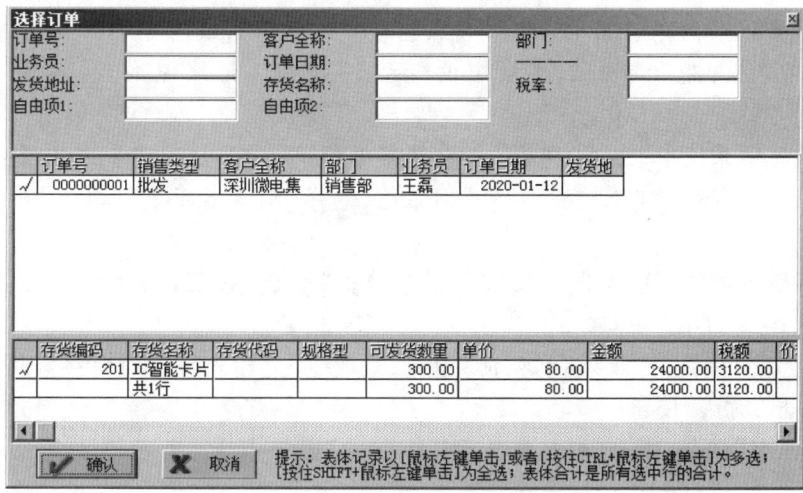

图 7.55 参照订单生成发货单

c. 单击"确认"按钮,将销售订单信息导入发货单。输入发货日期2020-01-15、到期日2020-01-15,选择仓库"成品库",单击"保存"按钮。

d. 单击"审核"按钮,系统弹出信息提示框,如图7.56所示。

图7.56　审核销售发货单

e. 单击"是"按钮,审核成功。

② 在库存管理系统中审核销售出库单。

a. 在库存管理系统中,选择"销售出库单生成/审核"命令,打开"销售出库单"窗口。

b. 单击"生成"按钮,打开"发货单或发票参照"对话框。在"请选择"下拉列表框中选择"发货单"选项,系统显示可参照的发货单列表。

c. 选择要参照的发货单,单击"确认"按钮,将发货单信息导入销售出库单。单击"审核"按钮。

③ 在核算管理系统中对销售出库单记账并生成凭证。

a. 在核算管理系统中,选择"核算"|"正常单据记账"命令,打开"正常单据记账条件"对话框,单击"确定"按钮,进入"正常单据记账"窗口。

b. 单击需要记账的单据前的"选择"栏,出现"√"标记,或者单击工具栏中的"全选"按钮,选择所有单据,然后单击工具栏中的"记账"按钮。记账完成后,单据不在窗口中显示。

c. 在核算管理系统中,选择"凭证"|"购销单据制单"命令,打开"生成凭证"窗口。

d. 单击"选择"按钮,打开"查询条件"对话框,选择"销售出库单",单击"确认"按钮,进入"选择单据"窗口。

e. 选择需要生成凭证的单据或在工具栏中单击"全选"按钮,然后在工具栏中单击"确定"按钮,打开"生成凭证"窗口。

f. 单击"生成"按钮,打开"填制凭证"窗口,修改、补充输入科目辅助项信息,如图7.57所示。然后单击"确认"按钮。

g. 单击"保存"按钮,凭证左上角显示"已生成"红字标记,表示已将凭证传递到总账系统。

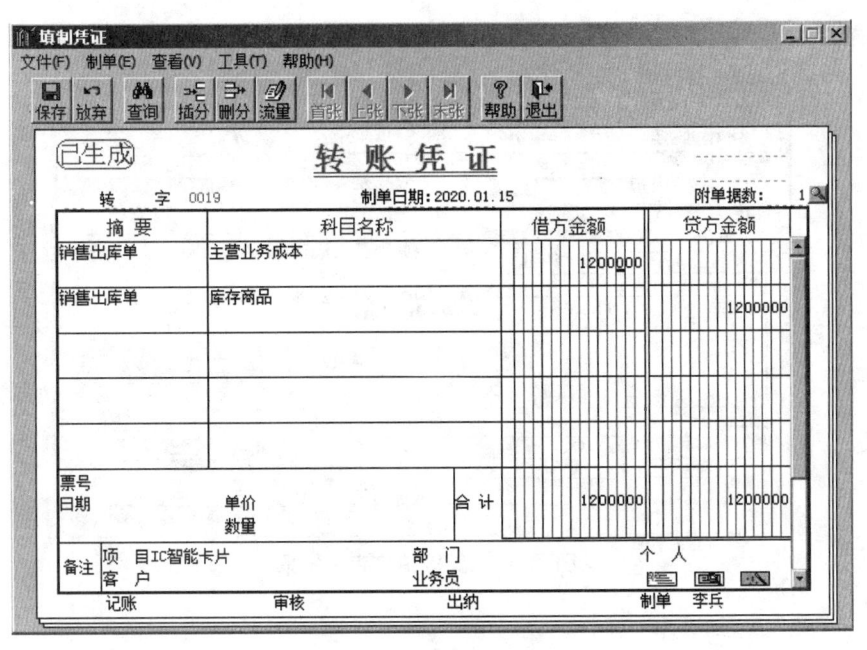

图 7.57 生成销售出库凭证

3. 销售开票

工作过程

① 在销售管理系统中根据发货单填制并复核销售发票。

a. 在销售管理系统中,选择"销售发票"命令,打开"销售普通发票"窗口。

b. 单击"增加"右侧的下拉按钮选择"专用发票"选项,单击"选单"右侧的下拉按钮选择"发货单"选项,打开"选择发货单"对话框。单击"显示"按钮,列出可参照的发货单。选择发货单及相应的存货编码,单击"确认"按钮,将发货单信息导入销售专用发票。

c. 输入发票号、到期日,单击"保存"按钮,单击"复核"按钮,系统弹出信息提示框,如图 7.58 所示。

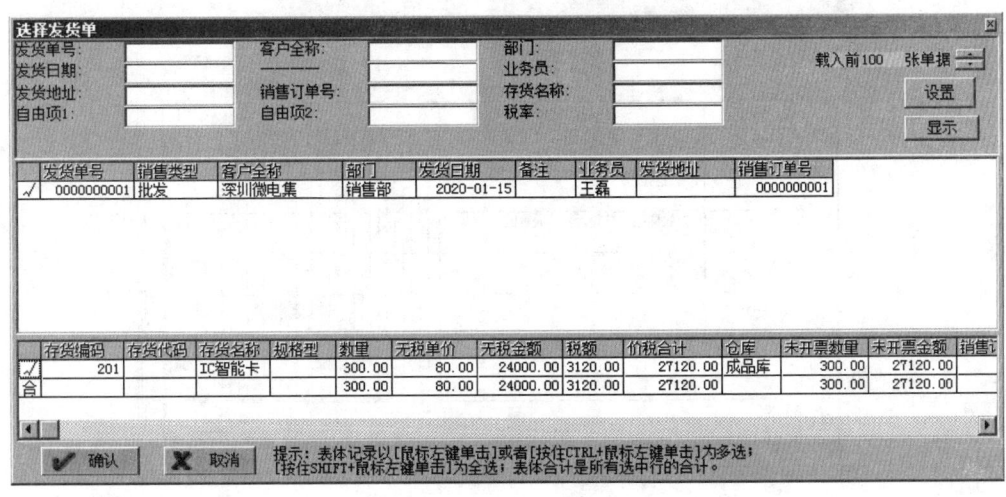

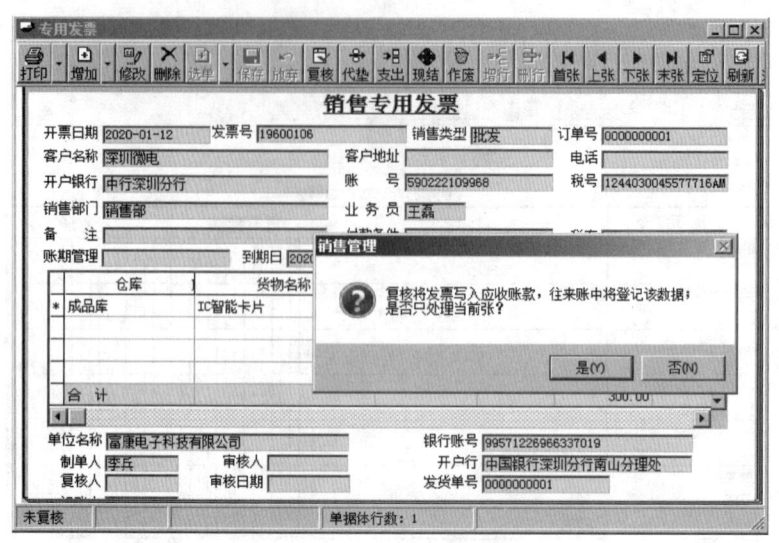

图 7.58　复核销售专用发票

d. 单击"是"按钮,复核成功。

② 在核算管理系统中生成销售收入凭证。

a. 在核算管理系统中,选择"凭证"|"客户往来制单"命令,打开"客户制单查询"对话框。

b. 选中"发票制单"复选框,单击"确认"按钮,进入"销售发票制单"窗口。

c. 单击工具栏中的"全选"按钮,选择窗口中的所有单据,选择凭证类别为"转账凭证",单击"制单"按钮,屏幕上出现根据发票生成的转账凭证。

d. 单击"保存"按钮,系统弹出"项目辅助核算不能为空"提示框。将当前光标定位在"主营业务收入"行,将鼠标指针移动到凭证上的"备注"栏,待鼠标指针变形为笔状时双击弹出"辅助项"对话框,选择项目"IC智能卡片",单击"确认"按钮。

e. 单击"保存"按钮,凭证左上角显示"已生成"红字标记,表示已将凭证传递到总账系统,如图 7.59 所示。

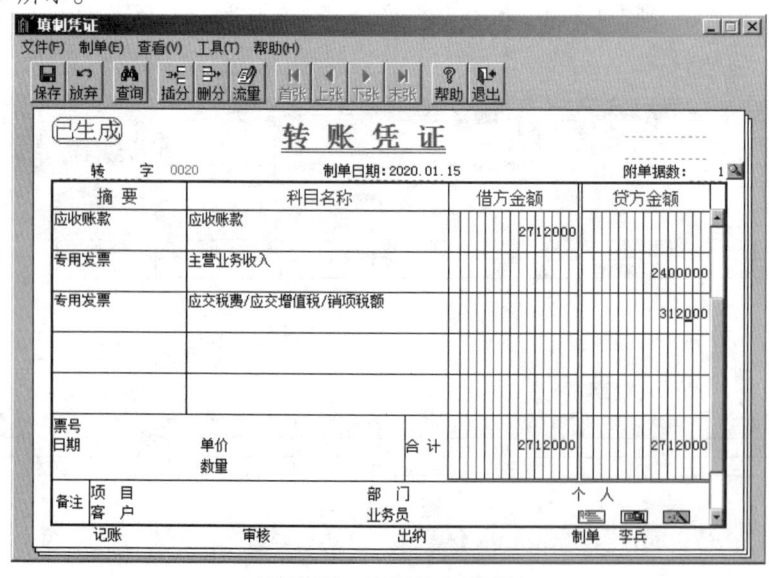

图 7.59　确认收入凭证

4. 收款结算

工作过程

① 在销售管理系统中输入收款单、核销应收。

a. 在销售管理系统中，选择"客户往来"|"收款结算"命令，打开"收款单"窗口。

b. 选择客户"001 深圳微电集团"，单击"增加"按钮，输入收款单各项信息，单击"保存"按钮，如图 7.60 所示。

c. 单击"核销"按钮，收款单下方窗口中显示该客户未核销的应收款。在要核销的单据的本次结算栏中输入 27 120.00，如图 7.61 所示。

d. 单击"保存"按钮。

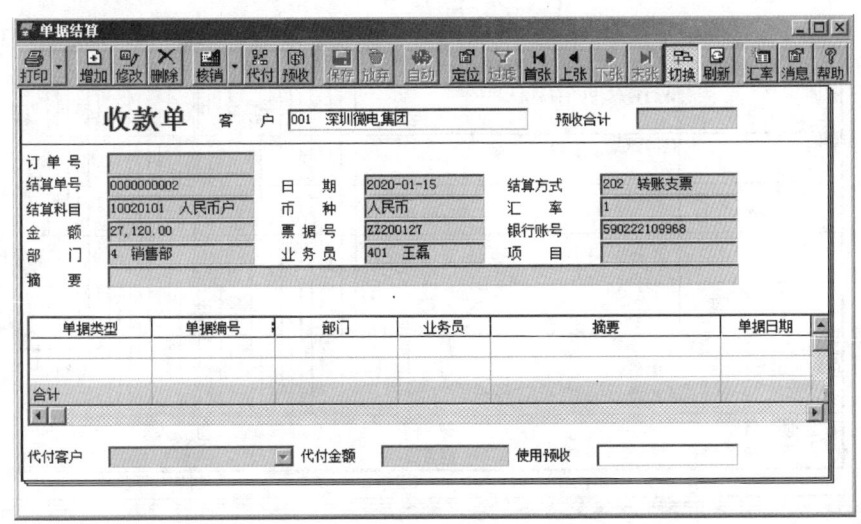

图 7.60 收款单

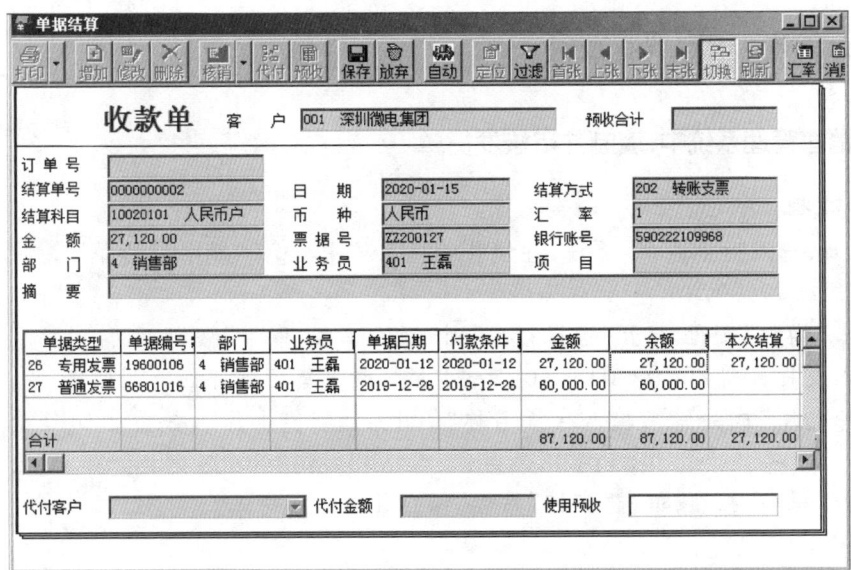

图 7.61 核销应收

② 收款结算制单。

a. 在核算管理系统中,选择"凭证"|"客户往来制单"命令,打开"客户制单查询"对话框。

b. 选中"核销制单"复选框,单击"确认"按钮,打开"核销制单"窗口。

c. 选择要制单的单据,单击"制单"按钮,打开"填制凭证"窗口,单击"保存"按钮,生成收款凭证,如图 7.62 所示。

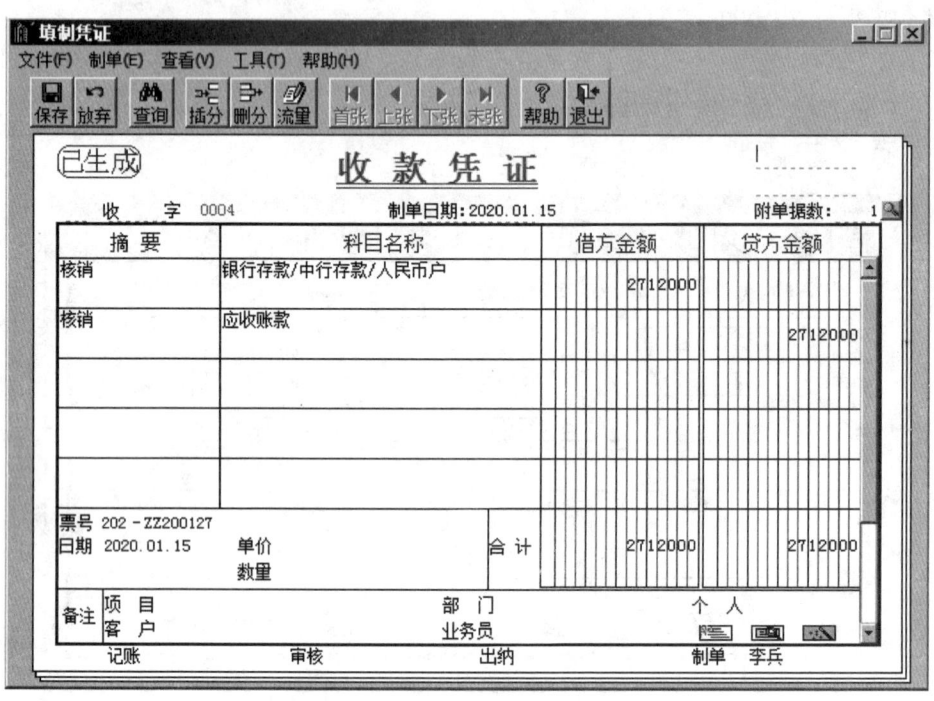

图 7.62　生成收款凭证

7.4.2　任务 2　销售现收业务

1. 在销售管理系统中,填制并审核发货单

工作过程

① 16 日,进入畅捷通 T3 系统,在销售管理系统中,选择"销售发货单"命令,打开"发货单"窗口。

② 单击"增加"按钮,打开"选择订单"对话框,单击"取消"按钮返回。

③ 输入发货日期 2020-01-16、客户"深圳微电集团",并修改到期日。

④ 选择仓库"成品库",输入存货名称"201 IC 智能卡片"、数量 2 000 套、无税单价 70 元。

⑤ 单击"保存"按钮,单击"审核"按钮,保存并审核发货单。

2. 在销售管理系统中，根据发货单生成销售专用发票，并执行现结

工作过程

① 在销售管理系统中，选择"根据发货单生成发票"命令，打开"条件"对话框。选择"专用发票"，单击"确认"按钮，打开"发票批量生成"窗口。

② 选择要生成发票的发货单，单击"生成"按钮，系统弹出"发货单生成发票成功"提示框，返回。

③ 在销售管理系统中，选择"销售发票"命令，打开"销售专用发票"窗口，修改专用发票号为"19600107"，保存。

④ 单击"现结"按钮，打开"销售现结"对话框。选择结算方式"转账支票"，输入结算金额 158 200、票据号"ZZ200128"、银行账号"590222109968"，如图 7.63 所示。

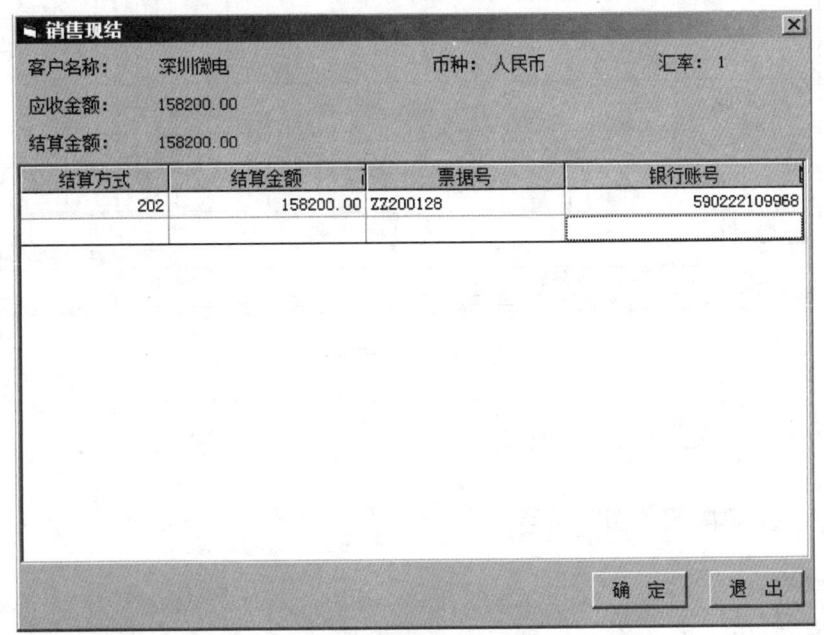

图 7.63 销售发票现结

⑤ 单击"确定"按钮，系统弹出"现结记录已保存！"提示框，单击"确定"按钮，再单击"退出"按钮返回。系统提示"现结成功"。

⑥ 单击"确定"按钮，销售发票右上角显示"现结"标志。单击"复核"按钮，对现结发票进行复核。

3. 在核算系统中，进行现结制单

工作过程

① 在核算管理系统中，选择"凭证"|"客户往来制单"命令，打开"客户制单查询"对话框。

② 选中"现结制单"复选框，单击"确认"按钮，打开"现结制单"窗口。

③ 单击"全选"按钮，单击"制单"按钮，生成现结凭证。

④ 输入主营业务收入的核算项目"IC 智能卡片",单击"保存"按钮,凭证左上角出现"已生成"红色标记,表示凭证已传递到总账,如图 7.64 所示。

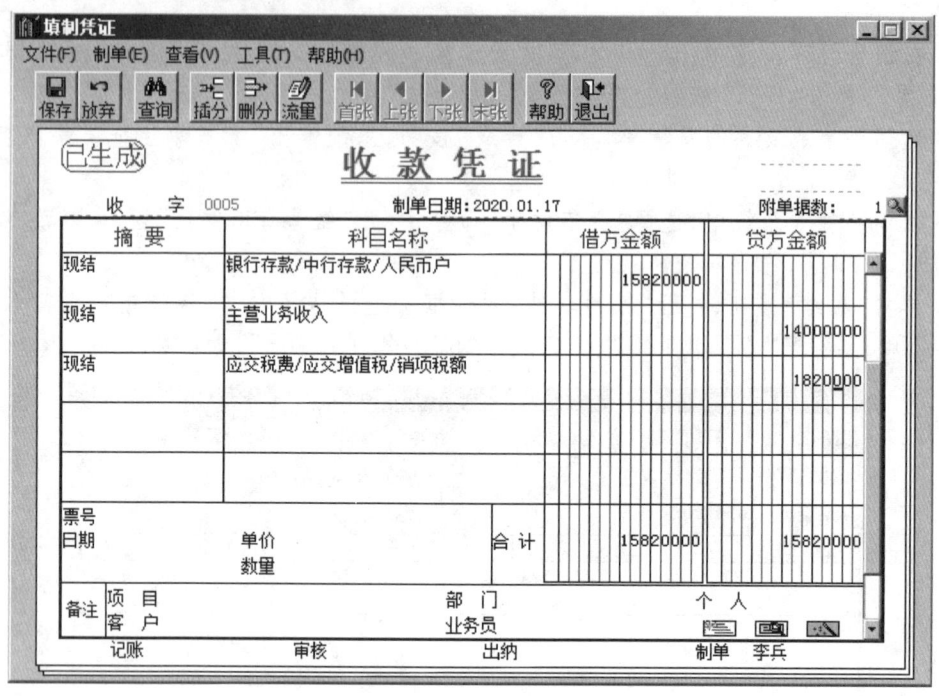

图 7.64 现结制单

7.4.3 任务 3 代垫运费

1. 在基础设置中,设置费用项目

工作过程

① 在"基础设置"中,选择"购销存"|"费用项目"命令,打开"费用项目"窗口。
② 增加费用项目"01 运费"。

2. 在销售管理系统中,填制并审核代垫费用单

工作过程

① 在销售管理系统中,选择"销售发票"命令,进入"专用发票"窗口。找到相应的发票,单击"代垫"按钮,打开"代垫费用单"窗口。
② 单击"增加"按钮,选择费用项目"运费"、代垫金额 50,保存并审核。

3. 在核算系统中,对代垫费用单形成的应收单制单

工作过程

① 在核算管理系统中,选择"凭证"|"客户往来制单"命令,打开"客户制单查询"对话框。选中"应收单制单"复选框,单击"确认"按钮,打开"应收单制单"窗口。

② 选择要制单的单据,选择凭证类别为"付款凭证",单击"制单"按钮,生成一张付款凭证,输入贷方科目 1001,单击"保存"按钮。

7.4.4 任务 4 开票直接发货

1. 在销售管理系统中,填制并复核销售专用发票

① 在销售管理系统中,选择"销售发票"命令,打开"销售专用发票"窗口。在"增加"下拉列表框中选择"专用发票"选项,进入"销售专用发票"窗口。
② 按资料输入销售专用发票内容,保存并复核。

2. 在销售管理系统中,查询销售发货单

① 在销售管理系统中,选择"销售发货单"命令,打开"发货单"窗口。
② 查看根据销售专用发票自动生成的发货单。

3. 在库存管理系统中,生成并审核销售出库单

① 在库存管理系统中,选择"销售出库单生成/审核"命令,打开"销售出库单"窗口。
② 单击"生成"按钮,打开"发货单或发票参照"窗口。在"请选择"下拉列表框中选择"发票"选项,窗口中显示可参照的发票。选择要参照的发票及相应的记录,如图 7.65 所示。

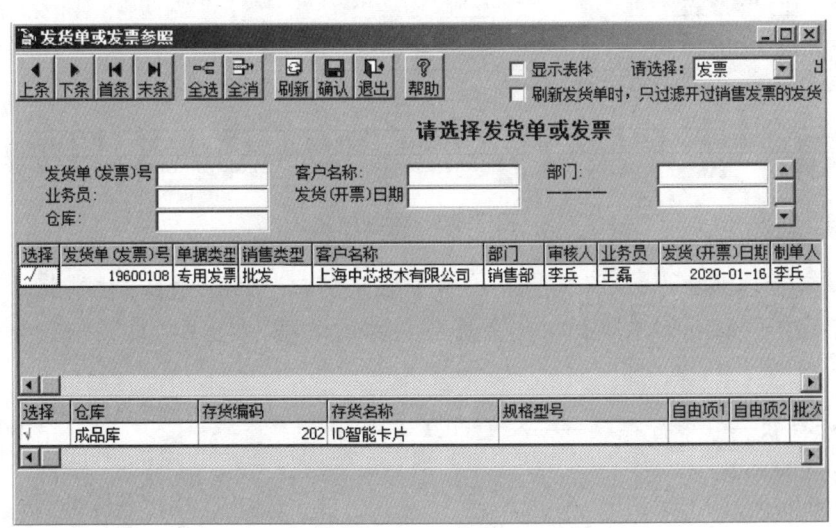

图 7.65 选择发票生成销售出库单

③ 单击"确认"按钮,系统弹出"操作完毕!"提示框,单击"确定"按钮,自动生成销售出库单。
④ 单击"审核"按钮,审核销售出库单。

4. 在核算系统中生成相关凭证

工作过程

① 对销售出库单记账并生成出库凭证。
② 对销售发票制单生成应收凭证。

7.4.5 任务5 预收款业务

工作过程

① 17 日，进入畅捷通 T3 系统，在销售管理系统中，选择"客户往来"|"收款结算"命令，打开"收款单"窗口。

② 选择客户"001 深圳微电集团"，单击"增加"按钮，输入结算方式"202 转账支票"、金额 80 000.00、票据号"ZZ200129"。单击"保存"按钮。

③ 单击"核销"按钮，收款单表体中显示未核销的应收款。在 2019 年 12 月业务的结算金额栏中输入结算金额 60 000，如图 7.66 所示。收款单中剩余未核销的金额系统自动转为预收款，单击"保存"按钮。

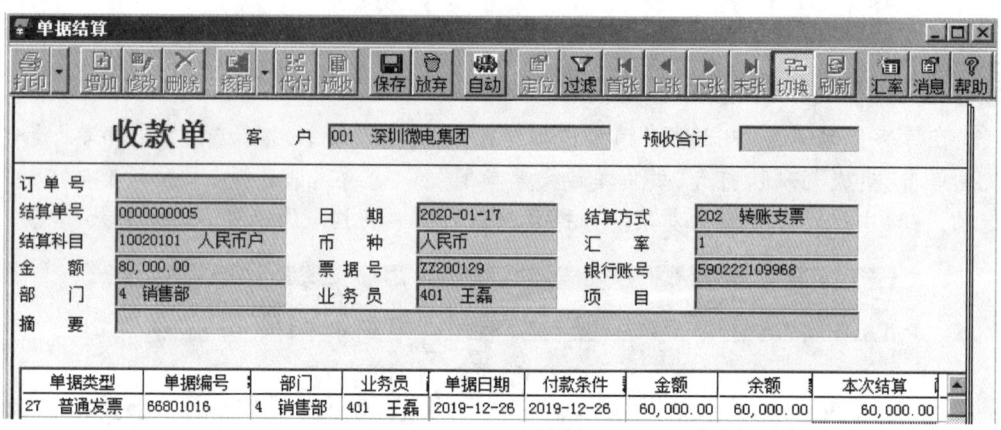

图 7.66 收款核销

④ 在核算管理系统中，选择"凭证"|"客户往来制单"命令，选择"核销制单"选项，单击"确认"按钮，打开"核销制单"窗口，选择需要制单的单据，单击"制单"按钮，生成一张收款凭证。

借：银行存款——中行存款——人民币户　　　　　　　　　　　　80 000
　　贷：应收账款　　　　　　　　　　　　　　　　　　　　　　60 000
　　　　预收账款　　　　　　　　　　　　　　　　　　　　　　20 000

7.4.6 任务6 转账业务

工作过程

① 在销售管理系统中，选择"客户往来"|"应收冲应收"命令，打开"应收冲应收"窗口。

② 选择转出户"深圳微电",转入户"上海中芯",单击"过滤"按钮。系统列出深圳微电公司的应收款,确认并账金额为100.00,如图7.67所示。

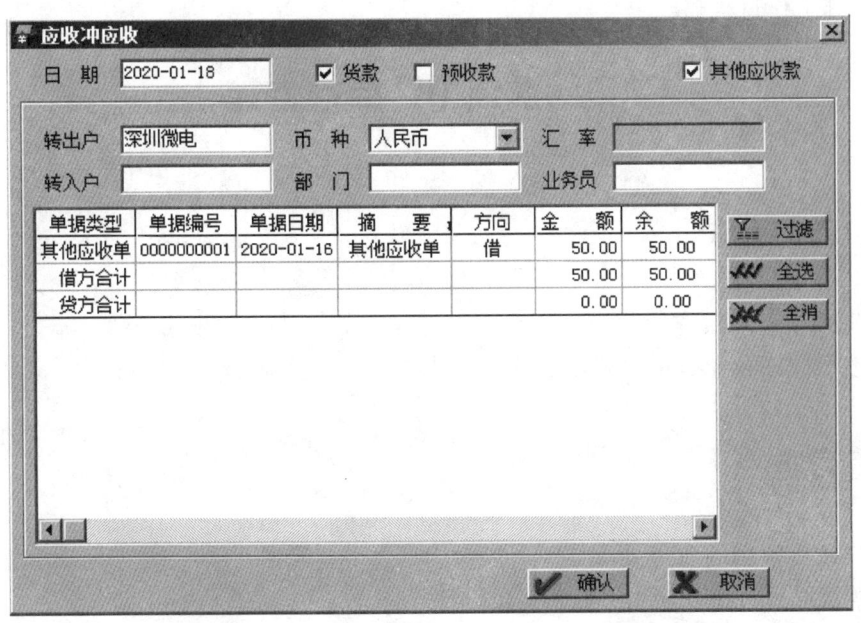

图 7.67　应收冲应收——确认并账金额

③ 单击"确认"按钮,系统弹出"操作成功!"提示框,单击"确定"按钮返回。

④ 在核算管理系统中,选择"凭证"|"客户往来制单"命令。选择"并账制单"选项,单击"确认"按钮,打开"并单制单"窗口,选择需要制单的单据,选择凭证类别为"转账凭证",单击"制单"按钮,生成凭证保存后如图7.68所示。

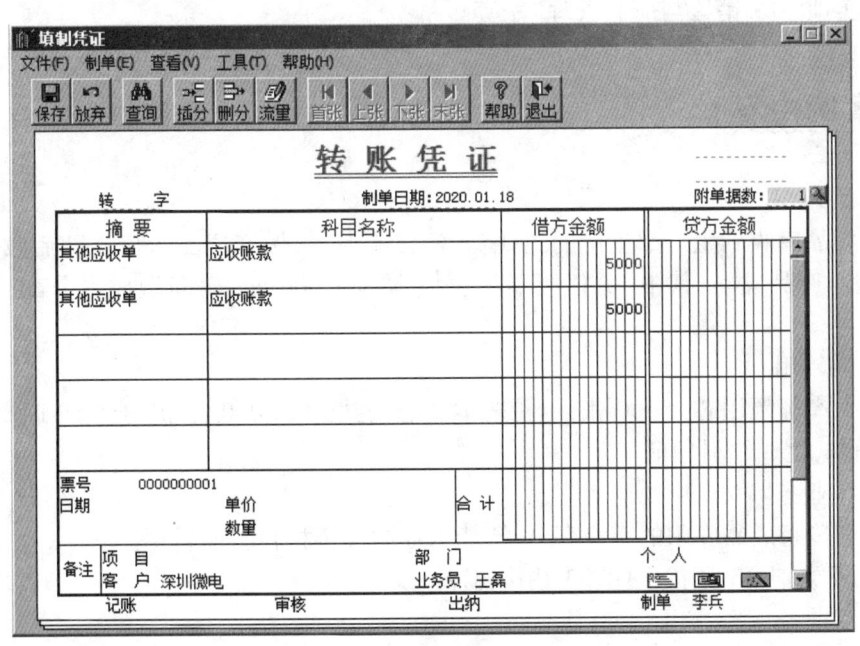

图 7.68　应收冲应收生成凭证

7.4.7　任务7　备份"销售与应收管理"账套

实训及其工作过程略。

7.5　实训11　库存管理

 **实训目的**

1. 了解库存管理系统的功能。
2. 熟悉不同库存业务的处理流程。

 **练习重点**

1. 掌握材料领用的业务处理。
2. 掌握产品入库的业务处理。
3. 掌握调拨业务处理。
4. 掌握盘点业务处理。

 **实训准备**

引入"实训10　销售与应收管理"账套。

 **案例内容**

一、产品入库

18日,成品库收到生产部生产的300套IC智能卡片,做产成品入库。随后收到财务部门提供的完工产品成本,其中IC智能卡片总成本为7 600元,立即做成本分配,记账生成凭证。

二、材料领用

18日,生产部领用芯片600张,单价成本20元,共计12 000元,用于生产IC智能卡片,记材料明细账,生成领料凭证。

三、调拨业务

18日,李玲将成品库中的100套IC智能卡片调拨至材料二库暂存。

增加收发类别:13 调拨入库;23 调拨出库。

四、盘点业务

20日,对材料一库"芯片"进行盘点,盘点后,发现芯片少100张,经确定每个成本为

20元。

增加收发类别:14 盘盈入库;24 盘亏出库。

五、备份"实训 11　库存管理"账套

实训指导

7.5.1　任务1　产品入库

1. 在库存管理系统中,输入产成品入库单并审核

视频演示

 工作过程

① 以系统管理员身份在系统管理中恢复"购销存初始"账套。(为方便起见,以下所有操作均以账套主管身份进行)

② 18 日,在库存管理系统中,选择"产成品入库单"命令,打开"产成品入库单"窗口。

③ 单击"增加"按钮,输入入库日期 2020-01-18、入库类别"产成品入库",选择仓库"成品库"、部门"生产部一部"。

④ 选择产品编码"201 IC 智能卡片",输入数量 300.00。

⑤ 单击"保存"按钮,单击"审核"按钮,完成对该单据的审核,如图 7.69 所示。

图 7.69　填制并审核产成品入库单

 工作提示

- 产成品入库单上无须填写单价,待产成品成本分配后会自动写入。

2. 在核算系统中,输入生产总成本并进行产成品成本分配

工作过程

① 在核算管理系统中,选择"核算"|"产成品成本分配"命令,打开"产成品成本分配"窗口。

② 单击"查询"按钮,打开"产成品成本分配表查询"对话框。选择"成品库",单击"确定"按钮,进入"需要分配的产成品单据选择"窗口。单击"全选"复选框,单击"确定"按钮,系统将符合条件的记录带回"产成品成本分配表"。

③ 在"201 IC智能卡片"记录行"金额"栏中输入12 000.00。

④ 单击"分配"按钮,系统弹出"分配操作顺利完成!"提示框,单击"确定"按钮返回,如图7.70所示。

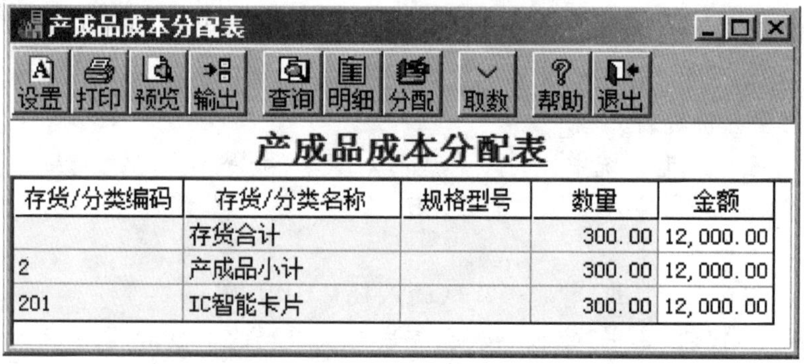

图7.70 输入产品成本分配金额并分配产品成本

⑤ 在库存管理系统中,选择"产成品入库单"命令,进入"产成品入库单"窗口,可查看到入库存货单价为40元。

3. 在核算系统中,对产成品入库单进行记账并生成凭证

工作过程

① 在核算管理系统中,选择"核算"|"正常单据记账"命令,对产成品入库单进行记账处理。

② 选择"凭证"|"购销单据制单"命令,单击"选择"按钮,选择"产成品入库单"选项,单击"确认"按钮,将数据返回"未生成单据一览表"窗口。

③ 选择需要制单的单据,单击"确定"按钮,进入"生成凭证"窗口,选择凭证类别为"转账凭证",如图7.71所示。

工作提示

因为凭证上"生产成品/直接材料"科目设置有项目辅助核算,所以凭证保存时系统提示"项目辅助核算不能为空!",需将光标定位在该科目行,将鼠标下移至备注区,待鼠标变形为笔状时双击,在弹出的"项目辅助项"对话框中,选择项目"IC智能卡片",即可成功保存凭证。

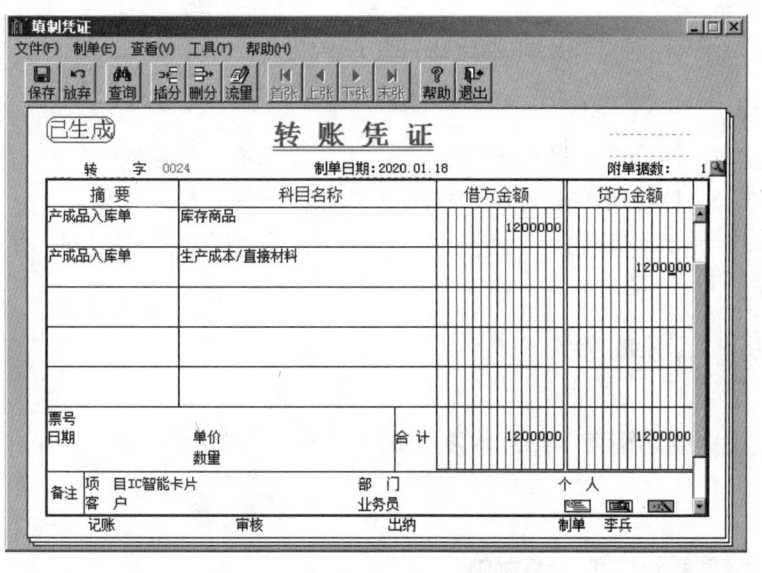

图 7.71 产成品入库单生成凭证

7.5.2 任务 2 材料领用

1. 在库存管理系统中,填制材料出库单

工作过程

① 在库存管理系统中,选择"材料出库单"命令,打开"材料出库单"窗口。
② 单击"增加"按钮,填写出库日期2020-01-18,选择仓库"材料一库"、部门"生产部"、出库类别"材料领用出库"。
③ 选择"101 芯片",输入数量600.00。
④ 单击"保存"按钮,单击"审核"按钮,完成后如图7.72所示。

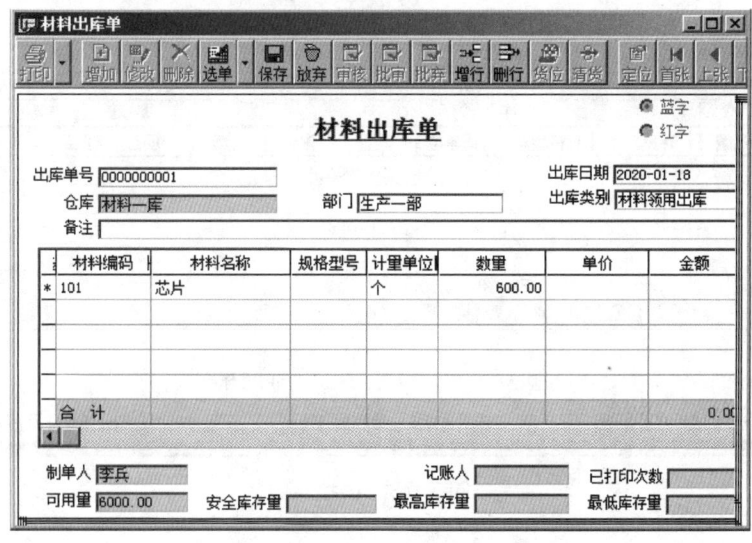

图 7.72 材料出库单

2. 在核算系统中,对材料出库单记账并生成凭证

 工作过程

① 选择"核算"|"正常单据记账"命令,对材料出库单进行记账。
② 选择"凭证"|"购销单据制单"命令,选择材料出库单生成凭证。
借:生产成本——直接材料　　　　　　　　　　12 000(项目:IC智能卡片)
　　贷:原材料——芯片　　　　　　　　　　　　　　　　　　　　　12 000

7.5.3　任务3　调拨业务

1. 在基础设置的购销存中增加收发类别

工作过程略。

2. 在库存管理系统中填制调拨单

 工作过程

① 在库存管理系统中,选择"库存其他业务"|"调拨单"命令,进入"调拨单"窗口。
② 单击"增加"按钮,输入调拨日期2020-01-18,选择转出仓库"成品库"、转入仓库"材料二库"、出库类别"调拨出库"、入库类别"调拨入库"、经手人"李玲",备注"暂存"。
③ 输入存货编码201、存货名称"IC智能卡片"、数量100.00,单击"保存"按钮,如图7.73所示。

图7.73　调拨单

 **工作提示**

调拨单保存后,系统自动生成其他入库单和其他出库单,且由调拨单生成的其他入库单和其他出库单不得修改和删除。

3. 在库存管理系统中,对调拨单生成的其他出入库单进行审核

 工作过程

① 选择"其他入库单"命令,打开"其他入库单"窗口。
② 单击"审核"按钮。
③ 用同样方法完成对其他出库单的审核。

4. 在核算管理系统中,对其他出入库单记账

 工作过程

① 选择"核算"|"特殊单据记账"命令,打开"特殊单据记账条件"对话框。
② 选择单据类型"调拨单",单击"确定"按钮,进入"特殊单据记账"窗口。
③ 选择要记账的调拨单,单击"记账"按钮。

7.5.4 任务4 盘点业务

1. 在库存管理系统中增加盘点单

 工作过程

① 在库存管理系统中,选择"库存其他业务"|"盘点单"命令,打开"盘点单"窗口。
② 单击"增加"按钮,输入日期 2020-01-20,选择盘点仓库"材料一库"、出库类别"盘亏出库"、入库类别"盘盈入库"、盘点日期 2020-01-20。
③ 在表体中选择存货"101 芯片",带出账面数量 5 400.00。
④ 输入盘点数量 5 300.00,单击"保存"按钮。
⑤ 单击"审核"按钮,如图 7.74 所示。然后单击"确定"按钮。

工作提示

- 盘点单审核后,系统自动生成相应的其他入库单和其他出库单。
- 单击"盘库"按钮,表示盘点仓库中所有的存货;单击"选择"按钮,表示按存货分类批量选择存货进行盘点。
- 盘点单中输入的盘点数量是实际库存盘点的结果。
- 盘点单记账后,不能再取消记账。

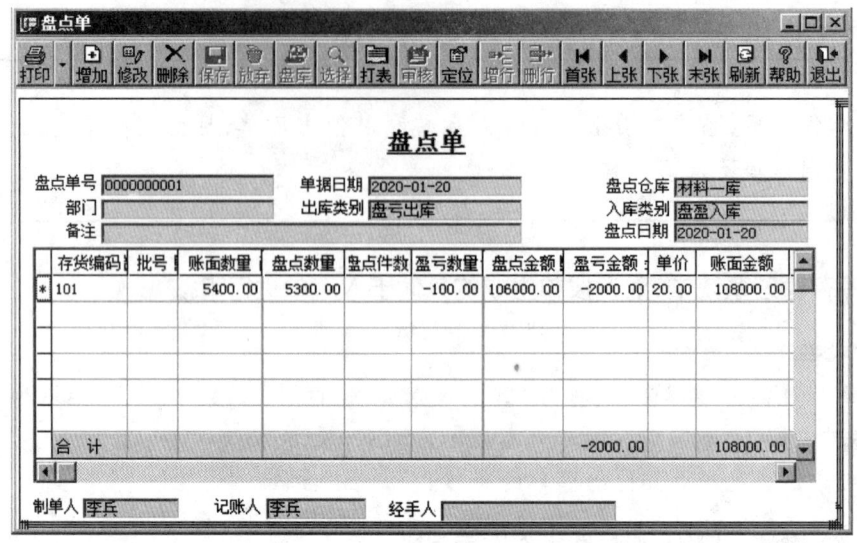

图 7.74 盘点单

2. 在库存管理系统中,对盘点单生成的其他出库单进行审核

工作过程略。

3. 在核算管理系统中修改其他出库单的单价,对其他出库单进行记账并生成凭证

生成转账凭证,对方科目编码1901,待处理财产损溢。工作过程略。

借:待处理财产损溢　　　　　　　　　　　　　　　　　　　　　　　2 000
　　贷:原材料——芯片　　　　　　　　　　　　　　　　　　　　　2 000

7.5.5　任务5　备份"实训11　库存管理"账套

实训及其工作过程略。

7.6　实训12　存货核算

实训目的

1. 了解核算系统的功能。
2. 了解核算系统与其他系统的数据关系。
3. 熟悉核算系统的业务处理。

练习重点

1. 掌握利用出入库调整单调整存货价格业务处理。
2. 掌握暂估入库业务的处理。

实训准备

引入"实训10 销售与应收管理"账套。

案例内容

一、入库调整业务

21日,向中环电子公司订芯片1 000张,单价为20元,同日收到专用发票,发票号19605505,将收到的货物收入材料一库。

22日,将21日发生的采购芯片的入库成本减少100元。

二、暂估入库业务

22日,收到展讯科技公司提供的PVC卡片200个,货物收入材料二库。

31日,发票仍未收到,暂估成本为8元/个,并进行暂估记账处理。

三、备份"实训12 存货核算"账套

实训指导

7.6.1 任务1 入库调整业务

1. 办理入库,记账生成入库凭证

工作过程

① 以系统管理员身份在系统管理中恢复"购销存初始"账套。(为方便起见,以下所有操作均以账套主管身份进行)

② 21日,进入畅捷通T3系统,在采购管理系统中,输入采购入库单。

③ 在库存管理系统中,审核采购入库单。

④ 在核算管理系统中,输入对方科目1401,对采购入库单记账并生成凭证。

2. 调整入库成本

工作过程

① 22日,进入畅捷通T3系统,在核算系统中,选择"入库调整单"命令,打开"入库调整单"窗口。

② 单击"增加"按钮,选择仓库"材料一库",输入日期2020-01-22,选择收发类别"采购入库"、部门"采购部"、供应商"中环电子"。

③ 选择存货编码"101",存货名称"芯片",金额-100.00,单击"保存"按钮,如图7.75所示。

图 7.75 入库调整单

工作提示

入库调整单是对存货的入库成本进行调整的单据,可针对单据进行调整,也可针对存货进行调整。

④ 在核算管理系统中,选择"凭证"|"购销单据制单"命令。单击"选择"按钮,选择"入库调整单"选项,单击"确认"按钮,将数据返回"未生成单据一览表"窗口。选择需要制单的单据,单击"确定"按钮,进入"生成凭证"窗口,选择凭证类别为"转账凭证"。单击"生成"按钮,保存后生成调整的转账凭证,如图 7.76 所示。

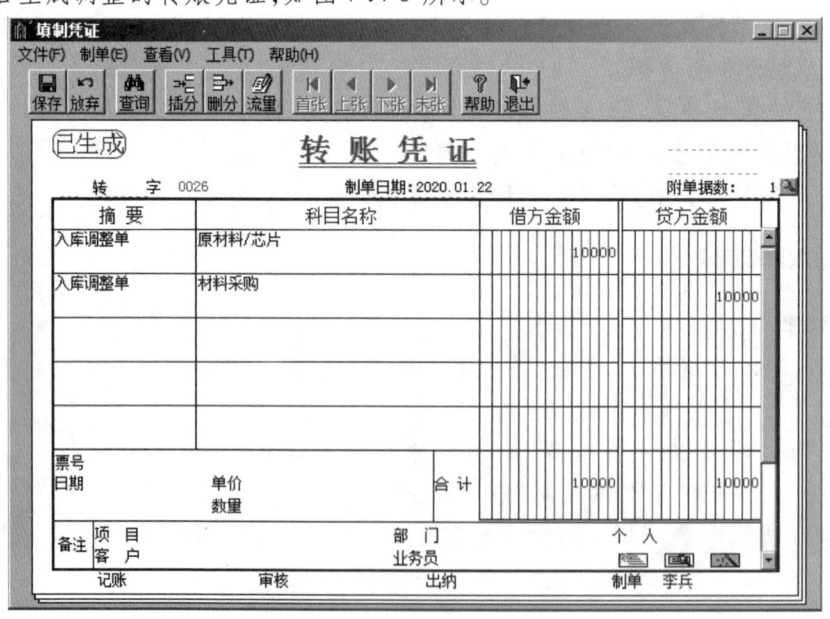

图 7.76 入库调整单凭证

借:原材料——芯片　　　　　　　　　　　　　　　　　　　　100
　　贷:材料采购　　　　　　　　　　　　　　　　　　　　　　　100

7.6.2　任务2　暂估入库业务

1. 办理入库

工作过程

① 22日,在采购管理系统中填制采购入库单。采购入库单无须填写单价。
② 在库存管理系统中审核采购入库单。

2. 月末发票未到,进行暂估记账

工作过程

① 31日,进入畅捷通T3系统,在核算系统中,选择"采购入库单"命令,打开"采购入库单"窗口。单击"修改"按钮,输入PVC卡片暂估单价8,单击"保存"按钮。

② 在核算系统中选择"核算"|"正常单据记账"命令,对采购入库单进行记账。

③ 在基础设置中选择"财务"|"会计科目"命令,单击"增加"按钮,输入科目编码2204,科目名称"暂估应付款",科目类型"负债",辅助核算"供应商往来",本案例为单到回冲的暂估方式,在下月收到发票时进行入库暂估冲回,分别生成红字财务凭证和蓝字财务凭证。另外暂估应付款因不含税与实际应付账款容易形成差异,为了区分,此处单独新增负债类一级科目2204暂估应付款,该科目设为非受控科目。

④ 在核算系统中选择"科目设置"|"存货对方科目"命令,设置收发类别编码11"采购入库"对应的暂估入库编码2204,科目名称"暂估应付款"。

⑤ 在核算系统中选择"凭证"|"购销单据制单"命令,单击"选择"按钮,选择"采购入库单(暂估记账)"选项,单击"确认"按钮,将数据返回"未生成单据一览表"窗口。选择需要制单的单据,单击"确定"按钮,进入"生成凭证"窗口,选择凭证类别为"转账凭证"。修改购销单据制单对方科目编码为2204,单击"生成"按钮,保存后生成采购入库单(暂估记账)凭证,如图7.77所示。

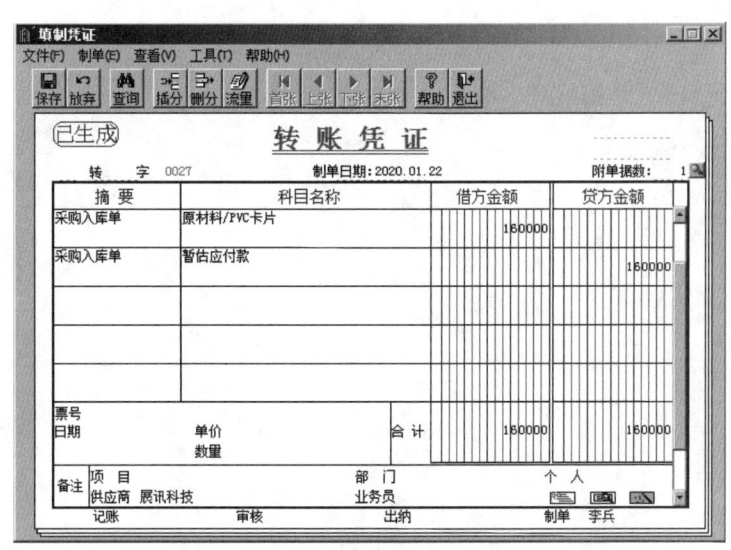

图7.77　采购入库单(暂估记账)生成凭证

7.6.3 任务3 备份"实训12 存货核算"账套

实训及其工作过程略。

 **工作项目小结**

在完成本项目各项工作的同时,项目小组了解了购销存管理系统包含的功能模块及数据流程,熟悉了购销存管理系统处理基本的采购、销售、出入库业务的方法,并根据企业的各项数据,进行了购销存系统期初数据的输入及业务处理。

随着新零售,线上+线下经营模式的快速发展,企业的采购、销售和库存管理是企业信息化管理的重要环节。购销存管理系统能将财务管理理念、管理方法、管理流程进行凝聚,为财务数据分析提供平台,有助于极大地改善企业管理过程,实现标准化,有效提高企业管理水平。管理出效益,购销存管理系统也是企业获得利益的关键。因此,熟练掌握购销存系统十分必要。

工作项目 8

总账管理——期末处理

知识目标

◆ 理解结账的含义及结账要满足的前提条件。
◆ 熟悉期末结账操作流程。
◆ 掌握凭证、账簿查询的基本方法。
◆ 掌握出纳管理的基本工作内容。

技能目标

◆ 掌握期末结账的基本操作。

思政育人 揽月"天团"

期末结账是为了总结一个会计期间内的经济活动的财务收支状况,而对各种账簿的本期发生额和期末余额进行的计算总结。直观地说,就是结算软件系统中各种账簿记录,它是在将一定时期内所发生的经济业务全部登记入账的基础上,将各种账簿的记录结算出本期发生额和期末余额的过程。在结账过程中需要注意凭证是否全部记账、账簿核对是否无误、账面是否平衡。总账系统结账前要确保其他模块(工资模块、固定资产模块、采购与应付模块、销售与应收模块、库存管理模块、核算模块)均已结账。

富康电子有限公司从月初开始,将本月发生的业务先在畅捷通T3系统完成本月总账系统日常业务处理,以及工资模块、固定资产模块、采购与应付模块、销售与应收模块、库存管理模块、核算模块的业务处理,所有凭证签字、审核、记账,对账无误。月末进行结账,先进行工资模块、固定资产模块、采购与应付模块、销售与应收模块、库存管理模块、核算模块的结账,最后才能进行总账系统结账,这样公司的业务数据才能符合会计信息质量的可靠性要求,以实际发生的交易或者事项为依据进行确认、计量和报告,如实反映符合确认和计量要求的各项会计要素及其他相关信息,保证会计信息真实可靠、内容完整。如果没有进行工资模块、固定资产模块、采购与应付模块、销售与应收模块、库存管理模块、核算模块的业务处理及结账,直接先进行总账期末处理,会造成财务数据缺失,会计信息不具有完整性,不利于企业决策与管理。

8.1 总账管理系统期末处理

每个会计期间结束,都要完成一些特定的工作,主要包括期末转账业务、对账及试算平衡、月末结账。

8.1.1 自动转账

1. 转账的分类

转账分为内部转账和外部转账。

2. 定义转账凭证

要想利用自动转账功能自动生成记账凭证,首先应该定义凭证模板。定义凭证模板时,应设置凭证类别、摘要、借贷会计科目及其金额。

定义转账凭证时,一定要注意这些凭证的生成顺序。

凭证模板只需定义一次即可,各月不必重复定义。

3. 生成记账凭证

凭证模板定义好以后,当每个月发生相关经济业务时可不必再通过手工输入凭证,而可以直接调用已定义好的凭证模板来自动生成相关的记账凭证。

利用凭证模板生成记账凭证需要各月重复进行。

利用自动转账生成的凭证属于机制凭证,它仅仅代替了人工查账和填制凭证的环节,自动转账生成的凭证仍然需要审核记账。

8.1.2 对账及试算平衡

对账是对账簿数据进行核对,以检查记账是否正确,是否账账相符。对账包括总账与明细账、总账与辅助账的核对。试算平衡时系统会将所有账户的期末余额按会计平衡公式"借方余额=贷方余额"进行平衡检验,并输出科目余额表。

8.1.3 结账

每月工作结束后,月末都要进行结账,结账前最好进行数据备份。结账后,当月不能再填制凭证,并终止各账户的记账工作。同时,系统会自动计算当月各账户发生额合计及余额,并将其转入下月月初。本月结账时,系统会进行以下检查工作:

① 检查本月业务是否已全部记账,有未记账凭证时不能结账。

② 检查上月是否已结账,上月未结账,则本月不能结账。实际上,上月未结账的话,本月也不能记账,只能填制、复核凭证。

③ 核对总账与明细账、总账与辅助账,账账不符不能结账。

④ 对科目余额进行试算平衡,试算结果不平衡将不能结账。

⑤ 损益类账户是否已结转至本年利润。
⑥ 当各子系统集成应用时,总账管理系统必须在其他各子系统结账后才能最后结账。

8.2 实训 13 月末结账

实训目的

1. 掌握总账管理系统月末处理的相关内容。
2. 熟悉总账管理系统月末处理业务的各种操作。
3. 掌握自动转账设置与生成、对账和月末结账的操作方法。

练习重点

1. 自动转账。
2. 对账。
3. 结账。

实训准备

引入"实训 5　账簿管理"账套。

案例内容

一、自动转账
① 月末结转,自定义结转按 8%计提短期借款利息。
借:财务费用(6603)　　　　　　　　　　　　取对方科目计算结果
　贷:应付利息(2231)　　短期借款(2001)科目的贷方期末余额×8%÷12
② 期间损益结转设置本年利润科目为 4103。
③ 设置本年利润科目 4103 与未分配利润对应结转。
二、生成自动转账凭证,对凭证审核记账
三、对账
四、月末结账
五、取消月末结账
六、备份"实训 13　月末结账"账套

工作项目 8　总账管理

实训指导

8.2.1　任务1　自动转账

1. 自定义转账凭证

工作过程

① 选择"总账"|"期末"|"转账定义"|"自定义转账"命令,打开"自动转账设置"窗口。
② 单击"增加"按钮,打开"转账目录"对话框。
③ 输入转账序号0001、转账说明"计提短期借款利息",选择凭证类别"转　转账凭证",如图8.1所示。

图8.1　设置转账目录

④ 单击"确定"按钮,继续定义转账凭证分录信息。确定分录的借方信息。选择科目编码6603、方向"借",输入金额公式JG( )。
⑤ 单击"增行"按钮。确定分录的贷方信息。选择科目编码2231、方向"贷",在金额公式栏中单击"参照"按钮,打开"公式向导"对话框。选择"期末余额　QM( )",如图8.2所示。

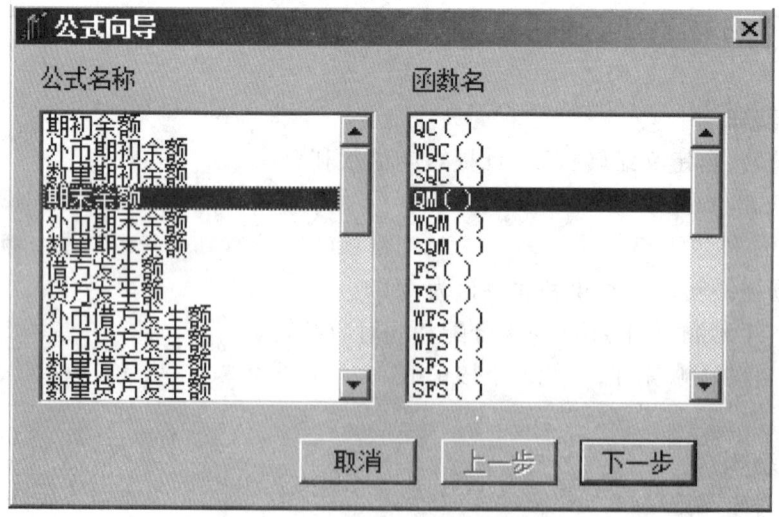

图8.2　公式向导——选择公式

⑥ 单击"下一步"按钮,选择科目2001、方向"贷",如图8.3所示。

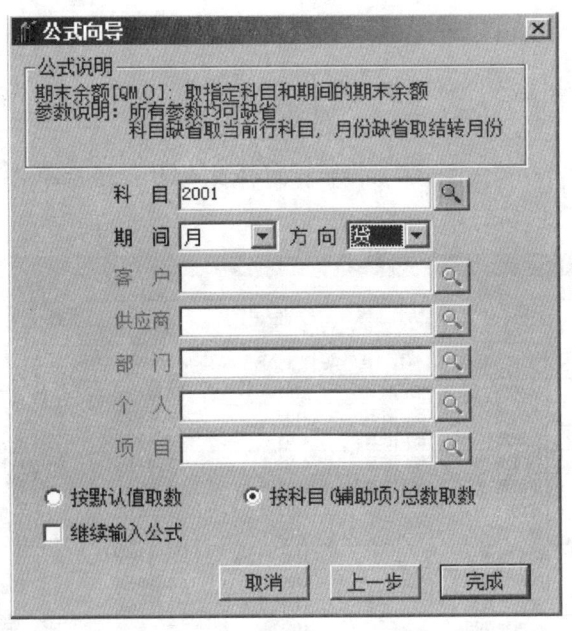

图8.3 公式向导——选择内容

⑦ 单击"完成"按钮,返回金额公式栏。输入"*0.08/12",如图8.4所示。然后单击"保存"按钮。

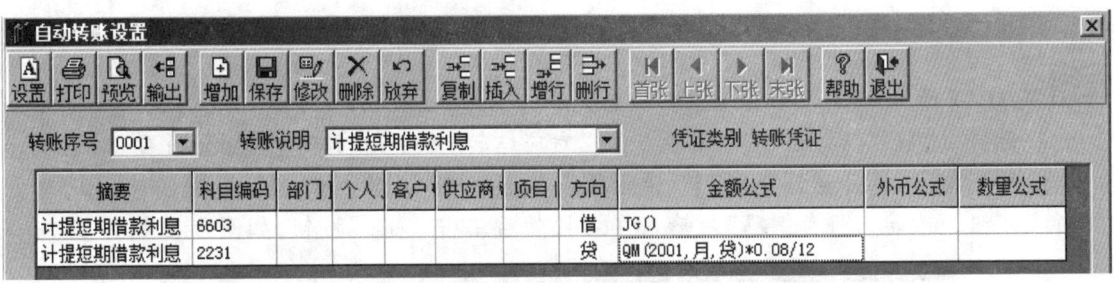

图8.4 自动转账设置

 工作提示

- 转账科目可以为非末级科目;部门可为空,表示所有部门。
- 输入转账计算公式有两种方法:一是直接输入计算公式;二是用引导方式输入公式。
- JG( )含义为"取对方科目计算结果",其中的( )必须为英文符号,否则系统提示"金额公式不合法:未知函数名"。

2. 期间损益结转（设置本年利润科目为4103）

工作过程

① 选择"总账"|"期末"|"转账定义"|"期间损益"命令，打开"期间损益结转设置"对话框。

② 选择凭证类别"转 转账凭证"、本年利润科目4103，然后单击"确定"按钮，如图8.5所示。再次单击"确定"按钮。

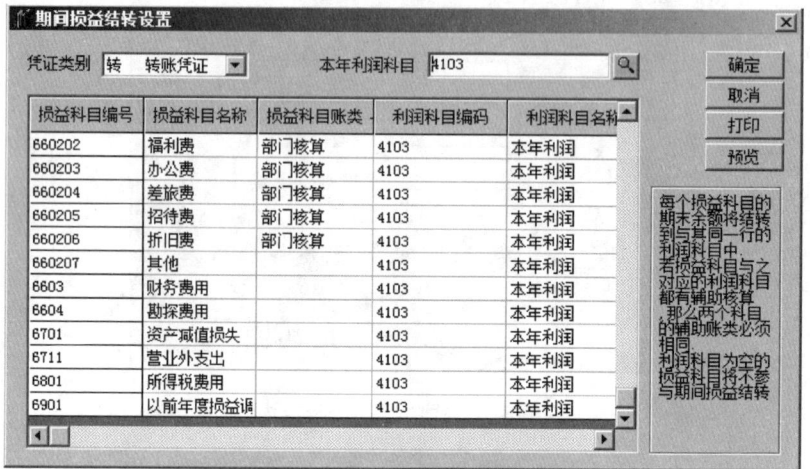

图8.5 期间损益结转设置

3. 对应结转设置

工作过程

① 选择"总账"|"期末"|"转账定义"|"对应结转"命令，打开"对应结转设置"对话框。

② 输入编号，选择凭证类别"转 转账凭证"，输入摘要，输入转出科目编码4103，单击"增行"按钮，在"转入科目编码"中输入4104，然后单击"保存"按钮，如图8.6所示。

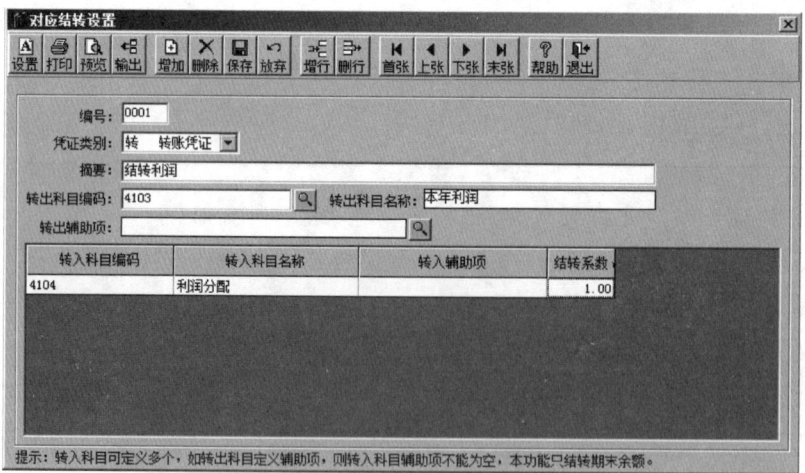

图8.6 对应结转设置

8.2.2 任务2 生成自动转账凭证，对凭证审核记账

1. 生成自定义转账凭证

① 选择"总账"|"期末"|"转账生成"命令，打开"转账生成"对话框。

② 选中"自定义转账"单选按钮，然后单击"全选"按钮，如图8.7所示。

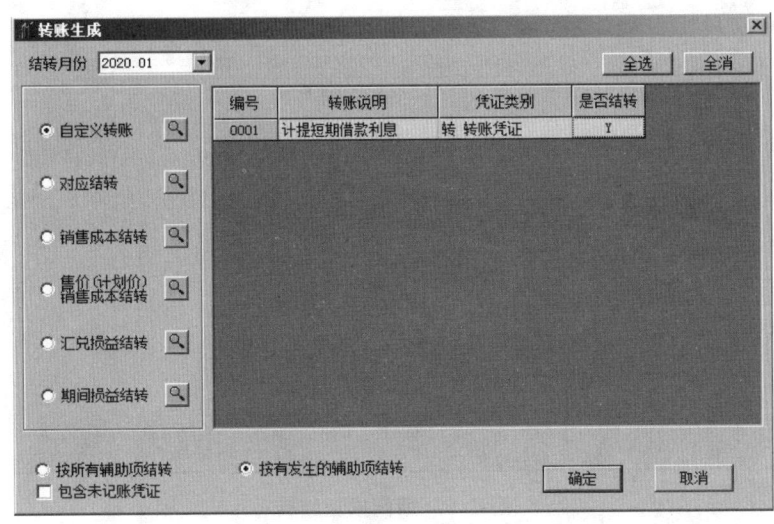

图8.7 自定义转账凭证生成

③ 单击"确定"按钮，系统生成转账凭证。

④ 输入附单据数1，然后单击"保存"按钮，系统自动将当前凭证追加到未记账凭证中，凭证左上角出现"已生成"标志，如图8.8所示。随后对凭证进行审核、记账。

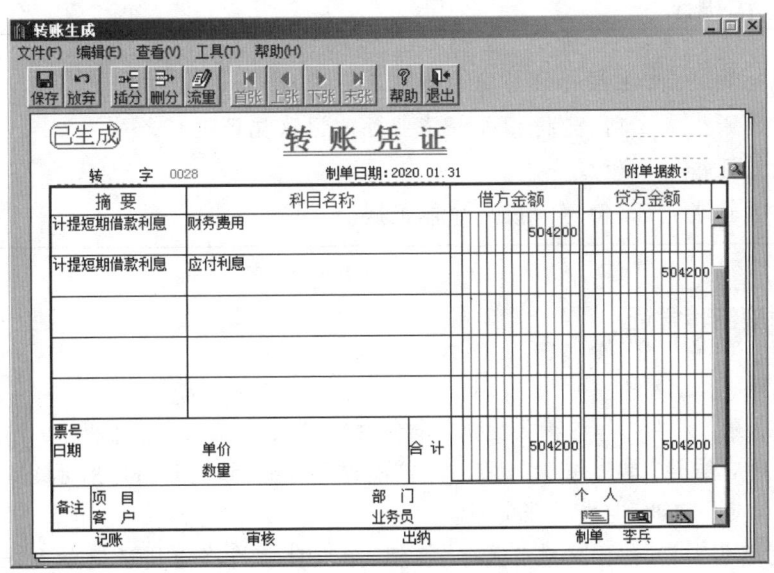

图8.8 转账凭证的生成

⑤ 对 1 月产生的所有凭证进行出纳签字、审核、记账(略)。

2. 生成"期间损益结转"凭证

工作过程

① 选择"总账"|"期末"|"转账生成"命令,打开"转账生成"对话框。
② 选中"期间损益结转"单选按钮,然后单击"全选"按钮,如图 8.9 所示。

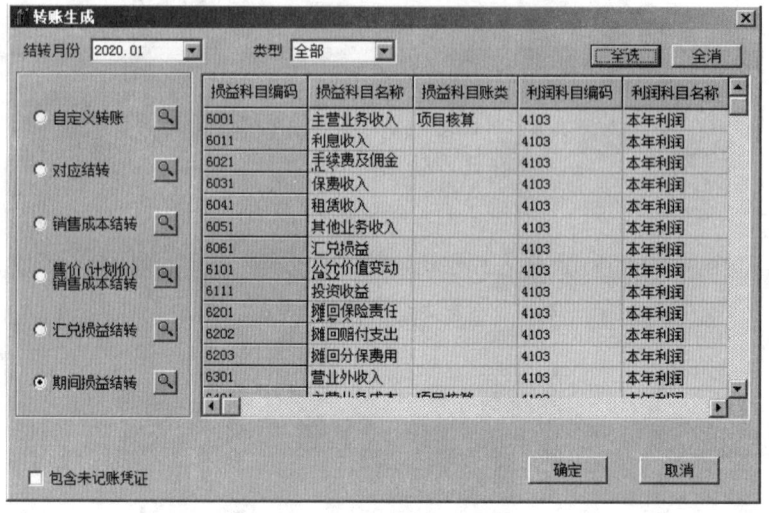

图 8.9 期间损益结转

③ 单击"确定"按钮,生成转账凭证。
④ 输入附单据数 1,然后单击"保存"按钮,系统自动将当前凭证追加到未记账凭证中。
⑤ 对凭证审核和记账(略)。

工作提示

- 转账生成之前,注意转账月份为当前会计月份。
- 进行转账生成之前,先将相关经济业务的记账凭证登记入账。
- 转账凭证每月只生成一次。
- 生成的转账凭证,仍需审核后才能记账。

3. 生成对应结转凭证

工作过程

① 选择"总账"|"期末"|"转账生成"命令,打开"转账生成"对话框。
② 选中"对应结转"单选按钮,然后单击"全选"按钮,如图 8.10 所示。
③ 单击"确定"按钮,生成转账凭证。
④ 输入附单据数 1,然后单击"保存"按钮,系统自动将当前凭证追加到未记账凭证中。
⑤ 对凭证审核和记账。

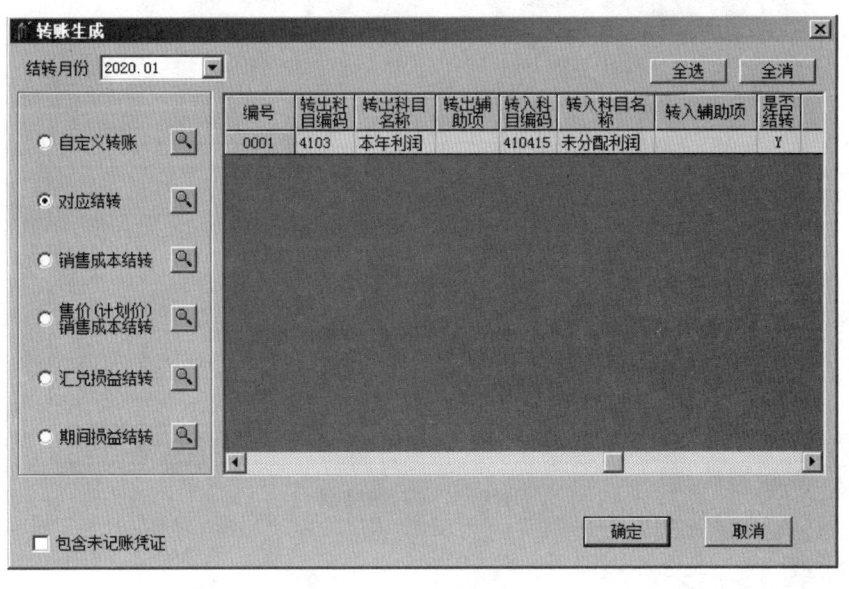

图 8.10 对应结转

8.2.3 任务3 对账

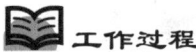 工作过程

① 选择"总账"|"期末"|"对账"命令,打开"对账"窗口。
② 将光标定位在要进行对账的月份2020.01,然后单击"选择"按钮,如图8.11所示。

图 8.11 选择对账月份

③ 单击"对账"按钮,开始自动对账,并显示对账结果,如图8.12所示。
④ 单击"试算"按钮,可以对各科目类别余额进行试算平衡。

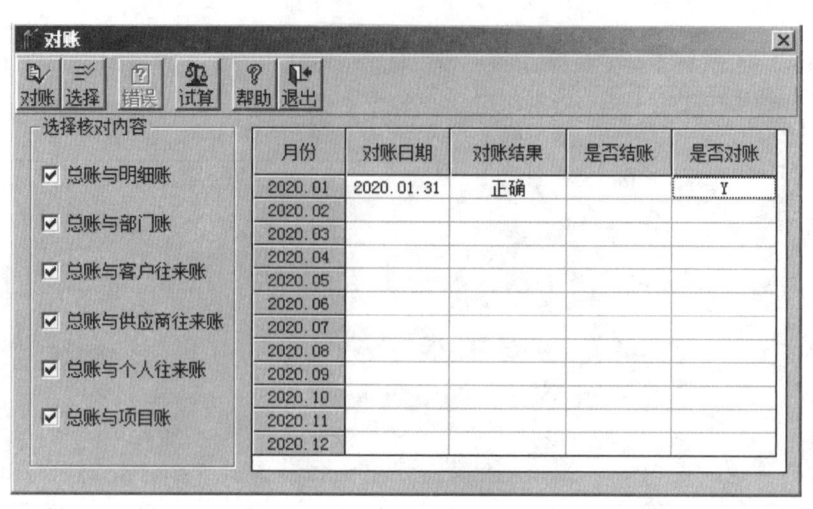

图 8.12 对账结果

8.2.4 任务4 月末结账

 工作过程

① 分别对工资系统、固定资产系统、采购管理、销售管理、库存管理、核算管理进行结账操作。其中核算管理系统需要先进行仓库结账,选择"核算管理"|"月末处理"命令,进入"期末处理"页面,单击"全选"按钮,选定所有仓库,单击"确定按钮",完成仓库结账,才能进一步在核算管理系统进行该模块的"月末结账"工作。未完成子模块的结账工作则不能进行总账系统结账。

② 选择"总账"|"期末"|"结账"命令,打开"结账"窗口。

③ 选择要结账月份 2020.01,单击"下一步"按钮。

④ 单击"对账"按钮,系统对要结账的月份进行账账核对。

⑤ 单击"下一步"按钮,系统显示"2020 年 01 月工作报告"。

⑥ 查看工作报告后,单击"下一步"按钮,单击"结账"按钮,若符合结账要求,系统将进行结账,否则不予结账。若总账系统结账时提示"未通过工作检查,不可以结账!"则需要检查各系统是否都已经结账。成功结账如图 8.13 所示。

工作提示

- 结账只能由有结账权限的人进行。
- 若本月还有未记账凭证,则本月不能结账。
- 结账必须按月连续进行,上月未结账,则本月不能结账。
- 若总账与明细账对账不符,则不能结账。
- 如果与其他子系统联合使用,其他子系统未全部结账,则本月不能结账。
- 结账前,要进行数据备份。

图 8.13　总账系统结账成功

8.2.5　任务 5　取消月末结账

工作过程

① 选择"总账"|"期末"|"结账"命令，打开"结账"对话框。
② 选择要取消结账的月份 2020.01。
③ 按 Ctrl+Shift+F6 组合键激活"取消结账"功能，打开"确认口令"对话框。
④ 输入主管口令，如图 8.14 所示。

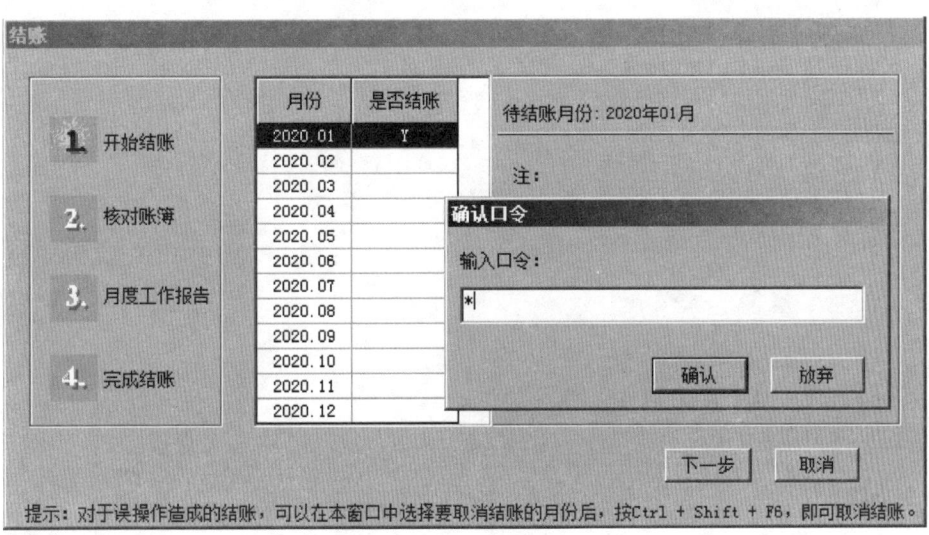

图 8.14　输入主管口令

⑤ 单击"确认"按钮，取消结账标志。然后单击"取消"按钮退出。

工作项目 8　总账管理

 **工作提示**

在结完账后，由于非法操作、计算机病毒或其他原因，可能会导致数据被破坏，这时可以在此使用"取消结账"功能。

在进行出报表之前，要先完成总账系统结账工作。

8.2.6　任务6　备份"实训13　月末结账"账套

实训及其工作过程略。

工作项目小结

在完成本项目各项工作的同时，项目实施小组了解了总账管理系统的主要功能及操作流程，并进行了总账各参数的设置，使账套更符合企业自身的需求。

项目实施小组整理账套期初资料，并输入系统，随后利用系统中凭证填制、修改、审核、记账、查询、辅助管理、账簿管理和月末处理等功能，完成了企业1月份的日常业务。

工作项目 9

报表管理

知识目标
- 了解财务报表系统的主要功能。
- 认知报表格式设计的主要工作事项。
- 认知报表数据处理的主要工作内容。
- 掌握自定义报表的基本工作流程。

技能目标
- 掌握自定义报表的基本操作。
- 学会利用报表模板生成资产负债表、利润表。

思政育人
知识报国赵忠贤

企业通过总账管理系统和其他子系统的记账、核算工作,把各项经济业务分类登记到会计账簿中,具体反映企业的经济活动状况和经营业绩。

但会计账簿记录的会计信息,虽然比会计凭证反映的信息更具条理化、系统化,但就某一会计期间的经济活动的整体情况而言,其所能提供的信息,仍然是分散的、部分的,不能集中地反映和揭示该会计期间的经营活动和财务收支的全貌。

财务报表是会计工作的重要成果,编制财务报表是会计人员的一项日常工作。为了帮助用户及时、方便地编制需要的各种财务报表,会计信息系统中通常都配备了报表处理子系统。报表处理子系统不仅提供了强大的设置各种报表格式的功能,还提供了种类丰富的专用函数,可以方便地直接从账务处理子系统和其他业务处理子系统中提取数据生成财务报表,进行财务分析和生成相应的统计图。因此掌握报表处理子系统的应用具有重要意义。

为了更全面地体现富康电子科技有限公司各项经济业务的全貌,项目实施小组需要设计编制财务报表,以便企业做出更合理、准确、有效的决策,在市场竞争中立于不败之地。

9.1 知识准备

9.1.1 财务报表系统概述

会计报表是综合反映企业某一特定日期财务状况和某一会计期间经营成果、现金流量的书面文件,是财会部门提供会计信息资料的一种重要手段。

1. 财务报表系统的主要功能

财务报表系统主要完成报表格式设计和报表数据处理,从总账管理系统或其他业务系统中取得有关会计核算信息,生成会计报表,进行报表汇总,生成各种分析图,并按预定格式输出各种会计报表。

财务报表管理系统是畅捷通T3系统的重要组成部分,主要功能如下。

1) 报表格式设计

相对固定的内容包括报表的标题、表格部分、表中的项目和表中数据的来源等;相对变动的内容主要是报表中的数据。财务报表系统提供了丰富的格式设计功能,包括设置报表行列数、定义组合单元、画表格线、定义报表关键字和设置公式等。

2) 报表数据处理

报表数据处理是根据预先设置的报表格式和报表公式进行数据采集、计算、汇总等,从而生成会计报表。除此以外,财务报表系统还提供了排序、审核、舍位平衡和汇总等功能。

3) 图表处理功能

图表具有比数据报表直观的优势。财务报表的图表处理功能能够方便地对报表数据进行图形组织,制作直方图、立体图、圆饼图和折线图等多种分析图表,并能编辑图表的位置、大小、标题、字体和颜色等,打印输出各种图表。

4) 文件管理功能

利用文件管理功能可以方便地完成报表文件的创建、保存等一般文件管理功能;能够进行不同文件格式的转换,包括文本文件、Access文件和Excel文件等;提供标准财务数据的导入、导出功能。

5) 行业报表模板

财务报表系统中按照会计制度提供了不同行业的标准财务报表模板,简化了用户的报表格式设计工作。如果标准行业报表仍不能满足需要,系统还提供了自定义模板的功能。

此外,财务报表系统还提供了强大的二次开发功能,以便用户进行各种定制。

6) 财务报表系统与其他系统的主要关系

财务报表系统主要是从其他系统中提取编制报表所需的数据。总账管理、工资管理、固定资产管理、购销存管理等系统均可向财务报表系统传递数据,以生成财务部门所需的各种会计报表。

2. 财务报表系统相关概念

1) 格式状态和数据状态

财务报表系统将报表制作分为两大部分来处理,即报表格式设计工作与报表数据处理工作。

在格式设计状态下进行有关格式设计的操作,如表的尺寸、行高、列宽、单元属性、单元风格、组合单元、关键字及定义报表的单元公式(计算公式)、审核公式及舍位平衡公式。在格式状态下,用户所看到的是报表的格式,报表的数据全部隐藏。在格式状态下所做的操作对该报表所有的表页都发生作用。在格式状态下不能进行数据的输入、计算等操作。

在报表的数据状态下管理报表的数据,如输入数据、增加或删除表页、审核、舍位平衡、制作图形、汇总、合并报表等。在数据状态下不能修改报表的格式,看到的是报表的全部内容,包括格式和数据。

报表工作区的左下角有一个"格式/数据"按钮,单击这个按钮可以在格式状态和数据状态之间切换。

2) 单元

单元是组成报表的最小单位,其名称由所在行、列标志。行号用数字 1~9 999 表示,列标用字母 A~IU 表示。例如,D3 表示第 4 列第 3 行的那个单元。单元类型有数值单元、字符单元和表样单元 3 种。

3) 组合单元

由于一个单元只能输入有限个字符,在实际工作中有的单元有超长输入的情况,这时可以采用系统提供的组合单元。组合单元是由相邻的两个或更多的单元组成的,这些单元必须是同一种单元类型(表样、数值或字符)。财务报表系统在处理报表时将组合单元视为一个单元。可以组合同一行相邻的几个单元,可以组合同一列相邻的几个单元,也可以把一个多行、多列的平面区域设为一个组合单元。

4) 区域

区域由一张表页上的一组单元组成,自起点单元至终点单元是一个完整的长方形矩阵。例如,B2 到 E5 的长方形区域表示为 B2:E5,起点单元与终点单元用":"连接。

5) 表页

每一张表页是由许多单元组成的。一个报表中的所有表页具有相同的格式,但其中的数据不同。报表中表页的序号在表页的下方以标签的形式出现,称为页标。例如,当前表的第 2 页,可以表示为@2。

6) 二维表和三维表

确定某一数据位置的要素称为维。在一张有方格的纸上填写一个数字,这个数字的位置可通过行和列(二维)来描述。

如果将一张有方格的纸称为表,那么这个表就是二维表,通过行(横轴)和列(纵轴)可以找到这个二维表中任何位置的数据。

如果将多个相同的二维表叠在一起,找到某一个数据其要素需要增加一个,即表页号(Z 轴),这一叠表称为三维表。

如果将多个不同的三维表放在一起,要从其中找到一个数据,又需要增加一个要素,即表名。三维表中的表间操作即称为四维运算。

7) 固定区和可变区

固定区是组成一个区域的行和列的数量,其是固定的数目。一旦设置好以后,在固定区域内其单元总数是不变的。

可变区是屏幕显示一个区域的行数或列数,其是不固定的数字,可变区的最大行或最大列数是在格式设计状态中设置的。

8) 关键字

关键字是游离于单元之外的特殊数据单元,可以唯一标志一个表页,用于在大量表页中快速选择表页。关键字的显示位置在格式状态下设置,其值则在数据状态下输入,每张报表可以定义多个关键字。

通常,关键字可以有以下几种。
① 单位名称:该报表表页编制单位的名称。
② 单位编号:该报表表页编制单位的编号。
③ 年:该报表表页反映的年度。
④ 季:该报表表页反映的季度。
⑤ 月:该报表表页反映的月份。
⑥ 日:该报表表页反映的日期。

除了以上常见的关键字之外,系统通常还会提供一个自定义关键字功能,方便用户灵活定义并运用这些关键字。

3. 制作一个报表的流程

下面给出制作一个报表的完整流程。一般来讲,在下面讨论的制表流程步骤中,1)、2)、4)、7)是必需的。因为要完成报表处理,一定要有启动系统建立报表、设计格式、数据处理和退出系统这些基本过程。

1) 启动财务报表系统,建立报表

在财务报表系统新建报表时,系统自动建立一张空表,默认表名为 report1,并进入格式状态。这时可以在这张报表上开始设计报表格式,在保存文件时按照文件命名的基本规定为这张报表命名。

2) 设计报表的格式

报表的格式设计在格式状态下进行,格式对整个报表都有效,包括以下操作:
① 设置表尺寸。定义报表的大小即设置报表的行数和列数。
② 输入表内文字,包括表头、表体和表尾(关键字值除外)。在格式状态下定义了单元内容自动默认为表样型,定义为表样型的单元在数据状态下不允许修改和删除。
③ 确定关键字在表页上的位置,如单位名称、年、月等。
④ 定义行高和列宽。
⑤ 定义组合单元,即把几个单元作为一个单元使用。
⑥ 设置单元风格。设置单元的字形、字体、字号、颜色、图案和折行显示等。
⑦ 设置单元属性。把需要输入数字的单元定为数值单元;把需要输入字符的单元定为字符单元。
⑧ 画表格线。选中表格中需要画表格线的区域,选择画线类型,为报表添加表格线。
⑨ 设置可变区,即确定可变区在表页上的位置和大小。

3) 定义各类公式

公式的定义在格式状态下进行,计算公式定义了报表数据之间的运算关系,可以实现财务报表系统从其他子系统取数。在报表单元中输入"=",就可直接定义计算公式,所以称为单元公式。

审核公式:用于审核报表内或报表之间的勾稽关系是否正确。

舍位平衡公式:用于报表数据进行进位或小数取整时调整数据,避免破坏原数据平衡。

4) 报表数据处理

报表格式和报表中的各类公式定义好之后,就可以输入数据并进行处理了。报表数据

处理在数据状态下进行,包括以下操作:
① 因为新建的报表只有一张表页,需要追加多个表页。
② 如果报表中定义了关键字,则输入每张表页上关键字的值。
③ 在数值单元或字符单元中输入数据。
④ 如果报表中有可变区,可变区初始只有一行或一列,需要追加可变行或可变列,并在可变行或可变列中输入数据。

随着数据的输入,当前表页的单元公式将自动运算并显示结果。如果报表有审核公式和舍位平衡公式,则执行审核和舍位。需要的话,做报表汇总和合并报表。

5)报表图形处理

选取报表数据后可以制作各种图形,如直方图、圆饼图、折线图、面积图和立体图。图形可随意移动;图形的标题、数据组可以按照要求设置,图形可以打印输出。

6)打印报表

打印报表时,可控制打印方向,横向或纵向打印;可控制行列打印顺序;不但可以设置页眉和页脚,还可设置财务报表的页首和页尾;可缩放打印;利用打印预览可观看打印效果。

7)退出系统

所有操作完毕之后,不要忘了保存报表文件,保存后可以退出财务报表系统。如果忘记保存文件,财务报表在退出前将有提示。

9.1.2 报表格式设计

报表格式就是一张报表的框架。报表的格式在格式状态下设计,整个报表文件的所有表页格式都相同。报表格式设计主要包括报表尺寸定义、单元属性定义、组合单元定义和关键字设置等内容。报表格式设计工作虽然烦琐,但属于一次性工作,一旦设计完成可以重复使用,可谓"一劳永逸"。

1. 固定表格式设计

固定表是指报表的行和列相对固定的报表。

1)设置表尺寸

设置表尺寸就是定义报表的行数和列数。报表的行数包括标题、表头、表体和表尾几个部分。

2)输入报表标题

标题用来描述报表的名称,一般标题会采用稍大一些的字号和与表中项目不同的字体,且居中显示。这就需要通过设置单元风格、组合单元来实现。

3)定义表头和关键字

表头一般用来描述报表编制单位的名称、日期等辅助信息和报表栏目。如果报表的编制单位是固定的,可以作为表样型数据处理。报表的编制日期是从账务报表系统及其他子系统采集数据的依据,一般需要将其定义为关键字。报表的栏目定义了报表的内容及结构。

4)定义表体

表体是报表的核心内容,主要包括各种项目和数据。项目一般作为表样型数据输入;数据部分根据编报日期不断变化,一般是根据函数从账务报表系统或其他系统采集或汇总计算得到,属于数值型数据。因此,定义表体的关键内容是对表中项目数据来源的定义。

表中项目数据可能来源于以下途径:

① 从账务报表系统或其他子系统中取得。
② 通过表中项目的计算得到。
③ 从本表其他表页取数得到。
④ 从其他报表中取数。

针对以上情况,财务报表系统提供了多种函数以供定义数据公式使用。

5) 定义表尾

表尾是指表体以下的辅助说明信息,如制表人、审核人等。

6) 保存报表

报表格式设计完成后,应及时保存,以备下次调用。

2. 可变表格式设计

一般来说,企业常用报表的格式比较固定,即使有变化,也可以通过修改固定表来实现。

制作可变表的步骤基本同固定表,所不同的是增加了可变区的设计。

一个报表只能定义一个可变区。

3. 报表公式设置

由于各种报表之间的数据存在着密切的逻辑关系,因此报表中各种数据的采集、运算和勾稽关系的检测就用到了不同的公式。报表公式主要有计算公式、审核公式和舍位平衡公式。

1) 计算公式

计算公式的作用是从其他子系统的账簿文件中、本表其他表页中或其他报表中采集数据,直接填入表中相应的单元或经过简单计算填入相应的单元。通过计算公式来组织报表数据,既经济又省事,把大量重复、复杂的劳动大大简单化了。合理地设计计算公式能大大节约劳动时间,提高工作效率。

计算公式可以直接定义在报表单元中,这样的公式称为单元公式。

财务报表允许在报表中的每个数值型、字符型的单元内写入代表一定运算关系的公式,用来建立表内各单元之间、报表与报表之间或财务报表系统与其他子系统之间的运算关系。描述这些运算关系的表达式,我们称之为单元公式。为了规范和简化单元公式的定义过程,一般财务报表系统会提供公式向导,逐步引导公式的建立过程。

2) 审核公式

财务报表中的数据往往存在一定的勾稽关系,如资产负债表中的资产合计应等于负债及所有者权益合计。在实际工作中,为了确保报表数据的准确性,可以利用这种报表之间或报表内的勾稽关系对报表进行编制的正确性检查,用于该种用途的公式称为审核公式。

3) 舍位平衡公式

如果对报表进行汇总,得到的汇总数据可能位数很多,这样,需要把以"元"为单位的报表转换为以"千元""万元"为单位的报表。在转换过程中,原报表的平衡关系可能被破坏,因此需要进行调整,使之符合指定的平衡公式。报表经舍位之后,用于重新调整平衡关系的公式称为舍位平衡公式。

4. 报表模板

会计报表包括对外报表和对内报表,资产负债表、利润表和现金流量表是主要的3张对外财务报表,而这些表的格式是国家会计制度统一规定的。既然表样是规范的,财务报表系统为了简化用户的报表格式设计工作,一般会预先设置一系列的报表模板以供用户选择使用。用户可以利用报表模板迅速建立一张符合本企业需要的财务报表。此外,对于一些本企业常用报表模板中没有提供的报表,在设置了这些报表的格式和公式以后,可以将其定义为报表模板,以便今后直接调用。灵活运用报表模板无疑可以加快报表处理的效率。如果报表模板与本企业的实际需要存在差异,用户也可以充分利用报表格式和公式设置的功能,对原来的报表模板进行修改,生成新的报表模板。

9.1.3 报表数据处理

在格式设计工作完成以后,就可以进行报表数据处理了。报表数据处理主要包括报表数据生成、报表审核、报表舍位平衡处理、图表处理和报表输出等内容。

1. 报表编制

报表编制的主要任务是根据预先设置的公式完成报表数据的采集和计算,得到完整的数据表。利用财务报表系统编制报表一般包括如下步骤。

1) 打开报表文件

打开已定义好表样格式及公式的报表文件。一个报表文件可能包含多个表页,每个表页用来存放不同会计期间的数据。如果没有存放当期数据的表页,需要插入或追加表页。

2) 输入关键字

不同会计期间企业经营的数据有所不同,如何判定表页数据取自哪个单位、哪个会计期呢?在系统中是通过设置关键字来识别的。因此在生成报表数据前的重要步骤就是输入关键字的值。

3) 输入基本数据

某些报表单元的数据每月不同,且无法从计算机内的账簿文件中获取,与其他数据之间也不存在关联关系,因而只能在报表编制时临时输入。

4) 生成报表

在完成基本数据输入和关键字输入后,系统将自动根据计算公式从账务报表系统中或其他子系统中采集数据,进行计算,生成报表。在生成报表的过程中,系统将对公式的格式进行检查,如有语法或句法错误,系统将给予提示。

5) 报表审核

报表数据生成后,如果设置了审核公式,系统将根据审核公式中设置的逻辑关系进行检查。如果报表数据不符合勾稽关系,系统就会给出预先设置的提示信息。用户应按照系统提示修改报表数据,并重新进行审核,直到审核通过。每次对报表数据进行修改后,都应该重新进行审核,以保证报表各项勾稽关系正确。

6）舍位平衡处理

如果使用了舍位平衡公式，还可以进行舍位平衡处理，生成舍位表。

2. 图表处理

图表处理可以实现以图表的方式对数据进行直观分析的功能。财务报表系统提供的图表格式一般包括直方图、圆饼图、折线图和面积图等，不同格式的图表的建立方法是类似的。

图表是利用报表文件中的数据生成的，图表与报表存在着密切的联系。当报表中的源数据发生变化时，图表也会随之变化。当报表文件被删除后，由该报表生成的图表也同时会被删除。

图表以图表窗口的形式存在，并不是独立的文件，它的存在依附于源数据所在的报表文件，只有打开报表文件后，才能打开相应的图表。

对图表可以进行命名、修改、保存或删除等操作，也可以进行打印输出。

3. 表页管理

表页管理包括插入、追加或删除表页，还可以对表页进行排序。

表页排序是指财务报表系统可以按照表页关键字的值或按照报表中任何一个单元的值重新排列表页，以便用户进行查询和管理。

4. 报表数据管理

报表数据管理主要包括数据透视及报表汇总。

1）数据透视

在财务报表系统中，大量的数据是以表页的形式分布的，正常情况下每次只能看到一张表页。要想对各个表页的数据进行比较，可以利用数据透视功能，把多张表页的多个区域的数据显示在一个平面上。数据透视的结果可以保存在报表中。

2）报表汇总

报表的数据汇总是报表数据不同形式的叠加。通过数据汇总功能可以把结构相同、数据不同的两张报表经过简单叠加生成一张新的报表。在实际工作中，主要用于同一报表不同时期的汇总，以便得到某一期间的汇总数据，或者同一单位不同部门的同一张报表的汇总，从而得到整个单位的合计数字。

9.2　实训 14　报表管理

 **实训目的**

1. 掌握报表格式定义、公式定义的操作方法；掌握报表单元公式的用法。
2. 掌握报表数据处理、表页管理及图表功能等操作。
3. 掌握利用报表模板生成一张报表的方法。

 **练习重点**

1. 自定义一张报表。
2. 生成报表数据,并制作图表。
3. 利用报表模板生成资产负债表。

 **实训准备**

引入"实训13 月末结账"账套。

 **案例内容**

一、自定义货币资金表(见表9.1)

表9.1 货币资金表

编制单位:富康电子科技有限公司　　　　　年　　月　　日　　　　　　　　　　单位:元

项　目	行　次	期初数	本期发生额	期末数
库存现金	1			
银行存款	2			
合　计	3			

制表人:

说明:

标题——货币资金表设置为"黑体"、18号、"水平垂直居中"。
表体——表体中文字设置为"宋体"、12号、"水平垂直居中"。
表尾——"制表人:"设置为"楷体"、10号、"水平右对齐","垂直居中"。
年、月、日应设为关键字;设置合适的关键字偏移量。

二、生成2020年1月报表数据,并生成分析图表

图表名称为资金分析图,图表标题为"资金对比",X轴标题为"期间",Y轴标题为"金额",图表格式为"成组直方图",主标题为"资金对比分析",标题字体为"隶书",字形为"粗体",字号为12;效果为"加下划线"。

三、调用报表模板生成资产负债表

 **实训指导**

9.2.1 任务1 自定义货币资金表

1. 启动财务报表系统,并新建一张空报表

 工作过程

① 恢复账套后,进入畅捷通T3主窗口,单击"财务报表"命令,默认系统提示,进入财务

报表系统。

② 选择"文件"|"新建"命令,打开"新建"对话框,选择左侧列表框中的"常用"选项,在右侧列表框中选择"空报表"选项,如图9.1所示。然后单击"确定"按钮,建立一张空白报表,报表名默认为report1。

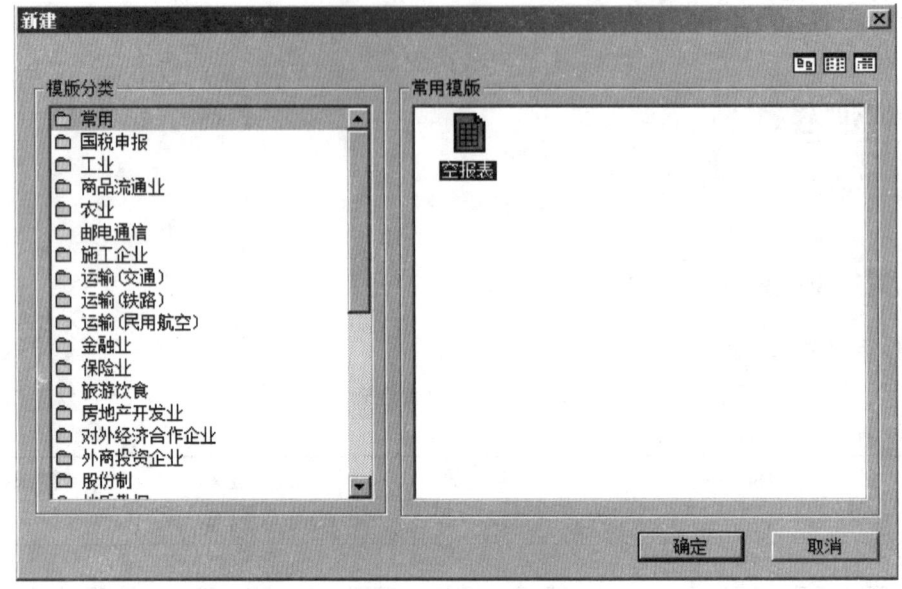

图9.1 新建空报表

2. 定义报表格式

 工作过程

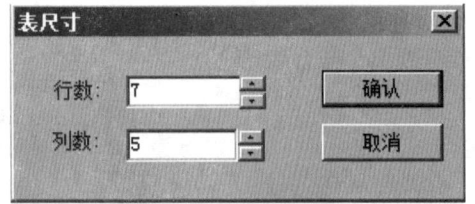

图9.2 设置表尺寸

① 查看空白报表底部左下角的"格式/数据"按钮,使当前状态为"格式"状态。

② 选择"格式"|"表尺寸"命令,打开"表尺寸"对话框。

③ 输入行数7、列数5,如图9.2所示。然后单击"确认"按钮。

3. 定义组合单元

 工作过程

① 选中需合并的A1:E1区域。

② 选择"格式"|"组合单元"命令,打开"组合单元"对话框。

③ 选择组合方式"整体组合"或"按行组合",如图9.3所示。该单元即合并成一个单元。

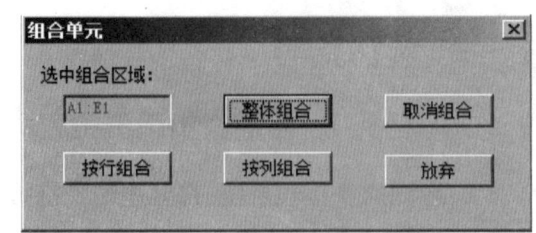

图9.3 "组合单元"对话框

4. 画表格线

工作过程

① 选中报表需要画线的 A3：E6 区域。
② 选择"格式"|"区域画线"命令，打开"区域画线"对话框。
③ 选中"网线"单选按钮，如图 9.4 所示，然后单击"确认"按钮，将所选区域画上表格线。

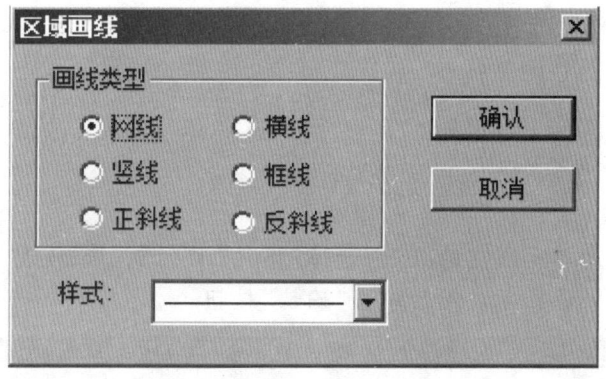

图 9.4　"区域画线"对话框

5. 输入报表项目

工作过程

① 选中需要输入内容的单元或组合单元。
② 在该单元或组合单元中输入相关文字内容，如在 A1 组合单元中输入"货币资金表"，在 A2 单元中输入"编制单位：富康电子科技有限公司"。
③ 在相应单元中输入其他项目，完成后，如图 9.5 所示。

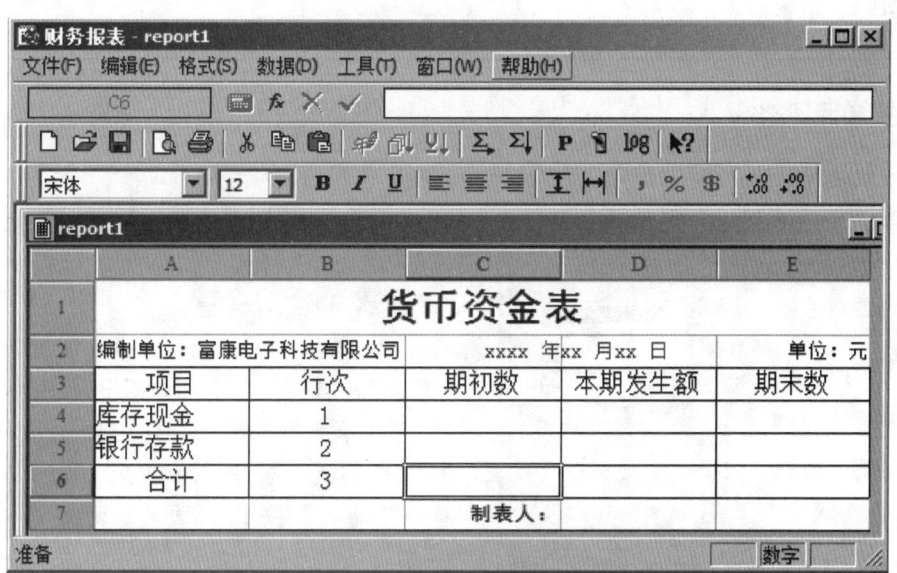

图 9.5　表内项目的输入

 **工作提示**

- 报表项目指报表的文字内容,主要包括表头内容、表体项目和表尾项目等,不包括关键字。
- 日期一般不作为文字内容输入,而是需要设置为关键字。

6. 定义报表行高和列宽

 工作过程

① 选中需要调整的单元所在行 A1。
② 选择"格式"|"行高"命令,打开"行高"对话框。
③ 输入行高 7,单击"确认"按钮,如图 9.6 所示。
④ 选中需要调整的单元所在的 A 列,选择"格式"|"列宽"命令,打开"列宽"对话框,设置"列宽"为 40,如图 9.7 所示。然后单击"确认"按钮。

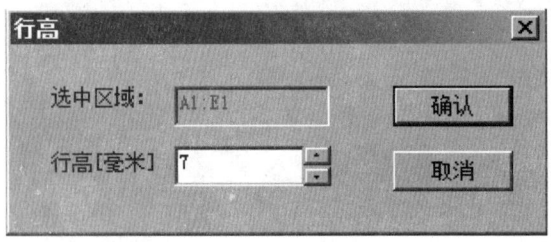　　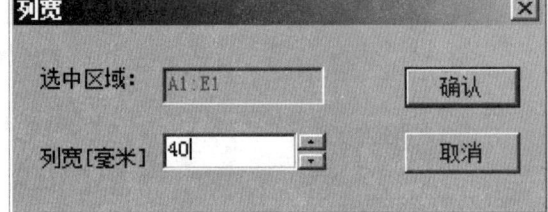

　　图 9.6　设置行高　　　　　　　　　图 9.7　设置列宽

 **工作提示**

行高、列宽的单位为毫米。

7. 设置单元风格

 工作过程

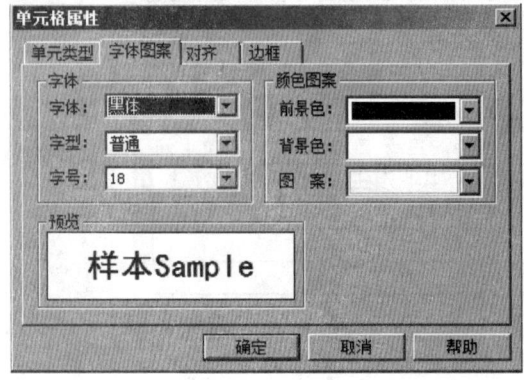

① 选中标题所在的 A1 组合单元。
② 选择"格式"|"单元属性"命令,打开"单元格属性"对话框。
③ 单击"字体图案"标签,设置"字体"为"黑体","字号"为 18,如图 9.8 所示。
④ 单击"对齐"标签,设置水平与垂直对齐方式均为"居中",如图 9.9 所示。然后单击"确定"按钮。同理,设置表体、表尾字体。

图 9.8　设置字体

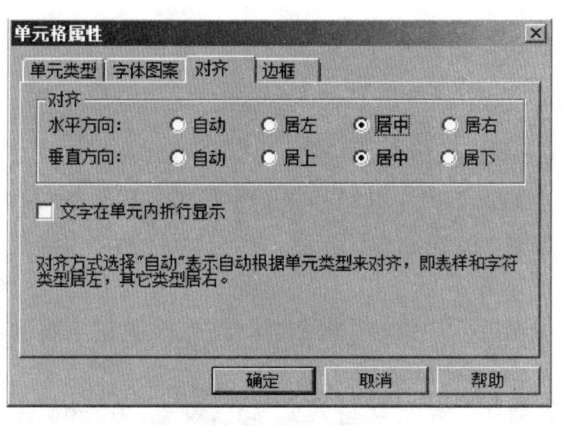

图 9.9 设置对齐

8. 定义单元属性

工作过程

① 选中 E7 单元。
② 选择"格式"|"单元属性"命令,打开"单元格属性"对话框。
③ 单击"单元类型"标签,在"单元类型"列表框中选择"字符"选项,如图 9.10 所示。然后单击"确定"按钮。

图 9.10 设置单元属性

工作提示

- 格式状态下输入内容的单元均默认为表样单元,未输入内容的单元均默认为数值单元,在数据状态下可输入数值。若希望在数据状态下输入字符,应将其定义为字符单元。
- 字符单元和数值单元输入后只对本表页有效,表样单元输入后只对所有表页有效。

工作项目 9 报表管理

9. 设置关键字

工作过程

① 选中需要输入关键字的 B2 单元。

② 选择"数据"|"关键字"|"设置"命令,打开"设置关键字"对话框。

③ 选中"年"单选按钮,如图 9.11 所示。然后单击"确定"按钮。同理,在 C2 单元中设置"月""日"关键字。

④ 选择"数据"|"关键字"|"偏移"命令,打开"定义关键字偏移"对话框,以调整关键字位置。

⑤ 在需要调整位置的关键字后面输入偏移量,设置"月"为 -30,如图 9.12 所示。然后单击"确定"按钮。

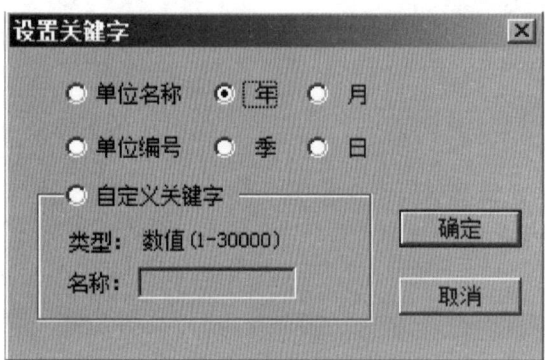
图 9.11 设置关键字

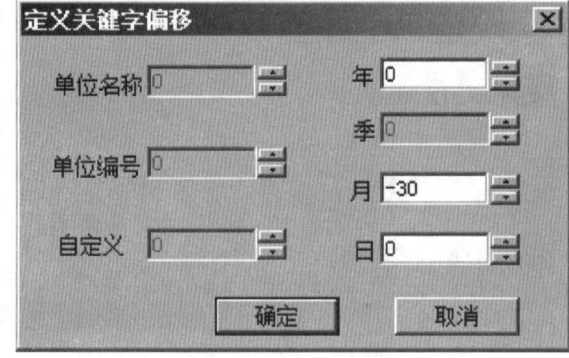
图 9.12 定义关键字偏移

工作提示

- 每个报表可以同时定义多个关键字。
- 关键字的位置可以用偏移量来表示,负数值表示向左移,正数值表示向右移。在调整时,可以通过输入正或负的数值来调整。
- 关键字偏移量单位为像素。

10. 定义单元公式——直接输入公式

工作过程

① 选中需要定义公式的 C6 单元,即"库存现金"的合计数。

② 选择"数据"|"编辑公式"|"单元公式"命令,打开"定义公式"对话框。

③ 在"定义公式"对话框内的文本框中直接输入"C4+C5",如图 9.13 所示。然后单击"确认"按钮。

图 9.13　直接输入公式

 **工作提示**

- 单元公式中涉及的符号均为英文半角字符。
- 单击 fx 按钮、双击某公式单元或按"="键,都可打开"定义公式"对话框。

11. 定义单元公式——引导输入公式

 工作过程

① 选中被定义 E5 单元,即"银行存款"期末数。
② 单击 fx 按钮,打开"定义公式"对话框。
③ 单击"函数向导"按钮,打开"函数向导"对话框。
④ 在"函数分类"列表框中选择"用友账务函数"选项,在右边的"函数名"列表框中选择"期末(QM)"选项,如图 9.14 所示。然后单击"下一步"按钮,打开"用友账务函数"对话框。

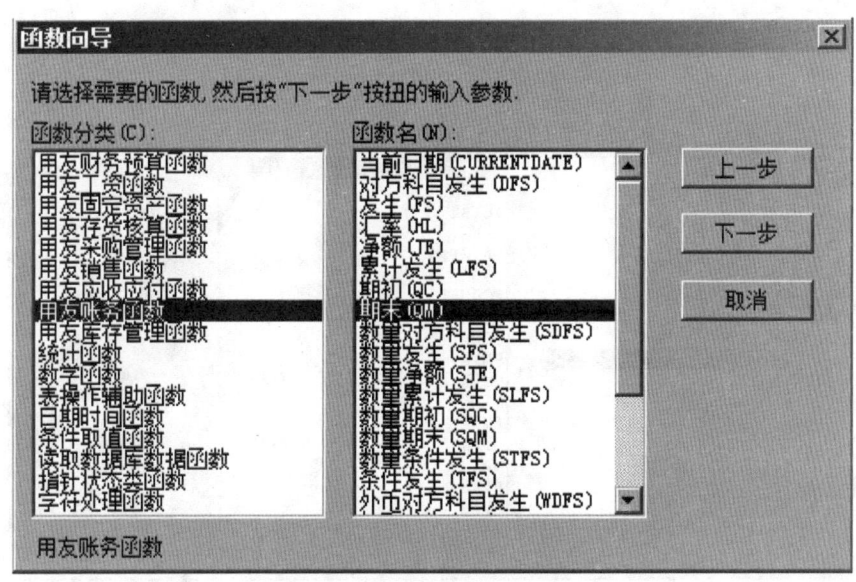

图 9.14　"函数向导"对话框

⑤ 单击"参照"按钮,打开"账务函数"对话框。
⑥ 选择"科目"为 1002,其余各项均采用系统默认值,如图 9.15 所示。然后单击"确定"按钮,返回"用友账务函数"对话框。

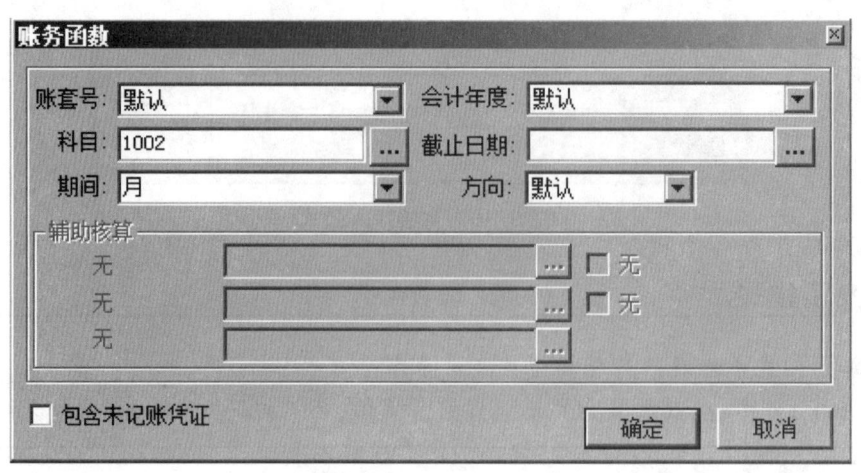

图 9.15 定义账务函数

⑦ 单击"确定"按钮,返回"定义公式"对话框,然后单击"确认"按钮。

12. 定义单元公式——引导输入统计函数

 工作过程

① 选中被定义 E6 单元。单击 fx 按钮,打开"定义公式"对话框。

② 单击"函数向导"按钮,打开"函数向导"对话框。

③ 在"函数分类"列表框中选择"统计函数"选项,在右边的"函数名"列表框中选择 PTOTAL 选项,如图 9.16 所示。

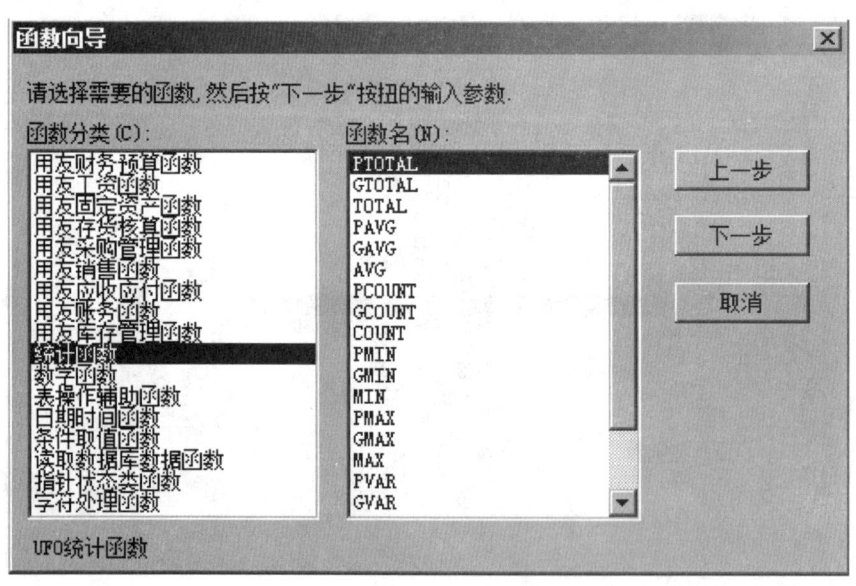

图 9.16 定义统计函数

④ 单击"下一步"按钮,打开"固定区统计函数"对话框。

⑤ 在"固定区区域"文本框中输入"E4:E5",然后单击"确认"按钮返回。

⑥ 输入其他单元公式,完成后如图 9.17 所示。

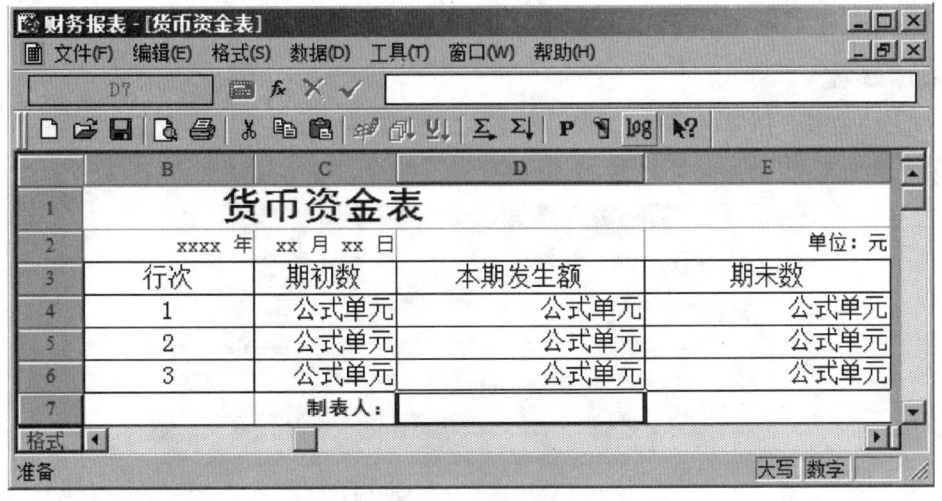

图9.17 报表公式定义

13. 保存报表格式

工作过程

① 选择"文件"|"保存"命令。如果是第一次保存,则打开"另存为"对话框。

② 选择保存文件夹的目录,输入报表文件名"货币资金表",选择保存类型为"*.rep",然后单击"保存"按钮。

工作提示

- 报表格式设置完以后切记要及时将这张报表格式保存下来,以便以后随时调用。
- 如果没有保存就退出,系统会弹出"是否保存报表?"提示框,以防误操作。
- .rep 为用友报表文件专用扩展名。

9.2.2 任务2 生成2020年1月报表数据,并生成分析图表

1. 打开报表

工作过程

① 启动财务报表系统,选择"文件"|"打开"命令。

② 选择存放报表格式的文件夹中的报表文件"货币资金表.rep",单击"打开"按钮。

③ 单击空白报表底部左下角的"格式/数据"按钮,使当前状态为"数据"状态。

工作提示

报表数据处理必须在"数据"状态下进行。

2. 输入关键字值

① 选择"数据"|"关键字"|"录入"命令,打开"录入关键字"对话框。
② 输入年为 2020、月为 1、日为 31,如图 9.18 所示。

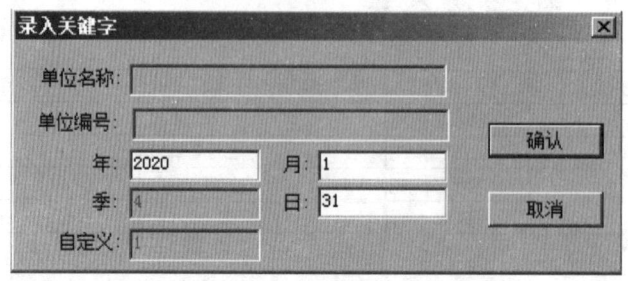

图 9.18 "录入关键字"对话框

③ 单击"确认"按钮,系统弹出"是否重算第 1 页?"提示框。
④ 单击"是"按钮,系统会自动根据单元公式计算 1 月份数据。若单击"否"按钮,系统不计算 1 月份数据,以后可利用"表页重算"功能生成 1 月份数据。

> 日期关键字可以确认报表数据取数的时间范围,即确定数据生成的具体日期。

3. 生成报表

① 选择"数据"|"表页重算"命令,系统弹出"是否重算第 1 页?"提示框。
② 单击"是"按钮,系统会自动在初始的账套和会计年度范围内根据单元公式计算生成数据。

4. 追加图表显示区域

① 切换到"格式"状态下,选择"编辑"|"追加"|"行"命令,打开"追加行"对话框。
② 设置"追加行数量"为 10,如图 9.19 所示。然后单击"确认"按钮。

图 9.19 追加行

**工作提示**

追加行或列需在"格式"状态下进行。

5. 插入图表对象

工作过程

① 在数据状态下,选中数据区域 A3：E5。

② 选择"工具"|"插入图表对象"命令,打开"区域作图"对话框。

③ 选择确定这些信息:在"数据组"选项组中选中"行"单选按钮,在"操作范围"选项组中选中"当前表页"单选按钮。

④ 输入图表名称"资金分析图"、图表标题"资金对比"、X 轴标题"期间"、Y 轴标题"金额"。

⑤ 选择图表格式为"成组直方图",如图 9.20 所示。然后单击"确认"按钮。

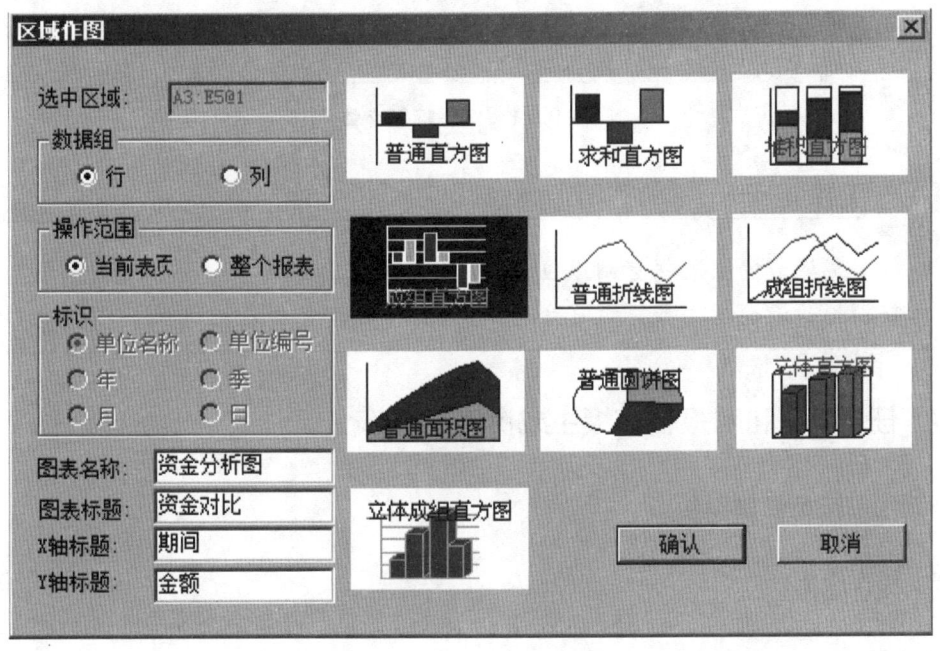

图 9.20　插入图表对象

⑥ 将图表中的对象调整到合适位置。

工作提示

- 插入的图表对象实际上也属于报表的数据,因此有关图表对象的操作必须在"数据"状态下进行。
- 选择图表对象显示区域时,区域不能少于 2 行×2 列,否则会提示出现错误。

6. 编辑图表主标题及主标题字样

工作过程

① 双击图表对象的任意位置,选中图表,选择"编辑"|"主标题"命令,打开"编辑标题"对话框。

② 输入主标题"资金对比分析",然后单击"确认"按钮。

③ 单击"主标题",选择"编辑"|"标题字体"命令,打开"标题字体"对话框。

④ 选择字体"隶书"、字形"粗体"、字号12,并选中效果"加下划线",如图9.21所示。然后单击"确认"按钮。

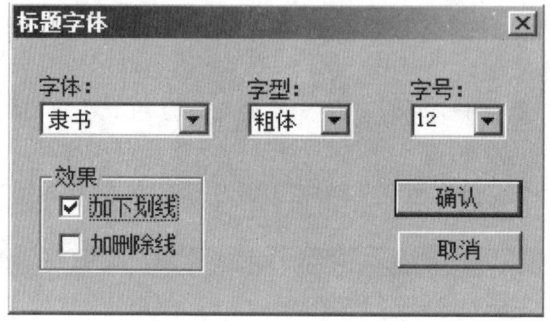

图 9.21　编辑标题字体

**工作提示**

- 将生成图表的报表保存到原位置。
- 在调用报表模板生成货币资金表之前,应将货币资金表关闭。

9.2.3　任务3　利用报表模板生成资产负债表

1. 调用资产负债表模板

工作过程

① 新建一张空白报表,在"格式"状态下,选择"格式"|"报表模板"命令,打开"报表模板"对话框。

② 选择您所在的行业"一般企业(2007年新会计准则)"、财务报表"资产负债表",如图9.22所示。

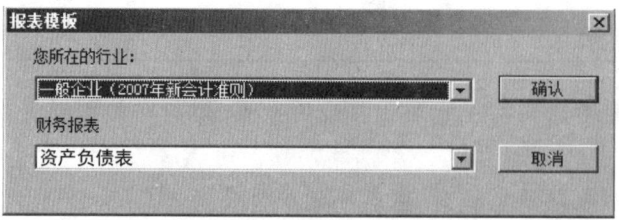

图 9.22　导入报表模板

③ 单击"确认"按钮,系统弹出"模板格式将覆盖本表格式!是否继续?"提示框。
④ 单击"确定"按钮,即可打开"资产负债表"模板。

2. 生成资产负债表数据

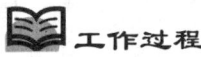

① 在数据状态下,选择"数据"|"关键字"|"录入"命令,打开"录入关键字"对话框。
② 输入关键字:单位名称为"富康电子科技有限公司",年为2020,月为1,日为31,如图9.23所示。

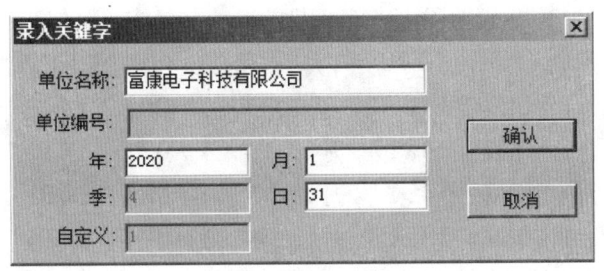

图9.23 输入关键字

③ 单击"确认"按钮,系统弹出"是否重算第1页?"提示框。
④ 单击"是"按钮,系统会自动根据单元公式计算1月份数据,如图9.24所示。
⑤ 单击工具栏中的"保存"按钮,将生成的报表数据保存。

	A	B	C	D	E	F
15	一年内到期的非流:	2,000.00		其他应付款		
16	其他流动资产			一年内到期的非流动负债		
17	流动资产合计	1,263,169.16	964,464.80	其他流动负债		
18	非流动资产:			流动负债合计	964,980.30	795,000.00
19	可供出售金融资产			非流动负债:		
20	持有至到期投资			长期借款		
21	长期应收款			应付债券		
22	长期股权投资			长期应付款		
23	投资性房地产			专项应付款		
24	固定资产	317,890.40	298,535.20	预计负债		
25	在建工程			递延所得税负债		
26	工程物资			其他非流动负债		
27	固定资产清理	4,848.00		非流动负债合计		
28	生产性生物资产			负债合计	964980.30	795000.00
29	油气资产			所有者权益(或股东权益):		
30	无形资产			实收资本(或股本)	481,663.50	378,000.00
31	开发支出			资本公积		
32	商誉			减:库存股		
33	长期待摊费用			盈余公积		
34	递延所得税资产			未分配利润	148255.13	90000.00
35	其他非流动资产			所有者权益(或股东权益)合计	629,918.63	468,000.00
36	非流动资产合计	322738.40	298535.20			
37	资产总计	1585907.56	1263000.00	负债和所有者权益(或股东权益)	1594898.93	1263000.00

图9.24 期末余额不相等的资产负债表

工作项目 9 报表管理

> **工作思考**
>
> 资产负债表显示资产总计期末余额不等于负债合计加权益合计期末余额。请思考报表不平时问题在哪里？又该如何有效解决？
>
> 解决思路及方法如下：在总账系统账簿中导出科目余额表 Excel 电子档，与资产负债表一一核对，主要是资产负债表模板公式异常产生。
>
> 资产负债表中存货项目公式漏掉了制造费用 5101 科目的金额。需要在格式状态下，修改资产负债表中存货项目公式，在原有公式后增加"+QM("5101",月,,,年,,)"，修改后的存货项目的完整公式为 QM("1401",月,,,年,,)+QM("1402",月,,,年,,)+QM("1403",月,,,年,)+QM("1404",月,,,年,)+QM("1405",月,,,年,,)+QM("1406",月,,,年,,)+QM("1407",月,,,年,,)+QM("1408",月,,,年,,)+QM("1411",月,,,年,,)+QM("1421",月,,,年,,)+QM("1431",月,,,年,,)+QM("1441",月,,,年,,)+QM("1451",月,,,年,,)+QM("1461",月,,,年,,)−QM("1471",月,,,年,,)+QM("1321",月,,,年,,)−QM("2314",月,,,年,,)+QM("5001",月,,,年,,)+QM("5101",月,,,年,,)
>
> 会计科目 2204 暂估应付账款是应付账款科目的减项有误，需要在格式状态下，修改资产负债表中应付账款项目公式为"QM("2202",月,,,年,,)+QM("2204",月,,,年,,)"。

⑥ 在数据状态下，重新全表计算，资产负债表显示：期末资产总额＝期末负债合计＋期末权益合计，如图 9.25 所示。

	A	B	C	D	E	F
15	一年内到期的非流:	2,000.00		其他应付款		
16	其他流动资产			一年内到期的非流动负债		
17	流动资产合计	1,275,360.53	964,464.80	其他流动负债		
18	非流动资产：			流动负债合计	968,180.30	795,000.00
19	可供出售金融资产			非流动负债：		
20	持有至到期投资			长期借款		
21	长期应收款			应付债券		
22	长期股权投资			长期应付款		
23	投资性房地产			专项应付款		
24	固定资产	317,890.40	298,535.20	预计负债		
25	在建工程			递延所得税负债		
26	工程物资			其他非流动负债		
27	固定资产清理	4,848.00		非流动负债合计		
28	生产性生物资产			负债合计	968180.30	795000.00
29	油气资产			所有者权益（或股东权益）：		
30	无形资产			实收资本（或股本）	481,663.50	378,000.00
31	开发支出			资本公积		
32	商誉			减：库存股		
33	长期待摊费用			盈余公积		
34	递延所得税资产			未分配利润	148255.13	90000.00
35	其他非流动资产			所有者权益（或股东权益）合计	629,918.63	468,000.00
36	非流动资产合计	322738.40	298535.20			
37	资产总计	1598098.93	1263000.00	负债和所有者权益（或股东权益）	1598098.93	1263000.00

图 9.25　期末总额数据正确的资产负债表

9.2.4 任务4 利用报表模板生成利润表

1. 调用利润表模板

工作过程

① 新建一张空白报表,在"格式"状态下,选择"格式"|"报表模板"命令,打开"报表模板"对话框。

② 选择您所在的行业"一般企业(2007年新会计准则)"、财务报表"利润表",如图9.26所示。

图 9.26 导入报表模板

③ 单击"确认"按钮,系统弹出"模板格式将覆盖本表格式!是否继续?"提示框。

④ 单击"确定"按钮,即可打开"利润表"模板。

2. 生成利润表数据

工作过程

① 在数据状态下,选择"数据"|"关键字"|"录入"命令,打开"录入关键字"对话框。

② 输入关键字:单位名称为"富康电子科技有限公司",年为2020,月为1,如图9.27所示。

图 9.27 输入关键字

③ 单击"确认"按钮,系统弹出"是否重算第1页?"提示框。

④ 单击"是"按钮,系统会自动根据单元公式计算1月份数据,如图9.28所示。

工作项目 9 报表管理

图 9.28 利润表

工作项目小结

在完成本项目各项工作的同时,项目实施小组理解了财务报表的基本功能,掌握了格式设计和数据处理的基本方法,并针对企业的不同需求,利用自定义报表和使用系统中预置的标准表格等方法,建立了不同的会计报表。

项目实施小组利用图表功能,使报表中的数据更加直观,从而便于企业做出更合理、准确、有效的决策,进而在市场竞争中立于不败之地。